U0889764

大历史观背景下三个中国故事

张荣臣　蒋成会◎著

红旗出版社

图书在版编目（CIP）数据

大历史观背景下三个中国故事 / 张荣臣，蒋成会著.
-- 北京:红旗出版社，2019.6
ISBN 978-7-5051-4887-1

Ⅰ. ①大… Ⅱ. ①张… ②蒋… Ⅲ. ①中国共产党—党员—学习参考资料 Ⅳ. ①D261.42

中国版本图书馆CIP数据核字（2019）第131098号

书　　名	大历史观背景下三个中国故事		
著　　者	张荣臣　蒋成会		
出 品 人	唐中祥		
总 监 制	褚定华	责任编辑	朱小玲
出　　版	红旗出版社	内文设计	张　敏
邮政编码	100727	地　　址	北京市沙滩北街2号
编 辑 部	010-57274497		
发　　行	北京华景时代文化传媒有限公司	电　　话	010-81377358
印　　刷	三河市嘉科万达彩色印刷有限公司		
开　　本	690毫米×980毫米　1/16		
字　　数	188千字	印　　张	16.5
版　　次	2019年7月北京第1版	印　　次	2020年5月河北第3次印刷
ISBN 978-7-5051-4887-1		定　　价	48.00元

前言

不忘初心　牢记使命

为中国人民谋幸福，为中华民族谋复兴，是中国共产党人的初心和使命，是激励一代代中国共产党人前赴后继、英勇奋斗的根本动力。马克思主义是科学的理论，它犹如壮丽的日出，照亮了人类探索历史规律和寻求自身解放的道路。马克思主义不仅深刻改变了世界，也深刻改变了中国。近代以后，争取民族独立、人民解放和实现国家富强、人民幸福就成为中国人民的历史任务。在旧式的农民战争走到尽头，不触动封建根基的自强运动和改良主义屡屡碰壁，资产阶级革命派领导的革命和西方资本主义的其他种种方案纷纷破产的情况下，十月革命一声炮响，为中国送来了马克思列宁主义，给苦苦探寻救亡图存出路的中国人民指明了前进方向、提供了全新选择。在这个历史大潮中，一个以马克思主义为指导、一个勇担民族复兴历史大任、一个必将带领中国人民创造人间奇迹的马克思主义政党——中国共产党应运而生。中国共产党一经成立，就把实现共产主义作为党的最高理想和最终目标，义无反顾肩负起实现中华民族伟大复兴的历史使命。中国共产党始终坚持把马克思主义基本原理同中国具体实践和时代特征相结合，完成新民主主义革命和社会主义革命，建立起中华人民共和国和社会主义基本制度；进行改革开放新的伟大革命，开辟了中国特色社会主义道路，使中国大踏步赶上时代。经过长期努力，中国特色社会主义进入了新时代，这意味着近代以来久经磨难的中华民族迎来了从站起来、富起来到强起来的伟大飞跃，迎来了实现中华民族伟大复兴的光明前景。

走过百年风雨，因初心不改而朝气蓬勃；迈向伟大复兴，因矢志不渝而一往无前。抚今追昔，五四运动以来的百年，神州大地发生了举世瞩目、令人惊叹的巨变！从东亚病夫到世界第二大经济体，从频频挨打到日益走近世界舞台中央，百年来中华民族耀眼的转身、辉煌的跨越、神奇的崛起，蕴藏着多少可歌可泣的故事，显示出多少胜于雄辩的道理！一切向前走，都不能忘记走过的路；走得再远、走到再光辉的未来，也不能忘记走过的过去，不能忘记为什么出发。大历史观背景下三个中国故事，字里行间浸透着家国情怀、民族大义、中国共产党人的初心使命。习近平总书记 2019 年 4 月在中共中央政治局第十四次集体学习时提出了坚持大历史观的要求，强调要以史为鉴、以史为师，讲清楚为什么马克思主义能够成为中国革命、建设、改革事业的指导思想，讲清楚为什么中国共产党能够担负起领导人民实现民族独立、人民解放和国家富强、人民幸福的历史重任，讲清楚为什么社会主义能够在中国落地生根并不断完善发展。中国共产党为什么“能”，根本动力是初心使命，以马克思主义指导，坚定不移走中国特色社会主义道路。时代的风吹雨打，从未让中国共产党人的初心褪去颜色。今天，我们比历史上任何时期都更接近、更有信心和能力实现中华民族伟大复兴的目标。但是，我们必须讲清楚马克思主义为什么“行”、中国共产党为什么“能”、中国特色社会主义为什么“好”，让这三个问题在正确的传播中焕发出更加强大的生命力和感召力，才能在新时代里继续创造伟大的奇迹。

党的十九大决定，以县处级以上领导干部为重点，在全党开展“不忘初心、牢记使命”主题教育。2019年是中华人民共和国成立70周年，也是我们党在全国执政第70个年头，在这个时刻开展这次主题教育，正当其时。2019年5月31日，习近平总书记在“不忘初心、牢记使命”主题教育工作会议上指出，开展这次主题教育，是用新时代中国特色社会主义思想武装全党的迫切需要，是推进新时代党的建设的迫切需要，是保持党同人民群众血肉联系的迫切需要，是实现党的十九大确定的目标任务的迫切需要。开展“不忘初心、牢记使命”主题教育，要牢牢把握守初心、担使命，找差距、抓落实的总要求，牢牢把握深入学习贯彻习近平新时代中国特色社会主义思想、锤炼忠诚干净担当的政治品格、团结带领全国各族人民为实现伟大梦想共同奋斗的根本任务，努力实现理论学习有收获、思想政治受洗礼、干事创业敢担当、为民服务解难题、清正廉洁作表率的具体目标，各地区各部门各单位要结合实际，创造性开展工作，把学习教育、调查研究、检视问题、整改落实贯穿主题教育全过程，努力取得最好成效。做到不忘初心、牢记使命，并不是一件容易的事情，必须有强烈的自我革命精神，我们千万不能在一片喝彩声、赞扬声中丧失革命精神和斗志。2019年6月24日，习近平总书记在中央政治局第十五次集体学习时强调，我们党要求全党同志不忘初心、牢记使命，就是要提醒全党同志，党的初心和使命是党的性质宗旨、理想信念、奋斗目标的集中体现，越是长期执政，越不能忘记党的初心使命，越不能丧失自我革命精神，在新时代把党的自我革命推向深入，把党建设成为始终走在时代前列、人民衷心拥护、勇于自我革命、经得起各种风浪考验、朝气蓬勃的马克思主义执政党。

时代是思想之母，实践是理论之源。党的十八大以来，以习近平同志为主要代表的中国共产党人，顺应时代发展，从理论和实践结合上系统回答了新时代坚持和发展什么样的中国特色社会主义、怎样坚持和发展中国特色社会主义这个重大时代课题，创立了习近平新时代中国特色社会主义思想。习近平总书记是习近平新时代中国特色社会主义思想的主要创立者。党的十九大把习近平新时代中国特色社会主义思想确立为党必须长期坚持的指导思想并写入党章，十三届全国人大一次会议通过的宪法修正案把习近平新时代中国特色社会主义思想载入宪法，实现了党和国家指导思想的与时俱进。在当代中国，坚持和发展习近平新时代中国特色社会主义思想，就是真正坚持和发展马克思主义，就是真正坚持和发展科学社会主义。必须高举马克思主义、中国特色社会主义伟大旗帜不动摇，必须坚持习近平新时代中国特色社会主义思想指导地位不动摇！新时代催生新思想，新思想指导新实践。不忘初心再出发，牢记使命勇担当。开展“不忘初心、牢记使命”主题教育，就是要坚持思想建党、理论强党，深入学习贯彻习近平新时代中国特色社会主义思想，坚持学思用贯通、知信行统一，提高运用党的创新理论指导实践、推动工作的能力，把初心使命变成党员干部锐意进取、开拓创新的精气神和埋头苦干、真抓实干的自觉行动，肩负起新时代党的历史使命，团结带领全国各族人民为实现伟大梦想而不懈奋斗。

目 录

第一编
马克思主义为什么“行”

第二编
中国共产党为什么“能”

第三编
中国特色社会主义为什么“好”

第一编

马克思主义为什么“行”

马克思给我们留下的最有价值、最具影响力的精神财富，就是以他名字命名的科学理论——马克思主义。这一理论犹如壮丽的日出，照亮了人类探索历史规律和寻求自身解放的道路。中国共产党诞生后，中国共产党人把马克思主义基本原理同中国革命、建设、改革的具体实际结合起来，使中国这个古老的东方大国创造了人类历史上前所未有的发展奇迹。时代是思想之母，实践是理论之源。习近平新时代中国特色社会主义思想，是当代中国马克思主义、21 世纪马克思主义，是党和国家必须长期坚持的指导思想。中华民族要实现伟大复兴，也同样一刻不能没有理论思维。开展“不忘初心、牢记使命”主题教育，就是要坚持思想建党、理论强党，引导广大党员干部坚定对马克思主义的信仰，提高运用党的创新理论指导实践、推动工作的能力。

马克思主义是由马克思、恩格斯创立的，为他们的后继者所发展的，以反对资本主义、建设社会主义和共产主义为目标的科学的理论体系，是关于全世界无产阶级和全人类彻底解放的学说。它由马克思主义哲学、马克思主义政治经济学和科学社会主义三大部分组成，是马克思、恩格斯在批判地继承和吸收人类关于自然科学、思维科学、社会科学优秀成果的基础上于19世纪40年代创立的，并在实践中不断地丰富、发展和完善的无产阶级思想的科学体系。马克思主义不是书斋里的学问，而是实践的理论。它是在工人运动和劳动人民解放的实践中形成的，也是在这些运动和实践中丰富、发展的。马克思主义不仅仅致力于解释世界，更重要的是致力于改变世界。

习近平总书记在纪念马克思诞辰200周年大会上的讲话中，对马克思主义做出了高度评价，赞誉“这一理论犹如壮丽的日出，照亮了人类探索历史规律和寻求自身解放的道路”，为世界做出了重大贡献。在备受剥削和侵略时，中国人民选择了马克思主义，是马克思主义指引中国走向了繁荣富强。习近平总书记指出：“实践证明，马克思主义的命运早已同中国共产党的命运、中国人民的命运、中华民族的命运紧紧连在一起，它的科学性和真理性在中国得到了充分检验，它的人民性和实践性在中国得到了充分贯彻，它的开放性和时代性在中国得到了充分彰显！”

中国共产党是用马克思主义武装起来的政党，马克思主义是中国共产党人理想信念的灵魂。执政70多年来，中国共产党已成为世界第一大党，成为长期执政的党。虽然党的建设依然任重而道远，但我们党经受住了长期执政的考验，这本身就是对马克思主义为什么“行”的生动诠释。中国共产党近百年的奋斗历史，是在马克思主义指引下改变中国命运的艰辛历程；新中国70多年的沧桑巨变，是在马克思主义指引下建设社会主义取得的巨大成就；改革开放40多年的伟大飞跃，是在马克思主义指引下开创中国特色社会主义的历史跨越。习近平总书记强调：“历史和人民选择马克思主义是完全正确的，中国共产党把马克思主义写在自己的旗帜上是完全正确的，坚持马克思主义基本原理同中国具体实际相结合、不断推进马克思主义中国化时代化是完全正确的！”

党的十八大以来发生的历史性变革、取得的历史性成就，是在马克思主义指引下迈向民族复兴的崭新篇章。在新的历史条件下，坚持和发展中国特色社会主义，全面建设社会主义现代化强国，最终实现中华民族伟大复兴的中国梦，必须坚持和发展马克思主义，最重要的是坚持和发展当代中国马克思主义、21世纪马克思主义，用习近平新时代中国特色社会主义思想指导中国的改革发展，用鲜活丰富的中国实践推动马克思主义的发展，不断开辟当代中国马克思主义的新境界，让马克思、恩格斯设想的人类社会美好前景不断在中国大地上生动展现出来！

一、一个在欧洲游荡的幽灵

“一个幽灵，共产主义的幽灵，在欧洲游荡！”这是《共产党宣言》的开篇词。这句话说明共产主义运动在19世纪中期已经被欧洲政治舞台上的所有势力正式承认为其中的一员；共产主义运动还正在经历从理论到实践的发展过程，所以仅仅是“幽灵”。马克思把共产主义比喻成“幽灵”，其实是说共产主义给人们巨大的力量，引领人们进行革命，改变不公的世界，追求幸福和谐的生活。同时，幽灵又是令人畏惧的，惹人讨厌的，说明马克思知道共产主义必定会受到众多保守势力的打击和压迫。“幽灵”这个称呼反映出欧洲各国统治势力和共产主义运动互为敌对的关系。我们知道，任何一种社会思潮和理论，都是当时社会经济政治发展的产物。马克思主义是19世纪40年代欧洲资本主义发展的结果。在经济上，随着资本主义的发展，资本主义生产关系和生产力的矛盾逐步暴露出来。在政治上，随着无产阶级的发展壮大，无产阶级和资产阶级的矛盾也日益尖锐起来。但这时无产阶级仍处在政治上无权、经济上贫困的境地。如何改变无产阶级受剥削和受压迫的地位，实现无产阶级的最终解放，马克思、恩格斯广泛研究了德国古典哲学、英国的古典政治经济学和法国的空想社会主义，汲取了它们有价值的思想，形成了唯物史观和剩余价值学说。马克思、恩格斯直接接触了工人群众，参与和改造工人运动，并于1847年在正义者同盟的基础上建立了世界上第一个无产阶级政党——“共产主义者同盟”。1848年2月，马克思、恩格斯为共产主义者同盟起草的纲领即《共产党宣言》发表，《共产党宣言》是马克思、恩格斯为世界上第一个工人阶级的政党——共产主义者同盟撰写的纲领，也是马克思主义的出生证书。它标志着马克思主义的诞生，开辟了国际工人运动和社会主义运动的新局面，成为世界无产阶级的锐利思想武器。《共产党宣言》中文全译本于1920年8月首次在中国出版。文章篇幅不长，仅25000字，但其威力却犹如精神原子弹，它的发表震撼了全世界。马克思、恩格斯的《共产党宣言》发表以来，已被翻译成200多种文字，印刷1000多次，传遍全世界，被认为是全球发行量最大的社会政治文献。

马克思给我们留下的最有价值、最具影响力的精神财富，就是以他名字命名的科学理论——马克思主义。马克思主义的诞生具有深厚的历史背景。

（一）工业革命推动资本主义迅速发展是马克思主义诞生的社会经济前提

14世纪和15世纪的欧洲，随着生产技术的进步、社会分工的扩大、商品生产的增长和国内外市场的形成，资本主义开始萌芽。资本主义的手工业代替了封建的行会经营方式。然而，市场总是在扩大，需求总是在增加，甚至工场手工业也不能再满足需要了。于是，蒸汽机的发明出现了，它引起了工业生产的革命。18世纪欧洲掀起了近代第一次科技革命。以蒸汽动力为标志的科技革命带动了产业革命，产业革命推动了资本主义大工业的发展。18世纪后期至19世纪，英国处于工业革命的完成阶段、大工业在经济中占据了统治地位。法国和德国也开始了工业革命。工业革命使资本主义生产从手工工场到大机器生产的转化，极大提高了资本主义生产力水平。工业革命是从工场手工业向机器大工业的飞跃，它不仅是生产技术上的革命，也引起了社会关系的深刻变化。一方面，工业革命推动生产的迅速发展，并导致了资本主义经济危机的爆发，使资本主义社会的基本矛盾日益明显地暴露出来。1825 年英国发生第一次经济危机，以后每十年都发生一次，1836 年和 1847 年的经济危机波及整个资本主义世界，许多工厂倒闭，产品滞销，工人失业，生活没有着落。经济危机给资本主义造成了巨大打击和心理恐慌。这是资本主义当事人完全预料不到的事情。资产阶级的生产关系和交换关系，资本主义的所有制关系，这些曾给资本主义社会创造出巨大财富的资本主义制度，现在却也给其自身制造了麻烦。另一方面，工业革命使社会分裂为工业资产阶级和工业无产阶级两大对立阶级，促进了工人运动的兴起和发展。机器生产本来可以用来减轻工人的繁重劳动，但在资本主义生产关系下，它却成了更多榨取工人劳动血汗的工具。机器的使用，使劳动分工更为细致和专门化，工人掌握的技术日益简单。资本家常常用大批非熟练工人代替熟练工人，用女工、童工代替成年男工，以减少工资。工人随时面临着失业的危险，工人的处境没有得到改善，反而更加恶化了。

（二）独立工人运动的兴起，是马克思主义诞生的阶级基础

19 世纪三四十年代，工人运动已从经济斗争发展到独立的政治斗争。1831 年和 1834 年，法国里昂工人反对资本主义剥削压迫发起了两次武装起义。里昂是法国丝织业中心，在工场主和包买商残酷剥削下，丝织工人和手工业者生活极为困苦。1831 年初里昂工人掀起一场以要求提高工价为主要内容的运动，工人多次举行集会、请愿、游行。

同年10月间，与包买商谈判达成最低工价协议。但随之在七月王朝商业大臣的支持下，包买商撕毁协议。1831年11月21日工人举行抗议示威，与军警发生冲突，转为自发的武装起义。起义者提出“不能劳动而生，毋宁战斗而死”的口号。经过3天战斗，工人一度占领里昂城。起义很快被七月王朝政府调来的军队所镇压。1834年4月9日里昂再度爆发丝织工人起义。起义的直接原因是政府逮捕和审判罢工领袖，发布禁止工人结社集会的法令。这次起义具有更鲜明的政治性质，不仅提出经济要求，还提出废除君主制度，建立共和政体的口号。起义者在旗帜上写着：“我们为之斗争的事业是全人类的事业。”工人组织互助社和小资产阶级民主主义者组织人权社、进步社的成员组成总委员会领导这次斗争。起义群众同政府军在里昂郊区和市内进行6天激战，终因力量悬殊被政府军镇压。起义在巴黎和法国许多地区引起强烈反响，推动了法国工人运动的发展。

1842年5月2日，伦敦街头人山人海。浩浩荡荡的工人队伍来到国会下院，宪章派全国协会的负责人向下院递交了全国宪章派第二次请愿书。请愿书上写道：“尊敬的贵院就它现在的组成来说，既不是由人民选出来的，也不是由人民作主的。它只为少数人的利益服务，而对多数人的贫困、苦难和愿望置之不理。”请愿书还指出，在英国“统治者穷奢极欲，被统治者受苦挨饿”。例如，维多利亚女王每天的收入是164镑17先令60便士，她的丈夫亚尔伯特亲王每天的收入是104镑20先令，而千百万工人每天每人的收入只有两三个便士。请愿人员认为，在人民没有获得政权之前，消灭某一种垄断并不能使劳动者从贫困的状况中解脱出来；而在人民获得政权以后，所有的垄断和所有的压迫形式都应该停止。请愿人员所说的“垄断”，指的是当时对选举权和纸币的垄断，对机器和土地的垄断，对报刊和宗教特权的垄断……。这份有 300 万人（约占英国成年男子的一半）签名的请愿书再次要求把《人民宪章》定为法律。《人民宪章》是 1837 年由论教工人协会向国会提出的一份请愿书，它提出年满 21 岁的男子都有普选权，选举投票应秘密进行，废除议会候选人的财产资格限制，国会每年举行一次改选，平均分配选区。次年 5 月，这份请愿书公布后，被称为《人民宪章》，1839 年在请愿书上签名的有 125 万人。1840 年 7 月，各地宪章派的代表在曼彻斯特召开了大会，宣告成立全国宪章派协会。它的宗旨是“实现下院的彻底改革，使下院能全面地忠实代表联合王国的全体人员”，为了“达到这一目的，只宜采取和平和合法的手段”。协会在全国各地设有几百个分会，入会者须交纳会费，它是近代第一个工人政党的萌芽。1848 年，在欧洲大陆革命风暴的推动下，宪章运动再度高涨。第三次全国请愿书进一步提出，劳动是一切财富的唯一来源，劳动者对于自己的劳动果实享有优先权。人民是权力的唯一来源。在请愿书上签名的有 197 万人。伦敦、曼彻斯特、伯明翰、利物浦、格拉斯哥等城市的工人举行了声势浩大的示威游行。1848 年 4 月 10 日，全国宪章派第三次代表大会的代表把请愿书装在四套华丽的马车上向国会驶去，途中遭到宪兵的镇压。国会拒绝接受请愿书。接着，政府下令解散全国宪章派协会。列宁评价英国的宪章运动是“世界上第一次广泛的、真正群众性的、政治性的无产阶级革命运动”。宪章运动标志着英国无产阶级开始作为一支独立的政治力量登上了历史舞台，揭开了同资产阶级争夺政治权力的斗争的序幕。

1844 年 6 月普鲁士王国所属西里西亚纺织工人的起义。当时西里西亚有发达的纺织业。这个地区从事棉麻纺织的工人和家庭手工业者受到工场主、包买商以及地主的残酷剥削。在19世纪40年代，由于资本家把英国机器纺织品冲击带来的损失转嫁给工人，加剧了他们的贫困。1844年6月4日，以争取提高工资被拒绝为导火线，在欧根山麓两个纺织村镇彼特斯瓦尔道和朗根比劳爆发纺织工人自发的起义。起义队伍扩大到3000人，集中打击工人最痛恨的工厂主。起义者以简陋武器迎战前来镇压的包括骑兵和炮兵的政府军。坚持到6月6日，起义被镇压。它推动了工人运动的发展。西里西亚主要城市布勒斯劳的手工业者和学徒，柏林、亚琛的纺织工人，马格伏堡的糖厂工人等等，先后举行罢工以及局部起义，响应西里西亚织工的斗争。

法国里昂工人的武装起义，英国的宪章运动，德意志西里西亚工人起义，具有鲜明的政治斗争性质。在此以前，工人阶级有时也参加政治斗争，但在那些斗争中无产阶级是在资产阶级的领导下进行反封建斗争。而现在，工人阶级是为了自己的政治权利和经济利益去进行斗争，并把矛头指向资本主义剥削制度。工人们从斗争实践中逐渐认识到，要想从根本上改善自己的处境，就必须改变政治上的无权地位，进行反对资产阶级的政治斗争。这标志着无产阶级已经作为一支独立的政治力量登上了历史舞台。这三次大规模的工人运动虽都遭到镇压，但它有深刻的教训：没有革命理论的指导，无产阶级就不可能取得革命的胜利。因此，创立建立在科学基础上的革命理论，就成为时代迫切的需要，同时也为科学理论的创立奠定了阶级基础。

（三）欧洲的空想社会主义思想，是马克思主义的思想来源之一

恩格斯曾经说：马克思主义和“任何新的学说一样，它必须首先从已有的思想材料出发，虽然它的根源深藏在物质的经济的事实中”。德意志的古典哲学、英国的古典政治经济学和法国的空想社会主义是马克思主义的三个直接来源。社会主义思想是工人阶级反对资本主义剥削和压迫的理论表现。早在十六七世纪资本主义兴起时，就出现了以英国人莫尔为代表的早期空想社会主义。19 世纪初，随着英国工业革命的深入和法国资产阶级统治的确立，又出现了以法国人圣西门、傅立叶和英国人欧文为代表的空想社会主义。

马克思主义作为一个科学体系，给我们提供的是一种崭新的世界观，是一种观察世界、认识世界的根本方法。恩格斯在 1895 年 3 月就曾指出，马克思的整个世界观不是教义，而是科学的方法。它提出的不是现成的教条，而是进一步研究的出发点和供这种研究使用的方法。马克思主义是一个彻底而严整的科学理论体系，包含着极为丰富的内容，几乎涵盖了全部社会科学的研究领域。但是，从总体上看，马克思主义哲学、政治经济学和科学社会主义则是马克思主义理论体系中的主体部分，是相互依存、不可分割的三个组成部分。

马克思主义哲学即辩证唯物主义和历史唯物主义，研究的是自然、社会和思维运动的最一般规律，是无产阶级科学的世界观和方法论，是无产阶级及其政党认识世界和改造世界的锐利思想武器。揭示了自然界、人类社会和思维运动的普遍规律，是建立在实践基础上的革命性和科学性高度统一的学说，是无产阶级及其政党的科学世界观和方法论体系，

是整个马克思主义的理论基础。其中历史唯物主义，是马克思一生最伟大的发现之一。由于这一发现，人类对自身历史的认识，第一次变成了科学。

马克思主义政治经济学是研究资本主义社会以及共产主义社会（包括社会主义社会）生产关系或经济关系的本质和运动规律的科学。揭开了资本主义剥削的秘密，揭示了资本主义生产方式的本质及其产生、发展和灭亡的客观规律，阐述了无产阶级在整个资本主义制度中的地位，为无产阶级革命提供了理论依据。剩余价值规律，是马克思一生中的第二个伟大发现。马克思、恩格斯首次把生产关系从社会关系中划分出来并作为政治经济学的研究对象，在全面而深入地研究社会生产关系、特别是资本主义社会的经济运动规律时，对商品、货币、资本和剩余价值等重要经济范畴作了深刻分析，全面论证和发展了劳动价值论，创立了剩余价值学说，深刻揭示了无产阶级与资产阶级之间矛盾和斗争的经济根源，指明了共产主义代替资本主义的历史必然性与正确道路。

科学社会主义则是以马克思主义哲学和政治经济学为理论依据，论证无产阶级解放斗争的性质、条件以及由此产生的一般目的的学说。它研究的主要内容包括：社会主义代替资本主义的历史必然性，无产阶级的社会地位和历史使命，无产阶级革命和无产阶级专政，无产阶级政党，无产阶级革命的战略和策略，无产阶级国际主义，社会主义和共产主义，等等。科学社会主义直接体现了无产阶级的利益和共产主义的理想，是整个马克思主义的核心，是指导无产阶级解放斗争的科学理论。指明了无产阶级彻底解放的正确道路，是关于无产阶级解放斗争的历史条件、性质、进程、最终目的以及社会主义产生和发展的科学，把社会主义由空想变成科学。

马克思主义的三个组成部分，是相互联系，相互渗透，不可分割的整体，它们构成无产阶级解放运动的科学理论体系，是无产阶级及其政党十分严密而彻底的科学世界观。正是由于马克思主义理论的阶级性与先进性与中国共产党的阶级性和先进性的一致性，决定了中国共产党在选择自己的指导思想时，只能选择马克思主义理论；同时，也只有马克思主义理论才具有成为中国共产党的指导思想的资格。

二、阿芙乐尔号巡洋舰的炮声

阿芙乐尔号巡洋舰对中国人民而言意义非凡。中国一直讲十月革命一声炮响给中国送来了马克思主义，成立了中国共产党，所以它和中国的这种渊源关系在我们心中是很重很重的分量。2019 年 6 月 6 日（圣彼得堡时间），国家主席习近平在圣彼得堡同俄罗斯总统普京举行会晤。会晤前，习近平和普京共同登上曾打响十月革命第一炮的阿芙乐尔号巡洋舰，听取有关历史介绍。习近平表示，阿芙乐尔号巡洋舰对中国人民而言意义非凡。当年十月革命一声炮响，给中国送来了马克思主义，为中国共产党的诞生发挥了重要作用。此后，正是在中国共产党的领导下，中国人民前赴后继，取得了中国革命和新中国建设的巨大成就。俄方完好地保留了阿芙乐尔号巡洋舰，体现着对历史的尊重。普京表示赞同，强调历史应当得到尊重。

阿芙乐尔号巡洋舰 1900 年在圣彼得堡的海军船厂下水，于 1902 年建成服役。舰长 124 米，舰宽 16.8 米，排水量 6730 吨，航速 20 节，装备152毫米炮8门，75毫米炮24门，37毫米炮8门，鱼雷发射管2具，舰员578名。"阿芙乐尔"意为"黎明"或"曙光"，在古罗马神话中是指司晨的女神。1904年日俄战争爆发，阿芙乐尔号随俄国第二太平洋舰队被派往远东增援，1905年5月在对马海峡海战中俄国舰队几乎是全军覆没。阿芙乐尔号脱离了俄国舰队，掉头穿过对马海峡，最后到达菲律宾被扣留，战后归还俄国。归国途中，受革命感染的水兵偷偷购置武器，准备回国后进行武装斗争。沙皇政府发觉阿芙乐尔号的水兵不可靠，便将其改为教练舰。

在第一次世界大战中，阿芙乐尔号在芬兰湾执行巡逻任务。1916年因作战受伤到船厂维修。1917年二月革命时，舰上水兵发动起义，参加推翻沙皇的斗争。同年5月12日，列宁到正在工厂大修的阿芙乐尔号上发表演说，使水兵们受到教育，纷纷加入布尔什维克党。7月4日，阿芙乐尔号宣布，只服从波罗的海舰队布尔什维克委员会的领导。1917年11月6日，阿芙乐尔号的官兵执行革命军事委员会的命令，把军舰开到涅瓦河口，停泊在尼古拉耶夫桥下。11月7日（俄历10月25日）舰上电台广播了列宁签署的《告俄国公民书》（这座电台至今仍完好无损地保存在舰上），当时，革命军事委员会向临时政府发出最后通牒，令其在6时20分之前无条件投降，但遭到拒绝。当晚9时45分，阿芙乐尔号巡洋舰率先向当时的临时政府所在地冬宫开炮（"十月革命一声炮响"就是指阿芙乐尔号巡洋舰炮打冬宫发出进攻的信号），揭开了十月革命的序幕。1923年，该舰改为练习舰。法西斯德国进攻列宁格勒时，舰上的9门主炮被拆卸下来，部署在城市外围，扼守防地；第10门主炮、指挥员和炮兵班，留在舰上迎敌。危急关头，阿芙乐尔号巡洋舰自沉于港湾中，战争后期被打捞起来并修复。从1948年11月起，它作为十月革命的纪念物和中央军事博物馆分馆，永久性地停泊在涅瓦河畔，供人们参观、瞻仰。阿芙乐尔号发出了“十月革命一声炮响”，永垂青史。近百年来，这艘巡洋舰的名字一直响彻寰宇。

十月革命是人类历史上第一次胜利的社会主义革命，建立了第一个无产阶级领导的社会主义国家，开辟了人类探索社会主义道路的新时代，使马克思列宁主义传遍世界，极大的震撼了资本主义世界。它向全世界宣告崭新的社会制度由理想变为现实；在人类历史上第一次消灭剥削和压迫的不平等社会，第一次尝试建设公平正义共同富裕的美好社会；沉重地打击了帝国主义的统治，极大地鼓舞了国际无产阶级革命运动和殖民地半殖民地被压迫民族的解放运动。不仅改变了俄国历史的发展方向，用社会主义方式改造俄国的道路，对整个人类社会的发展都产生了巨大的影响。

19世纪末20世纪初，自由竞争的资本主义发展成为垄断的资本主义，世界进入帝国主义和无产阶级革命的新时代。列宁在新的时代和新的历史条件下，把马克思主义基本原理和俄国的具体实际和新的时代特征相结合。1917年，在马克思主义指导下，列宁领导俄国无产阶级进行了十月革命，建立了人类历史上第一个无产阶级掌握政权的国家。列宁主义是帝国主义和无产阶级革命时代的马克思主义，是伟大革命导师列宁同志在领导俄国革命的实践中，坚持马克思主义和新的历史时代的无产阶级革命运动相结合，深入研究了资本主义发展到帝国主义阶段的规律，总结了无产阶级和资产阶级阶级斗争的新经验，概括了20世纪初期社会科学、自然科学发展的最新成果，创造性地运用和发展了马克思主义，从而使马克思主义理论达到了一个新阶段，即列宁主义阶段。

在中学的读书时期，列宁就开始学习俄国革命民主主义者的著作。他 1887 年进入喀山大学学习，曾因参加革命活动被捕。1889 年，列宁来到俄国工人运动的中心彼得堡，深入工人群众，宣传马克思主义。1895 年，他把彼得堡 20 多个马克思主义小组联合起来，成立了“工人阶级解放斗争协会”。协会开始把马克思主义同工人运动结合起来。莫斯科、基辅等地也建立了类似的组织。这年 12 月，列宁被沙皇政府逮捕，后来被流放到西伯利亚。1898 年 3 月，来自彼得堡、莫斯科、基辅等地的“斗争协会”和俄国西部地区工人组织的 9 名代表，在明斯克秘密举行了大会。大会宣告党的成立并发表了《俄国社会民主工党宣言》，宣言指出，俄国无产阶级将摆脱专制制度的桎梏，用更大的毅力继续同资本主义和资产阶级作斗争，直到社会主义胜利为止。大会选出了中央委员会，批准《工人报》为党的机关报。大会以后，中央委员会虽遭沙皇警察破获，《工人报》被迫停刊，但各地党组织仍在秘密活动。列宁指出：“1898 年春党的成立，是这一时期社会民主党人所做的最突出的、同时也是最后的一件事情。”

1900 年，列宁流放期满后，同普列汉诺夫等人创办了《火星报》。他在这份报纸上发表了一系列文章，宣传马克思主义，批判修正主义，科学地阐明革命理论对工人运动和党的建设的重大指导意义。俄国的先进工人和社会民主党人都团结在《火星报》的周围。在《火星报》进行大量工作的基础上，1903 年召开了俄国社会民主工党第二次全国代表大会。1903 年 7 月 30 日至 8 月 23 日，先在布鲁塞尔、后在伦敦，秘密召开了这次代表大会。大会由普列汉诺夫主持，主要议程是制定党纲、党章和选举中央委员会。大会讨论的党纲草案，是由《火星报》编辑部提出来的。它把争取无产阶级专政的斗争作为党的主要任务提出来。经过激烈争论，大会通过了纲领草案。这是马克思、恩格斯逝世以后在国际工人运动中第一个写入无产阶级专政的党纲。大会在讨论党章时，发生了更激烈的争论。争论的焦点是党章的第一条中关于党员条件的问题。列宁认为，凡是承认党纲，在物质上帮助党并且参加党的一个组织的，都可以成为党员。而马尔托夫（真名：尤·奥·策杰尔鲍姆，1873—1923）认为党员不一定要参加党的一个组织，他甚至主张不管什么人，只要表示承认党纲，就可以自行宣布入党，党员可以不服从党的纪律，不受组织的制约。普列汉诺夫支持列宁的条文。但最后大会在表决时，以多数票通过了马尔托夫的条文。大会在选举中央领导机构时，由于几名机会主义分子的退出，力量对比发生了变化。大会选举普列汉诺夫、列宁、马尔托夫组成中央机关报《火星报》编辑部，拥护列宁的三名代表组成了中央委员会。从这时起，拥护列宁的人，因在选举中获得多数票，故被称为布尔什维克（俄文译音，意指多数派）；获得少数票的，被称为孟什维克（俄文译音，意指少数派）。布尔什维克的观点体系，被称为布尔什维主义；孟什维克的观点体系，被称为孟什维克主义。从此，在俄国社会民主工党内出现了两个政治观点对立的派别。布尔什维主义的出现，标志着新型无产阶级政党在俄国的建立，标志着列宁主义的诞生。列宁后来指出："布尔什维主义作为一种政治思潮，作为一个政党而存在，是从1903年开始的。"

布尔什维克党的成立标志着列宁主义的诞生，以列宁为首的布尔什维克党自诞生之日起，不倦地为争取俄国资产阶级民主革命和社会主义革命的胜利而斗争。它积极参加了1917年二月资产阶级民主革命，并领导无产阶级成功地取得十月革命的伟大胜利，建立了世界上第一个社会主义国家。布尔什维克党的建立，对于国际共产主义运动有着伟大的历史意义。它团结各国马克思主义者，同第二国际修正主义者进行了不倦的斗争，维护了马克思主义的纯洁性和无产阶级国际主义，支持了各国共产党的建立。

列宁阐明了无产阶级革命和无产阶级专政的学说，将马克思主义发展到了一个新的阶段。主要理由：列宁主义坚持把马克思主义和新的历史时代的无产阶级革命运动相结合，深入研究了资本主义发展到帝国主义阶段的规律，总结了无产阶级和资产阶级阶级斗争的新经验，概括了20世纪初期社会科学、自然科学发展的最新成果，创造性地运用和发展了马克思主义，从而使马克思主义理论达到了一个新阶段。正是在这个意义上，我们说列宁主义是帝国主义和无产阶级革命时代的马克思主义。列宁在下面七个问题上作出了新贡献，向前发展了马克思主义：一是关于无产阶级政党建设的理论。列宁在这方面的新贡献，就在于他适应帝国主义时期无产阶级斗争的新条件，向前发展了这些要点。在新的历史条件下，其将马克思主义党的学说运用于俄国，建立了不同于第二国际各国党的新型无产阶级政党。十月革命胜利后，列宁又积极探索工人阶级执政党建设，在实践中进一步丰富和发展了马克思主义的建党学说。二是关于帝国主义的理论。列宁依据《资本论》的基本原理，对帝国主义作了一个有根据的马克思主义的分析，指出它是资本主义的最后阶段，揭露了它的溃疡以及它必然灭亡的条件。在这个分析的基础上产生了列宁的著名原理：在帝国主义条件下，社会主义可能在个别的资本主义国家内获得胜利。其所创立了帝国主义理论，是对马克思主义划时代的贡献。主要体现在《帝国主义是资本主义的最高阶段》一书。三是关于社会主义革命可以首先在一国或数国取得胜利的理论、“一国胜利”理论的提出，是列宁主义对马克思主义的又一重大发展。提出这一理论的基本依据，就是时代特征和社会历史条件的变化，资本主义经济政治发展不平衡规律作用的结果。这一理论的提出，具有极其重要的理论意义和现实意义。四是关于从民主革命向社会主义革命转变的理论。列宁主义着重强调正确处理民主革命与社会主义革命关系的重要性。正确分析了由民主革命转变为社会主义革命的任务和策略。并且确切地提出了无产阶级在民主革命中领导权、无产阶级革命和资产阶级革命的区别。五是关于民族和殖民地理论。列宁的突出贡献：把民族问题同殖民地问题联系起来，把被压迫民族的解放斗争和社会主义革命运动结合起来，提出民族问题上的新的战略和策略，创立了完整的民族殖民地理论。六是关于无产阶级专政的理论。无产阶级专政是无产阶级的政治统治，是用暴力推翻资本政权的方法，这个基本思想是马克思、恩格斯所提出的。列宁指出无产阶级专政在过渡时期必要，在社会主义条件下同样必要。强调无产阶级专政的职能和无产阶级专政的民主性。特别指出这个事实：无产阶级专政是阶级社会中民主的最高类型，是代表多数人（被剥削者）利益的无产阶级民主的形式，它和代表少数人（剥削者）利益的资本主义民主是完全相反的。七是关于社会主义建设的理论。十月革命后，列宁在实践中反思马克思、恩格斯关于社会主义的预想，提出了符合俄国实际的社会主义建设新理论。指出社会主义应建立在大机器工业的基础上。提出农业合作化问题，希望通过合作制用社会主义原则改造农业的思想。在发展商品经济，强调利用资本主义建设社会主义。同时明确要求开展文化革命，进行社会主义文化建设、国家政权建设和执政党建设。列宁主义将马克思主义发展到了一个新的阶段，是帝国主义和无产阶级革命时代的马克思主义。决不能把列宁主义和马克思主义分割开来，更不能把列宁主义和马克思主义对立起来。

三、“问题与主义”之争

1919 年 7 月，胡适与李大钊等人围绕着怎样解决中国社会的问题以及中国未来的走向展开了一场辩论，称为“问题与主义”之争，这场论战产生了深远的影响。

1919 年 6 月，《每周评论》主编陈独秀因散发爱国传单被捕，胡适接任了该刊编辑工作。7 月 20 日，胡适在《每周评论》第 31 号发表《多研究些问题，少谈些“主义”！》一文，劝说人们“多多研究这个问题如何解决，那个问题如何解决，不要高谈这种主义如何新奇，那种主义如何奥妙”，因为“‘主义’的大危险，就是能使人心满意足，自以为寻着包医百病的‘根本解决’，从此用不着费心力去研究这个那个具体问题的解决法了”。在该文中，胡适还嘲讽说：“空谈好听的‘主义’，是极容易的事，是阿猫阿狗都能做的事，是鹦鹉和留声机都能做的事。”

胡适文章发表后，首先是研究系的蓝公武在《国民公报》发表《问题与主义》一文与之商榷，着重从哲学的角度阐述了“主义”的重要性。不久，在家乡避难的李大钊也致信胡适谈了一些意见，胡适为它加了《再论问题与主义》的标题登在《每周评论》第35号上。在这篇文章中，李大钊首先针对胡适“少谈些主义”的主张明确声明：“我是喜欢谈谈布尔扎维主义的”；“布尔扎维主义的流行，实在是世界文化上的一大变动。我们应该研究他，介绍他，把他的实象昭布在人类社会”。接着又指出：宣传理想的主义与研究实际的问题“是交相为用”，“并行不悖的”，社会问题的解决必须依靠社会上多数人的共同运动，而要有多数人的共同运动，就必须有一个共同的理想、主义作为准则，所以谈主义是必要的，如果不宣传主义，没有多数人参加，不管你怎样研究，社会问题永远也没有解决的希望。

针对胡适反对“根本解决”的改良主张，李大钊运用马克思主义的唯物史观，阐明了中国问题必须从根本上寻求解决的革命主张。他指出：“经济问题的解决，是根本解决。经济问题一旦解决，什么政治问题、法律问题、家庭制度问题、女子解放问题、工人解放问题，都可以解决。”尤其是对于中国这样一个没有生机的社会，“必须有一个根本解决，才有把一个一个的具体问题都解决了的希望”。针对胡适反对阶级斗争的观点，李大钊强调：阶级斗争学说是唯物史观的一个重要内容，要解决经济问题，就必须进行阶级斗争，进行革命；如果不重视阶级斗争，“丝毫不去用这个学理作工具，为工人联合的实际运动，那经济的革命，恐怕永远不能实现”。李大钊此文刊出后，胡适又在《每周评论》第36号上发表《三论问题与主义》，继续阐明自己的观点。而他撰写的《四论问题与主义》刚在《每周评论》第37号排版时就被北洋政府查禁，“问题与主义”之争遂告一段落。

“问题与主义”之争的发生具有鲜明的时代背景和文化背景。自鸦片战争后，中国人从未停止向西方学习的脚步，从清政府实行的洋务运动到清末民初的西学东渐，再到近代传入的实用主义和自由主义，中国的先进知识分子一直把希望寄托在向西方学习的道路上，并进行了坚持不懈的探索和尝试，但这些尝试均以失败告终。20 世纪初期，中国仍处在半殖民地半封建社会，要救亡图存，就要变革，要在思想上来一个解放，成了当时中国不可阻拦的时代潮流。特别是在辛亥革命后，袁世凯在进行帝制复辟活动之时，还大力提倡尊孔读经。他刚登上总统宝座，就大搞尊孔祭天。1913 年 6 月亲自发表“尊孔令”，鼓吹了“孔学博大”。1914 年又发布《祭圣告令》，通告全国举行“祀孔典礼”。为支持袁世凯帝制复辟活动，中外反动派掀起了一股尊孔复古逆流，从 1912 年起，他们在全国各地先后成立了“孔教会”、“尊孔会”、“孔道会”等，出版《不忍杂志》和《孔教会杂志》等。康有为还要求定孔教为“国教”，宣扬“有孔教乃有中国，散孔教势无中国矣”。他还说：“中国人不拜天，又不拜孔，留此膝何为？”面对这股反动逆流，资产阶级和小资产阶级知识分子，有的和封建势力同流合污；有的偃旗息鼓；许多人则感到彷徨苦闷，找不到出路。但以陈独秀、李大钊、鲁迅为代表的激进民主主义者却发动了一次反封建的新文化运动，大张旗鼓地宣传资产阶级民主思想，同封建尊孔复古思想展开了激烈的斗争。

1915 年，陈独秀在其主编的《新青年》(原名《青年杂志》) 刊载文章，提倡民主与科学。这次运动沉重打击了统治中国 2000 多年的传统礼教，启发了人们的民主觉悟，推动了现代科学在中国的发展，为马克思主义在中国的传播和五四爱国运动的爆发奠定了思想基础。这一时期许多外国的思想涌入中国，同时，赴日本、法国留学的中国留学生也把国外的先进思想带入中国，形成了中国近代规模最大的一次社会思潮。这些思想相互对立又交叉融合，形成了中国近代思想史上的独特景观。

1917 年爆发了伟大的俄国十月社会主义革命，震动了全世界，也照亮了中国革命的道路。十月革命的胜利给中国带来了巨大影响，引起了中国知识分子和爱国人士的广泛关注，使中国先进的知识分子看到了民族解放和民族复兴的希望，中国的知识分子在思想意识和救国理论的选择上开始倾向于向俄国学习。新文化运动由此有了新的内容，进入了宣传十月革命、宣传马克思主义的新阶段。十月革命以后，马克思列宁主义像雨后春笋一般在中国散布开来，马克思列宁主义被越来越多的中国有识之士了解和注意。有人在 1917 年《新青年》上曾这样描述："社会主义，理想甚高，学派亦甚复杂。惟是说之兴，中国似可缓于欧洲。因产业未兴，兼并未盛行也。"通过这些材料可以看出，十月革命之前，社会主义对许多人来说，还只是一种学说，一种理论，但十月革命让其活生生地出现在人们面前，使它真实的发生了，为苦于探索救国之路的中国人树立起了明亮而深刻的榜样，知识分子也从十月革命中窥探到了中国未来发展的另一种道路。《新青年》应社会形势发展的需要，以大量篇幅发表了宣传俄国十月革命的经验和社会主义理论文章。1918 年 7 月，李大钊在杂志《言治》上发表了《法俄革命之比较观》分析了十月革命的性质，"俄国革命最近之形势，政权全归急进社会党之手，将从来之政治组织，社会组织根本推翻……俄国今日之革命，诚与昔者法兰西革命同为影响于未来世纪文明之绝大变动……世界中将来能创造一兼东西文明特质，欧亚民族天才之世界的新文明者，盖舍俄罗斯人莫属"。1918 年 10 月李大钊在《新青年》杂志上发表了《庶民的胜利》和《布尔什维主义的胜利》，他高呼：“由今以后，到处所见的，都是布尔什维主义战胜的旗。到处所闻的，都是布尔什维主义的凯歌的声……试看将来的环球，必是赤旗的世界！”李大钊对于十月革命的评价极尽赞美之词，激动之情外露无疑，虽略显夸张，但无不体现出他于十月革命，于马克思主义的极大热忱。

与此同时，第一次世界大战后，中国作为战胜国一方参加了巴黎和会，但中国政府的软弱无能使中国的权益再次受到威胁。中国代表在中国人民的强烈要求下，向和会提出取消帝国主义列强在华的特权，取消“二十一条”，归还山东被占领的土地及权利等，但除了山东问题以外的其他要求都被“和会”否决。“和会”最终决定将德国在山东的特权让给日本，至此中国政府在巴黎和会的谈判中完全失败。巴黎和谈失败的消息一经传开，在国内引起了巨大反响，首先是学生组织了大规模的示威游行，袁世凯政府逮捕了游行的学生，接着学生罢课要求释放被逮捕的学生，遭到了拒绝，这激起了全国人民的愤慨，工人罢工、商人罢市、知识分子和其他各行各业的爱国人士也开展了各种形式的反抗示威活动，中国近代史上第一次大规模的爱国运动“五四”运动爆发了。五四运动迫使袁世凯政府未能在和约上签字，并给了所有卖国行为重重的一击。使中国人开始反思，资本主义制度是否适合中国国情，资本主义制度本身是不是完美的，中国已经不可能通过学习和依靠任何一个资本主义国家而求得自我生存。五四爱国运动，是一次彻底地反对帝国主义和封建主义的爱国运动，是中国新民主主义的开始；青年学生起了先锋作用；中国无产阶级开始登上政治舞台；传播了马克思主义。五四运动极大地提高了中国人民的觉悟，特别是使具有初步共产主义思想的知识分子，认识到无产阶级力量的强大，他们到工人群众中宣传马克思列宁主义和进行组织工作，促进了马克思列宁主义和中国工人运动的结合，从思想上和干部上为中国共产党的成立做了准备。正如习近平总书记在纪念五四运动100周年大会上的讲话中所说："五四运动以全民族的行动激发了追求真理、追求进步的伟大觉醒。五四运动前后，我国一批先进知识分子和革命青年，在追求真理中传播新思想新文化，勇于打破封建思想的桎梏，猛烈冲击了几千年来的封建旧礼教、旧道德、旧思想、旧文化。五四运动改变了以往只有觉悟的革命者而缺少觉醒的人民大众的斗争状况，实现了中国人民和中华民族自鸦片战争以来第一次全面觉醒。经过五四运动洗礼，越来越多中国先进分子集合在马克思主义旗帜下，1921年中国共产党宣告正式成立，中国历史掀开了崭新一页。"

五四运动之后，马克思主义在中国的传播更加系统化，具有初步共产主义思想的知识分子在宣传马克思主义的队伍里担当起了主导地位。1919年李大钊更具代表意义的文章《我的马克思主义观》是中国第一篇比较全面和系统引进马克思主义的文章，并开始运用马克思列宁主义的理论方法分析中国社会的种种问题。经过五四运动洗礼，越来越多中国先进分子集合在马克思主义旗帜下，马克思列宁主义深入人心。

经过五四新文化运动的激荡，中国人民有了新的觉醒，特别是一批先进知识分子以救国救民、改造社会为己任，不断探求改造中国社会的新方案。中国思想界空前活跃，各种主义、各种流派、各种思想纷纭涌入。既有以俄国十月革命胜利为代表的马克思主义，也有无政府主义、新村主义、工读互助团等小资产阶级思潮，还有实用主义、基尔特社会主义等资产阶级改良主义思潮。选择什么主义，选择什么方式救国救民，成为思想界争论的焦点。如 1919 年 4 月 30 日，美国实用主义哲学家杜威应学生胡适、陶行知等人的邀请，来到中国讲学，围绕着实验主义理论，演讲内容涉及政治、社会、教育、伦理等。作为杜威的称职学生，也是实验主义的坚决拥护者胡适，经过他的翻译和扩充，杜威的实验主义如锦上添花，在学术界、思想界乃至社会都产生了颇大的影响。在这一过程中，各种新思潮纷纷涌现、竞相斗胜。新文化运动的阵营也逐渐发生分化，出现了以什么主义改造中国社会的激烈论争。马克思主义在波浪里前进，在螺旋中发展，在各种“主义”泛行的中国躲不开一场有待证明自己的大论战。胡适挑起的“问题与主义”之争就是马克思主义在中国传播过程中遇到的第一次重大挑战，是知识分子们面对内忧外患，为探索救国之路和发展之路所进行的思想界的“大研讨”。

“问题与主义”之争关于问题与主义的关系的争论，给人们以深刻的启发。

“问题与主义”之争直接探讨了 20 世纪初的中国需要什么样的主义，需要什么样的方式解决中国的问题，从而极大地推动了先进知识分子们的思想解放，促进先进知识分子选择和信仰马克思主义，也促使五四时期的众多社团发生了分化，对早期共产主义组织的建立起着重要的促进作用。通过这场争论，不仅正面宣传了马克思主义的基本原理，而且消除了人们对于马克思主义的种种误解，从而使马克思主义从形形色色的主义中脱颖而出，并在中国社会中得到广泛传播，为马克思主义中国化提供了理论前提。在“问题与主义”争论后不久，李大钊、陈独秀、李达等为代表的马克思主义者也经历了与无政府主义的论战。无政府主义者一边极力宣传自己立场和观点，一边也引进和翻译了一批马克思、恩格斯等人的文章，另外也对苏俄的政治经济制度和十月革命的情形有一些较为客观的介绍，这些都对马克思声势的壮大起到了客观的推动作用，进而加快了马克思主义在中国传播的脚步，巩固和扩大了马克思主义在中国的思想阵营。在论战过程中，也壮大了中国的共产主义者队伍，李大钊等一批具有共产主义意识的知识分子开始运用马克思主义看待分析中国问题，提出“根本解决”的革命道路，并且依靠广大群众进行革命等，这些都为中国共产党的成立提供了思想基础。“问题与主义”之争，提出了马克思主义、中国实际以及马克思主义要与中国实际相结合等问题，尤其是以李大钊为代表的中国早期共产主义分子从接受马克思主义起，转化成了与中国实际相结合的马克思主义，将其视为考察和改造国家的工具。在这场争论中，李大钊明确提出：“一个社会主义者，为使他的主义在世界上发生一些影响，必须要研究怎么可以把他的理想尽量应用于环绕着他的实境。”这就论证了马克思主义与中国实际相结合的必要性，探讨了马克思主义与中国实际相结合的内涵。争论后，李大钊等共产主义知识分子群体围绕“马克思主义如何与中国实际相结合”这一问题，初步找到了实现的这一结合的途径，开始了马克思主义与中国实际相结合的实践。因此我们可以说，“问题与主义”之争提出了马克思主义与中国实际相结合的问题，是马克思主义中国化的逻辑起点。

四、三次“左”倾错误

马克思列宁主义是被历史所证明了的无产阶级革命斗争行之有效的思想武器。中国工人阶级正是在马克思主义理论指导下，才由“自由阶级”转变为“自为阶级”，真正掌握了自己的命运，认识到了本身所担负的历史使命。正是在马克思主义指导下，才建立了中国工人阶级的先锋队——共产党。中国共产党从诞生之日起，一直以马克思主义作为自己的行动指南。中国革命的胜利，是在马克思主义的指导下取得的。历史表明，有了马克思主义的指导，我们的事业就能取得胜利；反之，则会遇到挫折，甚至失败。

马克思主义不是教条，是发展着的真理。恩格斯明确指出：“马克思的整个世界观不是教义，而是方法。它提供的不是现成的教条，而是进一步研究的出发点和供这种研究使用的方法。”各国的马克思主义者的任务就是结合各个国家不同时期的具体实际，将马克思主义进一步加以具体化；同时，马克思主义也只有在同各国具体实际相结合的过程中，才能开辟自身的发展道路。这是马克思主义的题中应有之义。我们对待马克思主义的态度就是要把马克思主义的基本原理同中国实际相结合。马克思列宁主义作为科学真理，虽然具有普遍的指导意义，但将这些普遍真理应用于中国的具体实际却是一项极其艰巨的任务。中国共产党人面对着特殊的国情，在旧中国这样的半殖民地半封建的东方大国，不仅革命的条件与马克思、恩格斯、列宁所分析的西方资本主义国家很不一样，而且中国社会历史发展的具体道路同西方资本主义各国以及其他国家社会历史发展的道路也不可能相同。中国革命要取得成功，就必须实现马克思主义同中国实际相结合。

1927年大革命失败后，中国共产党领导的人民革命斗争进入最艰苦的岁月，然而在严峻的生死考验面前，在革命前途似乎已变得十分黯淡的时刻，真正的共产党人和革命者并没有被吓倒，被征服，被杀绝。他们从地下爬起来，揩干净身上的血迹，掩埋好同伴的尸首，又继续战斗了。但由于没有很好的把马克思主义的基本原理与中国革命的实际相结合，中国共产党在领导中国革命上，先后犯了三次大的“左”倾错误，且一次比一次严重。

第一次“左”倾盲动主义，错误判断革命形势，提出无间断革命，反对退却，去组织毫无胜利希望的城市武装暴动。导致这次“左”倾盲动主义形成的原因是多方面的，就其最基本的原因来说，则是由于大革命的失败，党内存在着以革命急性病为特征的“左”倾思想急剧发展的结果，但共产国际的反右倾斗争以及共产国际的代表罗明纳兹对中国党的影响也是重要原因。同样，“左”倾盲动主义错误的结束也同共产国际有着密切的关系。以盲动主义为特点的第一次“左”倾错误，是在1924年至1927年大革命突然遭受惨重失败的历史条件下发生的。1927年8月7日，新来到的共产国际代表罗明纳兹主持召开会议（八七会议），正式将陈独秀（缺席）免职，并指定瞿秋白担任临时中央政治局常委，并主持中央工作，成为继陈独秀之后，中国共产党第三任最高领导人。中共中央在瞿秋白的领导下，于1927年11月在上海召开了临时政治局扩大会议，通过了《中国现状与共产党的任务的决议案》，接受了共产国际代表罗明纳兹提出的所谓“不断革命”的错误观点，宣称中国革命是所谓“无间断的性质”。他们认为民族资产阶级叛变革命后，已经成了绝对的反革命势力，中国革命要推翻豪绅地主阶级，便不能不同时推翻资产阶级，因此中国革命的前程“必然要超越民权主义的范围”而“急转直下的进入社会主义道路”。于是他们提出了没收民族资产阶级企业的政策。否认大革命失败后处于低潮的形势，认为敌人的屠杀进攻，反而证明革命潮流之高涨，“现在全国的状况是直接革命的形势”，提出党的总策略是发动城市工人和农民举行总暴动。于是中央政治局先后发动了南昌暴动，广州暴动以及秋收起义。他们不顾敌人的强大和革命失败后群众的实际情况，反对组织有秩序的退却，命令共产党员和群众去组织毫无胜利希望的城市武装暴动。还错误的提出了使指导干部工人化的主张，以改造党的领导成分，并用惩办主义的办法处罚了一批领导干部。瞿秋白的这种“左”倾盲动主义、冒险主义给党和革命带来了巨大的损失。

第一次“左”倾盲动主义唯上唯书，照搬国外经验，从不做认真的调查研究，不结合中国的实际情况，奉行本本主义和教条主义。过高估计革命的力量，过低认识革命的艰巨性，看不到斗争的长期性和复杂性，总是作出各种错误的估计和预测。自认为革命，听不得不同意见，排斥不同意见的人。在对敌斗争中出现的困难时候总是责怪别人，从不检讨自己。在大敌当前革命处于极端困难的时候，坚持被实践屡屡证明是错误的主张，频发各种更加错误的指令，有时不惜朝令夕改，实行军事冒险主义。在导致革命出现重大损失的时候，张皇失措，找不到正确的目标和达到目标的可靠路线。最终，给中国革命造成了严重的后果。

第二次，李立三“左”倾冒险主义是在革命开始复兴，并且重新走向高潮的形势下发生的。中国共产党在革命时期的第二次“左”倾错误，是在1930年夏间发生的。它同第一次“左”倾错误的结束，相隔两年时间。两者有明显的不同：第一次是在大革命遭受严重挫败时带有浓厚拼命色彩的盲目蛮干；第二次却是在国民党各派军事势力间爆发大规模混战、革命运动明显走向复兴时，由于对革命发展的有利形势做出过分夸大的估计而发生的迫不及待的冒险主义。第一次“左”倾错误的结束，随着革命运动的复兴和局势的好转，以及1929年下半年以蒋桂战争为起点的新军阀混战的爆发，中国共产党内“左”倾情绪又逐渐发展起来。这次“左”倾情绪的发展主要受两方面因素影响：一是从大革命失败后这种情绪就一直未能从指导思想上得到认真清理，在形势稍有好转之后，党内一部分领导人的头脑又开始发热；二是共产国际脱离中国实际的指导和党内教条主义思想占了上风。在这种情况下，中共中央对革命形势的估计出现严重偏差，作出了“左”的错误决策。1930年4月，中共中央派周恩来赴苏联向共产国际汇报工作。周恩来出国后，中央的日常工作实际上由李立三主持（当时向忠发担任党的主席）。1930年上半年，李立三发表了很多文章，过分夸大中国革命的有利形势。当年6月，在他的主持下，中共中央政治局召开会议，认为革命形势已在全国范围内成熟。会议通过李立三起草的《新的革命高潮与一省或几省首先胜利》的决议案，其中提出：“中国革命对帝国主义的猛烈进攻，必然要掀起世界革命的高潮。”这表明以李立三为代表的“左”倾冒险错误（后来被称为“立三路线”）在党中央占据了统治地位。随后，李立三主持制定以武汉为中心的全国城市武装起义和集中全国红军攻打中心城市的冒险计划，并成立全国总行动委员会，作为领导武装暴动和总同盟罢工的最高指挥机关。这次“左”倾错误在党内统治的时间虽然只有3个月（1930年6月至9月），但给党组织和革命力量造成了严重的损失。只是由于毛泽东、朱德以及其他根据地一些党和红军领导人不同程度的抵制，“立三路线”在实际工作中，特别是在红军和各根据地中，并没有得到全面的推行。党为此付出了惨重的代价。国民党统治区内，许多地方的党组织因为急于组织暴动而把原来就很有限的力量暴露出来，先后有11个省委机关遭到破坏，武汉、南京等城市的党组织几乎全部瓦解。长江局给中央的报告中写道：武汉党组织在遭受大破坏后，“汉口、汉阳区的地下层组织几乎完全坍台，诚武汉工作的浩劫”。红军在进攻大城市时也遭到很大损失。

第三次，王明的“左”倾冒险主义错误是形态最完备，理论最充分，气焰最盛，时间最长，影响最深，危害最大的一次。1931年1月7日，中共六届四中全会在上海举行。这次全会以不正当的方式批判了所谓的三中全会对于“立三路线”的“调和主义”，强调“党内目前主要危险”是“右倾”，并决定“改造充实各级领导机关”。瞿秋白、周恩来等在会上受到严厉指责。在米夫的直接支持下，原来不是中央委员、缺乏实际斗争经验的王明，不仅被补选为中央委员，而且成为政治局委员。这次全会实际上批准了王明“左”倾教条主义的纲领。由于得到共产国际的支持，王明的错误主张得以在党内统治达4年之久，给中国革命事业造成极为严重的危害和损失。六届四中全会后不久，党在上海的组织遭到严重破坏，向忠发被捕叛变。在这种情况下，王明离开上海前往莫斯科，周恩来即将前往中央革命根据地，在上海的中央委员和政治局委员不到半数。根据共产国际远东局提议，于同年9月成立临时中央政治局，由博古负总的责任。为贯彻所谓“反右倾”斗争的精神，六届四中全会后的党中央派遣中央代表、中央代表机构或新的领导干部，前往各个革命根据地，贯彻他们所谓的“进攻路线”和“反右倾斗争”。1931 年 9 月博古负总责的临时中央成立，一直到临时中央迁入中央革命根据地前，第三次“左”倾错误得到比较全面的展开，最后导致中央革命根据地的丧失和红军的被迫长征，中国共产党再次濒临大失败的边缘。

这种“左”倾错误一次又一次地接连发生，最根本的一点，在于他们的指导思想是主观主义的，缺乏实事求是的态度，并不符合客观存在的实际。这种作风严重背离马克思主义，没有把马克思主义同中国革命的具体实践相结合，单凭热情，从主观愿望出发，或从搬用书本上的个别词句或外国的经验出发，夸夸其谈，自以为是，不尊重客观实际，不去下苦功夫对周围复杂的真实情况进行周密的调查和冷静的分析，这就不能找出解决问题的切实有效的办法。毛泽东在 1930 年写了一篇《调查工作》（20 世纪 60 年代公开发表时改名为《反对本本主义》），尖锐地批评党内有些人开口闭口要“拿本本来”，指出：“不根据实际情况进行讨论和审察，一味盲目执行，这种单纯建立在‘上级’观念上的形式主义的态度是很不对的。”他意味深长地写道：“中国革命斗争的胜利要靠中国同志了解中国情况。”“共产党的正确而不动摇的斗争策略，决不是少数人坐在房子里能够产生的，它是要在群众的斗争过程中才能产生的，这就是说要在实际经验中才能产生。因此，我们需要时时了解社会情况，时时进行实际调查。”万幸的是，以毛泽东同志为主要代表的中国共产党人，特别是从 1929 年到 1930 年，深刻地认识到建立巩固的农村根据地的重要性，并创造性地提出了中国革命要以农村为中心的思想。中国革命要走上胜利的道路，就不能照搬俄国十月革命以城市为中心的办法，始终坚持把马克思主义与中国革命的实际结合来，运用马克思列宁主义的立场、观点和方法来认识和解决前进道路上不断出现的新情况新问题。把工作重心放在农村，逐步探索出正确的革命道路。

五、改造我们的学习

1941年5月，毛泽东在延安高级干部会议上作题为《改造我们的学习》的报告，深刻地论述了马克思列宁主义原理同中国革命具体实践相结合的原则，批判了主观主义的作风，号召全党注重调查研究，树立理论和实际相统一的马克思主义作风，为全党的整风学习指出了明确的方向。延安整风是抗日战争进入相持阶段后，中共中央在全党有领导、有计划、有步骤地开展的一次思想解放运动，是一次马克思主义教育运动。

中国共产党发动延安整风运动，是有深刻的历史背景的。中国共产党在历史上曾发生几次“左”倾和右倾的错误，给革命事业造成了巨大损失。其根本原因就在于当时的领导者不从中国革命的具体情况出发，不能把马克思列宁主义理论同中国革命的实际相结合，而是从主观臆断出发，教条主义地对待马克思列宁主义理论。毛泽东在回顾党在幼年阶段时指出，由于没有经验，缺乏对中国革命特点和规律的深刻认识，还不善于将马克思列宁主义的理论和中国革命的实践相结合，因此，在革命的紧要关头，没有能够领导全党巩固第一次大革命的胜利，受了资产阶级的欺骗，致使革命遭到失败。党的发展的第二阶段，即土地革命战争阶段。这一阶段虽然资产阶级叛变了，敌人又天天迫害我们的党。但“由于有了第一阶段的经验，由于对于中国的历史状况和社会状况、中国革命的特点、中国革命的规律的进一步的了解，由于我们的干部更多地领会了马克思列宁主义理论，更多地学会了将马克思列宁主义的理论和中国革命的实践相结合，我们党就能够进行了胜利的十年土地革命斗争”。

1935年遵义会议以后，在毛泽东等人的努力下，中共中央纠正了王明“左”倾机会主义的错误，制定了正确的路线。到抗日战争初期，中国共产党已发展成为一个全国性的，思想上、政治上、组织上巩固的马克思主义政党。这时党内的主要问题是历史上“左”倾机会主义长期统治的恶劣影响尚未彻底清算；主观主义、宗派主义、党八股广泛存在；大批新党员又带来了非马克思主义的思想作风。这些问题在全党虽然不占统治地位，但妨碍党的正确路线的贯彻执行，妨碍全党干部和党员政治思想水平的提高。只有解决这些问题，才能夺取革命的胜利。尤其是表现在，1937年11月29日，王明从苏联回到延安。王明在苏联时是中共驻共产国际代表之一，并任共产国际执行委员会委员、主席团委员和候补书记。1937年8月10日，共产国际执委会书记处曾召开专门会议，讨论中国抗战形势和中共的任务。季米特洛夫在会议上说明：中国共产党面临政策和策略上的“一百八十度的大转弯”，而党内的状况很特殊，中国红军是一支农民军队，党内工人的比例也很小。他担心中国共产党能否适应新的环境和新的任务。他认为，“需要能在国际形势中辨明方向的、有朝气的人去帮助中共中央”。在共产国际和斯大林看来，中国共产党和中国工人阶级的力量比较弱小，中国的抗战要依靠蒋介石为首的国民党。中国共产党应竭力促成在国民党政府基础上的全国的团结统一，在抗日民族统一战线中不要提谁领导谁的问题，而应运用法国共产党关于"一切服从统一战线"和"一切经过统一战线"的经验，做到共同负责，共同领导。王明被派回国，正是为了由他在中共中央贯彻上述共产国际的"新政策"。

1937年12月9日至14日，中共中央召开政治局会议。王明作了题为《如何继续全国抗战与争取抗战胜利呢？》的报告。他讲了要坚持抗战、要巩固和扩大以国共两党合作为中心的抗日民族统一战线等正确意见，但重点是对党中央在统一战线问题上的许多正确的观点和政策提出批评。他认为，过去对国民党的根本转变认识不够，对国民政府开始起到全国统一的国防政府的作用和国民革命军开始起到全国统一的国防军的作用估计不够；过去太强调解决民主、民生问题，没有把握住"抗日高于一切"、"一切服从抗日"的原则；过分强调独立自主，没有采取"一切经过统一战线"、"一切服从统一战线"的工作方法。他认为，应有统一的群众组织和统一领导的群众运动，在抗战条件下，不怕国民党限制，要到国民政府去立案，争取合法；他不同意公开批评国民党执行片面抗战路线，认为这样的提法太尖锐，使人害怕。他不赞成关于国民党营垒有左、中、右三种不同势力的提法，认为只能以抗日或亲日为标准；也不赞成国民党和共产党谁吸引谁的提法，认为不应空喊领导权，不应说谁领导谁，而是国共"共同负责，共同领导"。他指名批评刘少奇在《抗日游击战争中的若干基本问题》一文中所提的要求过高、过多。由于王明说他的报告所传达的是共产国际和斯大林的指示，这就使许多与会者产生盲目的信赖，一时不能明辨是非。许多同志根据王明提出的观点（很多是错误的或片面的），检查总结过去统一战线工作中的得失，承认过去有"狭隘观念"和"不策略"的地方。

王明到武汉后，开始在实际工作中贯彻他的错误主张。他起草的《中国共产党对时局宣言》(1937年12月25日)，在强调巩固国共两党合作的重要性方面是正确的，但未能把握统一战线中联合与斗争的辩证统一。这个宣言在坚持全面抗战路线和独立自主原则的问题上，实际上是从《抗日救国十大纲领》所确定的目标后退了。同年12月27日，王明写了《挽救时局的关键》(载1938年1月1日出版的《群众》周刊第4期)一文，阐发上述宣言的主旨，这篇文章中包含着许多对国民党无原则迁就退让的错误观点。1938年1月，他在武汉大学所作《论抗日民族统一战线》的演讲，在妥协退让方面走得更远。他说:“在对内的问题上，现在也有一种恶倾向，就是先问民主自由够不够，然后再谈统一战线。这是不对的。”1938年2月27日至3月1日，党中央在延安召开政治局会议。在这次会议上，王明作了《目前抗战形势与如何继续抗战和争取抗战胜利》的报告。由于王明许多不切实际的主张四处碰壁，他不得不承认“对时局宣言”向国民党让步较多，但并未改变迁就主义的基本立场。

之后，王明在错误的道路上越走越远，已经从土地革命战争时期的“左”的错误转到右的错误。如王明否认统一战线中的独立自主原则，主张“一切经过统一战线”“一切服从统一战线”，这实际上是只讲联合不讲斗争，自愿放弃无产阶级的独立自主立场和无产阶级领导权。他把坚持抗战同实行民主、改善民生的要求对立起来，认为“目前的问题不在于民主的够不够，而在于怎样把抗战支持下去，发展下去”。王明在战争问题上，对中日战争的长期性缺乏足够的估计，不重视大力发展人民武装力量和建立广大的敌后根据地，轻视共产党领导的游击战争的伟大作用。他要求把党的主要精力放在国民党统治下的大城市中的合法运动上。他夸大国民党军队的作用，把抗战胜利的希望寄托在国民党军队的“正规战”上，幻想依靠国民党军队求得速胜。他不切实际地、笼统地强调在军事上的一切“统一”，并反对八路军、新四军在统一的抗日任务下执行独立自主的游击战争的战略方针。王明在组织纪律上，违反党的民主集中制原则，不执行党中央的正确指示，不尊重党中央的统一。他不经中央同意就以党中央名义发表有很多错误意见的宣言、决议和文章，严重地破坏了党的纪律。

为了总结全国抗战以来的经验教训，确定中国共产党在抗战新阶段的基本方针任务，统一全党的认识和步调，1938 年 9 月 29 日至 11 月 6 日，中国共产党在延安召开扩大的第六届中央委员会第六次会议。会议批判了党内在统一战线问题上的关门主义和投降主义的偏向，着重批判了“一切经过统一战线”、“一切服从统一战线”的迁就主义的错误主张。全会号召全党同志要认真地负起领导抗日战争的重大历史责任，强调全党必须努力学习马克思列宁主义理论，善于把马克思列宁主义的一般原理和国际经验应用于中国的具体环境，反对教条主义，废止洋八股，提倡新鲜活泼的、为中国老百姓所喜闻乐见的中国作风和中国气派。对抗日战争的领导进行了全面的战略规划，基本上克服了王明右倾投降主义错误，统一了全党的步调，推动了各项工作的迅速发展。

但是，在延安整风前，党内还存在着需要解决的问题。毛泽东指出，我们的学风有些不正，就是有主观主义，特别是教条主义的毛病；我们的党风有些不正，就是有宗派主义的毛病；我们的文风有些不正，就是有党八股的毛病。这些不正的作风，在遵义会议以后，虽然已经不占统治地位，但是它们还在经常作怪。遵义会议以来，党在军事上、政治上纠正了以教条主义为特征的王明“左”倾冒险主义的错误，但是还没有来得及系统地从思想上彻底清理这种错误，党的干部还没有深刻认识这种错误的思想根源。抗日战争爆发后，党在大发展中增加了 70 余万新党员，他们的积极性很高，但其中绝大多数出身于农民或其他小资产阶级家庭，因为斗争任务紧张，党对他们的马克思主义教育还很不够。由于他们的阶级出身和认识水平的局限，很容易接受上述三种不正的作风的影响。如何把马克思主义中国化，就成为摆在中国共产党面前的一项重大任务。而延安整风，正是解决这一问题的重要途径。1941 年 1 月，皖南事变发生，新四军遭到惨重损失。而在事变前，毛泽东就对国民党存有戒心，曾制定过一个先发制人的计划，打算派 15 万精兵打到国民党后方去，但这个计划最终被共产国际否定了。这件事深刻反映了中共与共产国际的重大意见分歧，同时也让毛泽东的警惕性进一步增强。为了避免重蹈覆辙，他决心尽快改变与共产国际的关系，从实质上摆脱共产国际对中国革命的干预。而要做到这一点，就必须开展一次全党的整风运动，从思想根源上破除将共产国际指示神圣化和教条化的氛围。

1941 年 5 月，毛泽东同志在延安高级干部会议上作《改造我们的学习》的报告，标志着整风开始。7 月和 8 月，中共中央作出《关于增强党性的决定》和《关于调查研究的决定》，号召全体党员和干部，开展调查研究，坚持实事求是的原则，遵守党的纪律，加强党的团结，在思想上、政治上、组织上克服各种不良倾向和作风。9 月 10 日至 10 月 22 日，中共中央召开政治局扩大会议，先后参加会议的共 23 人。毛泽东在会上作了反对主观主义和宗派主义问题的报告，指明了主观主义的表现、危害、根源和克服办法。会上经过详细讨论，确认在土地革命战争时期，王明等人领导的党中央所犯的错误是"左"倾冒险主义的路线错误。一些受王明影响而犯过错误的同志作了自我批评。会议决定在全党组织整风学习，反对主观主义和宗派主义。9月26日，中共中央决定成立中央学习研究组，毛泽东任组长，王稼祥任副组长，组织在延安的高级干部学习马克思列宁主义理论，研究党的六大前后的历史文件，总结党的历史经验；同时决定成立各地高级学习组，颁发高级学习组的组织条例。组织高级干部学习马克思列宁主义理论，是整风运动的第一阶段，它为开展全党整风运动做了重要的准备。

1942年2月，毛泽东连续发表《整顿党的作风》、《反对党八股》两篇演说，标志着全党普遍整风的开始。4月3日，中共中央宣传部作出《关于在延安讨论中央决定及毛泽东同志整顿三风报告的决定》，对整风的目的、内容、方针、方法和学习文件作了明确规定。6月8日中央宣传部发出《关于在全党进行整顿三风学习运动的指示》，同时军委总政治部也发出全军进行整风学习的指示，从此整风运动在各抗日民主根据地陆续展开。延安普遍整风至1943年6月基本结束。1943年10月，中共中央决定党的高级干部在全党整风的基础上，进一步学习党的历史和路线问题，延安整风发展到总结党的历史经验阶段。80%以上的党的高级干部参加了学习。为了对党史上的若干重大问题取得一致认识，并作出正式结论，中央政治局和党的高级干部多次讨论党的历史，特别是讨论党在1931年初到1934年底这一段时间的历史。1944年4月和5月，毛泽东代表中央政治局在延安高级干部会议和中央党校第一部的会议上作报告（即收入《毛泽东选集》第三卷中的《学习和时局》一文），就党史学习中提出的几个重要问题，传达政治局的结论。5 月 21 日在延安召开中国共产党第六届中央委员会扩大的第七次全体会议。会议持续进行了 11 个月之久，深入讨论了党的全部历史。1945 年 4 月 20 日中国共产党六届七中全会通过《关于若干历史问题的决议》，统一了全党的认识，整风运动至此结束。

总之，延安整风前，教条主义在党内有着深厚的思想基础，许多人把苏共经验和共产国际指示奉为金科玉律予以照搬照抄，甚至不惜牺牲我们自己的民族利益。通过整风学习，全党来了一次思想大解放，出现了建党以来最大规模地学习马克思主义的高潮，并把马克思主义与中国革命的具体实践结合起来，重新认识中国革命的历史问题与现实问题。这样，就使广大党员和干部逐渐从教条主义的思想禁锢中解放出来，从根本上端正了对待马克思主义的态度，进一步明确了必须坚持理论联系实际的原则。经过延安整风运动，我们党初步确立了实事求是的思想路线，克服了长期盛行的把马克思主义教条化、把共产国际指示神圣化和绝对化的错误倾向，扫清了马克思主义中国化的障碍，极大地推动了它的历史进程。

六、“以自己的辉煌的光焰普照大地”

元光元年（前 134），汉武帝将不治儒家“五经”的太常博士一律罢黜，排斥黄老刑名百家之言于官学之外，提拔布衣出身的儒生公孙弘为丞相，优礼延揽儒生数百人，还批准为博士官置弟子 50 人，根据成绩高下补郎中文学掌故，吏有通一艺者则选拔担任重要职务。这就是历史上有名的“罢黜百家，独尊儒术”。但是之后儒学内部也出现了脱离实际空疏学风，再之后出现经学与谶纬神学相结合，更是虚幻离奇。东汉时期，为了应对这种“疾虚妄之言”，王充写了《论衡》一文，他指出：“凡论事者，违实不引效验，则虽甘义繁说，众不见信。”“凡贵通者，贵其能用之也。即徒诵读，读诗讽术，虽千篇以上，鹦鹉能言之类也。”

王充反对儒者习经死记硬背，主张研习经书要灵活运用，惟其如此，经学才能在创新中获得发展，并在解决实际问题中对社会产生影响。不论谁提出的理论，不论什么样的理论，如果与事实不符，都不会得到民众的信任。同时，正确的理论还必须用来指导实践，产生实际的效果。那些只会背诵圣贤语录，不能解决实际问题的所谓理论家，不过是徒有虚名。2016 年 5 月 17 日，习近平总书记在哲学社会科学工作座谈会上的讲话中指出，坚持以马克思主义为指导，最终要落实到怎么用上来。“凡贵通者，贵其能用之也。”事实上，马克思主义具有与时俱进的理论品质，马克思主义是随着时代、实践、科学发展而不断发展的开放的理论体系，它并没有结束真理，而是开辟了通向真理的道路。把坚持马克思主义和发展马克思主义统一起来，结合新的实践不断作出新的理论创造，这是马克思主义永葆生机活力的奥妙所在。

中国共产党是按照马克思列宁主义的革命理论和革命风格建立起来的党。但是在如何对待马克思列宁主义的问题上，中国共产党经历了艰难探索和曲折发展的道路，从而使党从总体上做到了不是把马克思列宁主义当成教条，而是当作行动的指南，在实践中坚持把马克思列宁主义的基本原理同中国革命、建设、改革的具体实践相结合，创造性地发展了马克思列宁主义。毛泽东曾经豪迈地说：“中国的命运一经操在人民自己的手里，中国就将如太阳升起在东方那样，以自己的辉煌的光焰普照大地，迅速地荡涤反动政府留下来的污泥浊水，治好战争的创伤，建设起一个崭新的强盛的名副其实的人民共和国。”在理论上也是如此，以毛泽东同志为主要代表的中国共产党人，把马克思列宁主义的基本原理同中国革命、建设的具体实践结合起来，创立了毛泽东思想。毛泽东思想是马克思列宁主义在中国的运用和发展，是被实践证明了的关于中国革命和建设的正确的理论原则和经验总结，是中国共产党集体智慧的结晶，毛泽东思想的产生给中国带来了革命的曙光。1945 年 4 月 23 日至 6 月 11 日，中国共产党第七次全国代表大会在延安召开。党的七大的一个重大历史性贡献是确立毛泽东思想为党的指导思想并写入党章。七大通过的党章指出：“毛泽东思想，就是马克思列宁主义的理论与中国革命的实践之统一的思想，就是中国的共产主义，中国的马克思主义。”七大党章规定：“中国共产党，以马克思列宁主义的理论与中国革命的实践统一的思想——毛泽东思想，作为自己一切工作的指针，反对任何教条主义的或经验主义的偏向。”刘少奇在七大《关于修改党章的报告》中深入论述了毛泽东和毛泽东思想在中国革命中的地位和作用，对毛泽东思想作了较为全面、系统和科学的概括，揭示了毛泽东思想的丰富内涵和本质特征，使全党对毛泽东思想有了比较完整的认识和深刻的理解。

毛泽东思想的形成和发展，是同中国革命的发展紧密相连的，进程是一致的。长期以来，在国际共产主义运动中和中国共产党内，曾盛行把马克思主义教条化、把共产国际决议和苏联经验神圣化的错误倾向，中国革命也曾因此几乎陷于绝境。毛泽东思想正是在同这种错误倾向作斗争过程中逐步形成和发展起来的。

从中国共产党成立到国共合作的北伐战争时期，以毛泽东同志为主要代表的中国共产党人，运用马克思列宁主义的立场观点方法，科学地分析了中国社会和阶级的经济地位和对革命的态度，阐述了无产阶级领导农民斗争的极端重要性，提出了新民主主义革命的基本思想。

从北伐战争失败到土地革命战争兴起，是毛泽东思想开始形成时期。这一时期，以毛泽东同志为主要代表的中国共产党人，创立和发展了红色政权的理论，开辟了农村包围城市、武装夺取政权的正确的中国革命道路，在建军和建党等问题上创造性地提出了一系列适合中国国情的原则。

毛泽东思想的发展达到成熟是在土地革命战争后期和抗日战争时期。1935 年 1 月召开的遵义会议，是中国共产党历史上的重要转折点。它结束了王明“左”倾冒险主义在中央的统治地位，实现了中国共产党领导民主革命的第二次转变。在抗日战争中，毛泽东引导全党学习和研究马克思主义理论，开展了解放思想的整风运动，系统总结中国革命的经验教训，正确认识了中国民主革命的规律，毛泽东思想得以系统总结和多方面展开而达到成熟。1945 年，党的七大确立毛泽东思想为党的指导思想。解放战争之所以能够超乎人们的想象而迅速取得胜利，就是毛泽东思想指导的结果，就是毛泽东思想正确性的最有力的实践证明。

中华人民共和国成立以后，毛泽东思想继续发展。一方面，及时地提出了由新民主主义向社会主义转变的理论；另一方面，提出了社会主义革命和建设的一系列理论方针政策。

毛泽东思想是马克思列宁主义在中国的运用和发展，毛泽东思想以独创性的理论丰富和发展了马克思列宁主义，解决了中国工人阶级及其政党在中国这样一个半殖民地半封建的、以农民为主要群众的、经济上文化上落后的国家里如何运用马克思列宁主义一般原理，开展共产主义运动的问题，简而言之，就是为中国解决了“什么是革命、怎样进行革命”的问题。毛泽东思想具有多方面的内容，主要是关于新民主主义革命的理论，关于社会主义革命和社会主义建设的理论，关于革命军队的建设和军事战略的理论，关于政策和策略的理论，关于思想政治工作和文化工作的理论，关于党的建设的理论，等等。

毛泽东思想活的灵魂是贯穿于上述各个组成部分的立场观点方法，它有三个基本方面，即实事求是，群众路线，独立自主。实事求是，就是一切从实际出发，理论联系实际，把马克思主义普遍真理同中国革命具体实践相结合，在实践中检验和发展真理。实事求是是毛泽东思想的根本点，是党的思想路线的核心。群众路线，就是一切为了群众，一切依靠群众，从群众中来，到群众中去的路线。群众路线是以毛泽东同志为主要代表的中国共产党人创造的、具有中国特色的科学领导方法和工作方法，是对马克思主义的重大发展。独立自主，是从中国实际出发，主要依靠自己的力量发展革命和建设事业，是我们建国、立国的一个根本方针。

毛泽东思想被确定为中国共产党的指导思想，是历史发展的必然，是由它在中国革命和建设中的历史地位和伟大作用决定的。

毛泽东思想指导中国革命和建设取得了伟大成就。在新民主主义革命时期，中国共产党坚持用毛泽东思想指导革命，克服了党内的右倾投降主义和“左”倾冒险主义，取得了打败日本侵略者，推翻蒋介石反动统治，建立新中国的伟大胜利。中华人民共和国成立后，中国共产党在毛泽东思想的指引下，领导全国各族人民有步骤地实现从新民主主义到社会主义的转变，取得了社会主义革命的伟大胜利，社会主义经济建设也取得了巨大的成就。

毛泽东思想丰富和发展了马克思列宁主义。在中国共产党建党史上，以毛泽东同志为主要代表的中国共产党人，运用马克思列宁主义的基本原理，认真地考察中国的历史状况和现实状况，把中国长期革命实践中的一系列独创性经验作了理论概括，从而实现了马克思列宁主义与中国实际相结合的第一次历史性飞跃。毛泽东思想不是马克思列宁主义的简单运用，而是对马克思列宁主义的重大发展，为马克思列宁主义的理论宝库增添了许多新的内容。而且毛泽东思想不是在个别方面，而是在许多领域发展了马克思列宁主义，极大地丰富和发展了马克思列宁主义关于经济文化落后的国家无产阶级如何领导革命的学说。在成为执政党以后，以毛泽东同志为主要代表的中国共产党人，根据马克思列宁主义关于建设社会主义的基本原理和苏联建设社会主义的经验和教训，结合中国的实际情况，提出了一系列关于社会主义建设的思想。

毛泽东思想是我们党的宝贵精神财富。毛泽东思想过去是我们的事业取得巨大胜利的指导思想，今后仍然是指导我们社会主义现代化建设事业的宝贵财富。毛泽东的许多重要著作，仍然是我们必须经常学习的，因为这些著作中包含着许多基本原理、原则和科学方法，具有普遍的意义。当然，在社会主义现代化建设中，有许多新的问题，在毛泽东的著作中是没有现成答案的，需要我们认真学习和运用它的立场、观点和方法来研究实践中出现的新情况，解决新问题。

总之，毛泽东思想具有重要的历史和现实意义，它是我们党的宝贵精神财富，它将长期指导我们的行动。我们必须在实践中坚持和发展毛泽东思想。2013 年 12 月 26 日，习近平总书记在纪念毛泽东同志诞辰 120 周年座谈会上的讲话中指出："毛泽东思想活的灵魂是贯穿其中的立场、观点、方法，它们有三个基本方面，这就是实事求是、群众路线、独立自主。新形势下，我们要坚持和运用好毛泽东思想活的灵魂，把我们党建设好，把中国特色社会主义伟大事业继续推向前进。"还指出："毛泽东同志是伟大的马克思主义者，伟大的无产阶级革命家、战略家、理论家，是马克思主义中国化的伟大开拓者，是近代以来中国伟大的爱国者和民族英雄，是党的第一代中央领导集体的核心，是领导中国人民彻底改变自己命运和国家面貌的一代伟人。""毛泽东同志属于中国，也属于世界。他不仅赢得了全党全国各族人民爱戴和敬仰，而且赢得了世界上一切向往进步的人们敬佩。毛泽东同志的革命实践和光辉业绩已经载入中华民族史册。他的名字、他的思想、他的风范，将永远鼓舞我们继续前进。"

七、"老祖宗不能丢啊！"

邓小平同志一直强调"老祖宗"不能丢。他坚持"一定不要忘记了马克思列宁主义，不要丢掉这个最根本的东西"，还强调"毛泽东思想这个旗帜丢不得，丢掉了实际上就否定了我们党的光辉历史"。邓小平同志之所以强调"老祖宗"不能丢，正是因为马克思列宁主义、毛泽东思想是被实践反复证明了的科学体系。而凡被实践证明了的科学理论是不能被随便推翻的。在改革开放的新时期，邓小平同志始终强调，真正的马克思列宁主义者必须根据现在的情况，认识、继承和发展马克思列宁主义。这就是说，真正的马克思主义者就是能够与时俱进的马克思主义者。或者说，只有与时俱进，才是真正的马克思主义者。“文革”结束后，和平与发展已经成为当今时代的两大主题。发生世界大战的可能性越来越小，世界上所有的国家，不论是发展中国家，还是发达国家，不论是社会主义国家，还是资本主义国家，都在谋求更快的发展。这是社会主义与资本主义两种制度的竞赛；也是一个国家能否在世界上站稳脚跟，处于有利位置的竞赛，在这种历史条件下，我们这样一个经济文化都比较落后的社会主义大国，必须尽快发展起来。这就要求有一种能够指引我们更好更快地发展，不断走向胜利的理论。因此，党的十一届三中全会以来，以邓小平同志为主要代表的中国共产党人，始终坚持解放思想、实事求是的思想路线，坚持把马克思列宁主义、毛泽东思想同中国现代化建设的实践相结合，同时代特征和当代中国的实际相结合，运用马克思主义的立场、观点、方法，总结新中国成立以来正反两方面的经验，认识、分析和解决中国改革开放、建立社会主义市场经济体制、建设社会主义现代化的实践问题，在新的实践的基础上，既继承前人又突破陈规，开拓了马克思主义的新境界，形成了邓小平理论。

马克思说过，一切划时代的体系的真正的内容都是由于产生这些体系的那个时期的需要而形成起来的。邓小平理论之所以伟大，之所以宝贵，正是因为这一理论是实践的呼唤、时代的要求。从 1978 年邓小平同志《解放思想，实事求是，团结一致向前看》，到 1992 年邓小平同志南方谈话，这一整个历史过程中，邓小平同志在回答和解决党和国家面临的重大时代课题表现出了极大的政治勇气、极高的领导艺术、极强的革命精神和创造活力，对马克思列宁主义、毛泽东思想进行了全方位的符合和平与发展时代主题和我国社会主义现代化建设实践特点的理论创新，形成了中国特色社会主义理论体系的最初形态——邓小平理论，从而为中国共产党人领导的改革开放这场新的历史条件下新的伟大革命提供了科学的指导思想，把马克思列宁主义、毛泽东思想发展到了一个新的阶段。

邓小平理论是马克思列宁主义的基本原理同当代中国实践和时代特征相结合的产物，是毛泽东思想在新的历史条件下的继承和发展，是马克思主义在中国发展的新阶段，是当代中国的马克思主义，是中国共产党集体智慧的结晶，引导着我国社会主义现代化事业不断前进。邓小平理论，对中国社会主义的发展道路、中国社会主义的发展阶段、中国社会主义的根本任务、中国社会主义的发展动力、中国社会主义建设的外部条件、中国社会主义建设的政治保证、中国社会主义建设的战略步骤、中国社会主义的领导力量和依靠力量以及祖国统一等重大的理论和实践问题作出了科学的回答。

1992 年，江泽民同志在党的十四大报告中，把邓小平同志建设有中国特色社会主义理论的主要内容概括为九个方面：

第一，在社会主义发展道路问题上，强调走自己的路，不把书本当教条，不照搬外国模式，以马克思主义为指导，以实践作为检验真理的唯一标准，解放思想，实事求是，尊重群众的首创精神，建设有中国特色的社会主义。

第二，在社会主义的发展阶段问题上，作出了我国还处在社会主义初级阶段的科学论断，强调这是一个至少上百年的很长的历史阶段，制定一切方针政策都必须以这个基本国情为依据，不能脱离实际，超越阶段。

第三，在社会主义的根本任务问题上，指出社会主义的本质是解放生产力，发展生产力，消灭剥削，消除两极分化，最终达到共同富裕。强调现阶段我国社会的主要矛盾是人民日益增长的物质文化需要同落后的社会生产之间的矛盾，必须把发展生产力摆在首要位置，以经济建设为中心，推动社会全面进步。判断各方面工作的是非得失，归根到底，要以是否有利于发展社会主义社会的生产力，是否有利于增强社会主义国家的综合国力，是否有利于提高人民的生活水平为标准。科学技术是第一生产力，经济建设必须依靠科技进步和劳动者素质的提高。

第四，在社会主义的发展动力问题上，强调改革也是一场革命，也是解放生产力，是中国现代化的必由之路，僵化停滞是没有出路的。经济体制改革的目标，是在坚持公有制和按劳分配为主体、其他经济成分和分配方式为补充的基础上，建立和完善社会主义市场经济体制。政治体制改革的目标，是以完善人民代表大会制度、共产党领导多党合作和政治协商制度为主要内容，发展社会主义民主政治。同经济、政治的改革和发展相适应，以“有理想、有道德、有文化、有纪律”为目标，建设社会主义精神文明。

第五，在社会主义建设的外部条件问题上，指出和平与发展是当代世界两大主题，必须坚持独立自主的和平外交政策，为我国现代化建设争取有利的国际环境。强调实行对外开放是改革和建设必不可少的，应当吸收和利用世界各国包括资本主义发达国家所创造的一切先进文明成果来发展社会主义，封闭只能导致落后。

第六，在社会主义建设的政治保证问题上，强调坚持社会主义道路、坚持人民民主专政、坚持中国共产党的领导、坚持马克思主义毛泽东思想。这四项基本原则是立国之本，是改革开放和现代化建设健康发展的保证，又从改革开放和现代化建设获得新的时代内容。

第七，在社会主义建设的战略步骤问题上，提出基本实现现代化分三步走。在现代化建设的过程中要抓住时机，争取出现若干个发展速度比较快、效益又比较好的阶段，每隔几年上一个台阶。贫穷不是社会主义，同步富裕又是不可能的，必须允许和鼓励一部分地区一部分人先富起来，以带动越来越多的地区和人们逐步达到共同富裕。

第八，在社会主义的领导力量和依靠力量问题上，强调作为工人阶级先锋队的共产党是社会主义事业的领导核心，党必须适应改革开放和现代化建设的需要，不断改善和加强对各方面工作的领导，改善和加强自身建设。执政党的党风，党同人民群众的联系，是关系党生死存亡的问题。必须依靠广大工人、农民、知识分子，必须依靠各民族人民的团结，必须依靠全体社会主义劳动者、拥护社会主义的爱国者和拥护祖国统一的爱国者的最广泛的统一战线。党领导的人民军队是社会主义祖国的保卫者和建设社会主义的重要力量。

第九，在祖国统一的问题上，提出“一个国家、两种制度”的创造性构想。在一个中国的前提下，国家的主体坚持社会主义制度，香港、澳门、台湾保持原有的资本主义制度长期不变，按照这个原则来推进祖国和平统一大业的完成。

1997 年，江泽民同志在党的十五大报告中，把邓小平同志建设有中国特色社会主义理论科学地称之为邓小平理论，并明确指出，邓小平理论第一次比较系统地初步回答了中国社会主义的发展道路、发展阶段、根本任务、发展动力、外部条件、政治保证、战略步骤、党的领导和依靠力量以及祖国统一等一系列基本问题，指导我们党制定了在社会主义初级阶段的基本路线。它是贯通哲学、政治经济学、科学社会主义等领域，涵盖经济、政治、科技、教育、文化、民族、军事、外交、统一战线、党的建设等方面比较完备的科学体系，又是需要从各方面进一步丰富发展的科学体系。

因此，邓小平理论最鲜明的特点和最突出的贡献，在于初步回答了“什么是社会主义、怎样建设社会主义”的问题，为我国的社会主义现代化建设指明了道路和方向。江泽民同志在党的十五大的报告以“高举邓小平理论伟大旗帜，把建设有中国特色社会主义事业全面推向二十一世纪”为主题，着重指出：“旗帜问题至关紧要。旗帜就是方向，旗帜就是形象。坚持十一届三中全会以来的路线不动摇，就是高举邓小平理论的旗帜不动摇。”“邓小平理论是当代中国的马克思主义，是马克思主义在中国发展的新阶段。”“它是在和平与发展成为时代主题的历史条件下，在我国改革开放和现代化建设的实践中，在总结我国社会主义胜利和挫折的历史经验并借鉴其他社会主义国家兴衰成败历史经验的基础上，逐步形成和发展起来的。”“在当代中国，只有把马克思主义同当代中国实践和时代特征结合起来的邓小平理论，而没有别的理论能够解决社会主义的前途和命运问题。”邓小平理论是对毛泽东思想的继承和发展。“在当代中国，马克思列宁主义、毛泽东思想、邓小平理论，是一脉相承的科学体系。坚持邓小平理论，就是真正坚持马克思列宁主义、毛泽东思想；高举邓小平理论伟大旗帜，就是真正高举马克思列宁主义、毛泽东思想的旗帜。”在邓小平理论的指导下，实现全党工作中心由“阶级斗争”向经济建设的战略转移，实行了改革开放，开辟了社会主义事业发展的新时期。

八、“荔枝红了”

2002年，一部构思很巧妙，富有新意，具有强烈的时代感的精品影片迅速走红大江南北，引起强烈反响。影片先后获得第八届中国电影华表奖、第六届中国长春电影节特别奖、第七届广东宣传文化精品奖等九项大奖，这部影片的名字是《荔枝红了》。

这是一部农村故事片，讲述的是田老根和唐荔红所在的贡园村自古以来就是荔枝之乡，唐诗“一骑红尘妃子笑，无人知是荔枝来”的故事就发生在这里。但是这些古老的荔枝树历经磨难，在老支书田老根的舍命保护下，才使这片荔枝林劫后余生。改革开放后，老支书带领群众种荔枝致富，但他思想保守，于是他主动让贤给年轻的女党员唐荔红。新官上任，唐荔红抓科技种植，抓修路，抓市场营销和对外招商，虽然遇到了来自家庭、工作及社会的种种压力，但最终让乡亲们走上了致富路，推动了农业的产业化经营，创出了农业品牌，令古老的荔乡产生了翻天覆地的变化。这部影片既没有惊天动地的情节，也没有激烈火爆的场面，而是通过人物在日常生活中的矛盾冲突和感情纠葛，把公与私、新与旧、先进与落后以及社会、人生和家庭这一系列矛盾展现出来。影片通过新老支书这两个人物形象表现了党的根本宗旨——全心全意为人民服务，影片赞扬了以唐荔红为代表的新一代党的农村基层干部，从根本上代表了广大人民利益，大胆实践、引进先进科学文化，开拓市场，带领群众走共同富裕道路。从唐荔红的身上，我们可以看到谁是“三个代表”的忠实实践者；从贡园村的变化中，我们可以看到“三个代表”重要思想的巨大威力。“三个代表”重要思想的本质“立党为公，执政为民”在影片中更是到了充分的体现。

故事虽小，但映射出的是中国共产党除了最广大人民群众的根本利益外，没有任何的私利私求可言。映射出我们的政权是人民的政权，权力是人民赋予的，党要为人民掌好权、用好权。进入21世纪，我国经济和社会发展进入关键时期，我们党承担着继续推进现代化建设，完成祖国统一大业，维护世界和平与促进共同发展的重大历史任务，面临着提高党的领导水平和执政水平，提高拒腐防变和抵御风险能力两大历史性课题的重大考验。“三个代表”重要思想就是适应21世纪的新形势、新任务、新考验的要求提出来的，目的在于解决好建设一个什么样的党、怎样建设党的问题。

“三个代表”，即中国共产党始终代表中国先进生产力的发展要求、代表中国先进文化的前进方向、代表中国最广大人民的根本利益。

中国共产党始终代表中国先进生产力的发展要求，就是党的理论、路线、纲领、方针、政策和各项工作，必须努力符合生产力发展的规律，体现不断推动社会生产力的解放和发展的要求，尤其要体现推动先进生产力发展的要求，通过发展生产力不断提高人民群众的生活水平。作为社会主义国家的执政党，共产党的根本任务就在于发展生产力，解放生产力。共产党的前途命运，始终与生产力的发展要求和方向联系在一起，什么时候代表先进生产力的要求，党就能与时代进步的方向相一致，就能得到人民群众的拥护。中国共产党深刻认识到生产力发展、经济建设对社会主义国家的重大意义，江泽民同志提出的党要始终代表中国先进生产力发展要求的思想，是对马克思主义关于生产力理论的新发展。

中国共产党始终代表中国先进文化的前进方向，就是党的理论、路线、纲领、方针、政策和各项工作，必须努力体现发展面向现代化、面向世界、面向未来的，民族的科学的大众的社会主义文化的要求，促进全民族思想道德素质和科学文化素质的不断提高，为我国经济发展和社会进步提供精神动力和智力支持。作为执政党，作为社会主义现代化建设的核心力量，中国共产党理应承担起领导中国社会全面进步的重任。我们党始终高举中国先进文化的前进旗帜，努力建设和弘扬反映革命、建设和改革要求的新文化，荡涤旧社会遗留下来的和国外渗透进来的腐朽没落的旧文化。中国共产党近百年的奋斗历史，从一定意义上说，也就是始终代表先进文化的前进方向，用马克思主义指导革命、建设、改革的历史。党要始终代表先进文化的前进方向。在当代中国，发展先进文化，就是发展有中国特色社会主义的文化。中国特色的社会主义文化包括先进的思想道德和先进的科学文化，这一文化是以坚持马克思主义的指导地位为前提的。坚持和巩固马克思主义的指导地位，是发展先进文化的重要保证；加强社会主义思想道德建设，是发展先进文化的重要内容和中心环节；继承和发扬一切优秀文化，是发展先进文化的思想源泉。

中国共产党始终代表中国最广大人民的根本利益，就是党的理论、路线、纲领、方针、政策和各项工作，必须坚持把人民的根本利益作为出发点和归宿，充分发挥人民群众的积极性主动性创造性，在社会不断发展进步的基础上，使人民群众不断获得切实的经济、政治、文化利益。

始终代表最广大人民的根本利益是由党的性质和宗旨决定的，中国共产党是中国工人阶级的先锋队组织，中国共产党的宗旨是全心全意为人民服务。人民群众是我们的力量之源和胜利之本，没有人民群众的支持和拥护，党的事业和工作就无从发展。保持与人民群众的血肉联系，是党取得成功的保证，也是巩固党执政地位的现实需要。

“三个代表”是相互联系、相互促进的统一整体。发展先进生产力，是发展先进文化，实现最广大人民根本利益的基础。人民群众是先进生产力和先进文化的创造者，也是实现自身利益的根本力量。不断发展先进生产力和先进文化，归根到底都是为了满足人民群众日益增长的物质文化生活的需要，不断实现最广大人民的根本利益。所以说，先进生产力是基础和前提，先进文化是灵魂和旗帜，最广大人民的根本利益是主体和目的。

“三个代表”重要思想是对马克思列宁主义、毛泽东思想、邓小平理论的继承和发展，反映了当代世界和中国的发展变化对党和国家工作的新要求，是加强和改进党的建设、推进我国社会主义自我完善和发展的强大理论武器，是中国共产党集体智慧的结晶，是党必须长期坚持的指导思想。始终做到“三个代表”，是我们党的立党之本、执政之基、力量之源。

“三个代表”重要思想是对马克思列宁主义、毛泽东思想、邓小平理论的继承和发展。这一方面是指它们在对社会历史发展规律和社会历史进程的认识上是一致的。尽管它们创立于不同的历史时期，形成于不同的时代，但它们都属于马克思主义的思想体系，都有一脉相承的基本立场、观点和方法，都是工人阶级和广大人民群众革命和建设的理论武器。

但另一方面，也是更重要的一方面是指“三个代表”重要思想是对马克思主义的重大发展。“三个代表”重要思想，体现了马克思主义的与时俱进的精神境界，反映了当代中国共产党人与时俱进的品质。“三个代表”重要思想作为一个科学体系，既坚持了马克思主义的根本原则，又具有新的时代内容；既一脉相承，又别开生面，充分体现了马克思主义与时俱进的品质。

“三个代表”重要思想反映了当代世界和中国的发展变化对党和国家工作的新要求。“三个代表”重要思想，是在和平与发展为主题的时代，在全面推进我国社会主义现代化建设的新时期，总结执政党建设的经验教训，对马克思主义理论作出的新发展，它反映了在新的形势面前，党和国家工作的新要求。中国共产党是中国社会主义现代化建设事业的坚强领导核心，办好中国的事情，关键在党，在于坚持党的领导。在国际国内形势发生巨大变化，历史和时代发生巨大变迁的新的情况下，“三个代表”正是立足于这个时代背景，紧紧围绕新时期党的建设的总目标，围绕不断提高党的领导水平和执政水平、不断增强党拒腐防变的能力，高瞻远瞩，高屋建瓴，确立了加强自身建设，始终保持先进性的建党原则，“三个代表”反映了当代世界和中国的发展变化对党和国家工作的新要求。

始终做到“三个代表”，是我们党的立党之本、执政之基、力量之源。“三个代表”重要思想从根本上回答了我们应该建设一个什么样的党、怎样建设党的问题，是我们的立党之本、执政之基、力量之源。“三个代表”是我们党的立党之本。我们党自成立之日起，就是走在中国社会发展前列的先进政党。我们党的一切活动、一切事业，甚至赖以存在和发展的基础，都在于这“三个代表”。“三个代表”是我们党的执政之基。我们党的执政地位是历史赋予的、人民赋予的。我们党能够执政并且能够执好政的基础，从根本上来说，就在于能够代表中国先进生产力的发展要求，代表中国先进文化的前进方向，代表中国最广大人民的根本利益。只有坚持“三个代表”，当好“三个代表”，我们才能始终用好人民赋予的执政权力，无愧于历史赋予的执政地位；才能不断提高我们的执政水平，巩固我们的执政基础。“三个代表”是我们的力量之源。我们党从只有几十个党员，到今天拥有9000多万党员的大党，靠的就是“三个代表”，靠的是我们党能够始终从根本上促进中国社会生产力的发展，推动中国文化的进步，切切实实地为人民办实事、谋利益，这是我们全部力量的源泉所在。

“三个代表”重要思想是加强和改进党的建设、推进我国社会主义制度自我完善和发展的强大理论武器。1848年,《共产党宣言》发表以来，国际共产主义运动波澜壮阔，跌宕起伏，世界发生了巨大变化，最为典型的是20世纪80年代末、90年代初的东欧剧变、苏联解体，社会主义的发展遇到了前所未有的挑战。这样一个错综复杂、变化深刻的历史进程，向人们、向一切马克思主义者和共产党人提出了许多重大的课题。世界社会主义的这种发展变化究竟是什么原因引起的？中国共产党和中国社会主义事业应该如何在已有成就的基础上继续开辟光明的未来？把这些问题思考和研究清楚了，我们党就会更好地巩固和加强自己，更好地领导人民在新的世纪谱写出中国历史发展的新篇章。这是中国共产党作为执政党，对国家、对人民、对历史所应该采取的负责态度。“三个代表”重要思想是加强和改进党的建设、推进我国社会主义制度自我完善和发展的强大理论武器。

“三个代表”重要思想，站在时代的高度，总结我们党90多年的历史经验，联系当前我国改革开放的新形势以及党面临的新问题，从根本上进一步回答了在充满挑战和希望的21世纪，我们党要把自己建设成为一个什么样的党和怎样建设党的问题，反映了当代世界和中国的发展变化对党和国家工作的新要求，是对党的性质、宗旨和根本任务的新概括，是对马克思主义建党学说的新发展，是新形势下对各级党组织和党员干部提出的新要求，是在新的历史条件下全面加强党的建设的伟大纲领。正因为如此，从2002年十六大党章第一次把“三个代表”重要思想作为党的性质的重要内容开始，党的十七大、十八大、十九大党章对党的性质的表述中都含有“三个代表”重要思想的内容。

九、抗击“非典”斗争的重要启示

2003年4月16日，世界卫生组织（WHO）宣布，一种新型冠状病毒是SARS的病原，并将其命名为SARS冠状病毒（SARS-Coronary Virus，SARS-CoV）。该病毒很可能来源于动物，由于外界环境的改变和病毒适应性的增加而跨越种系屏障传染给人类，并实现了人与人之间的传播。首发病例，也是全球首例，于2002年11月出现在广东佛山，2003年2月中下旬，疫情在广东局部地区流行；4月中下旬，波及到全国26个省、自治区、直辖市。疫情不仅对人民群众身体健康和生命安全构成严重威胁，也给中国经济和社会发展带来严重冲击。党中央和国务院高度重视领导全国人民同这场突如其来的疫病灾害展开了艰苦卓绝的斗争，党中央和国务院多次召开会议，研究重大问题，作出重大决策，全面部署防治工作。4 月 23 日，成立以时任国务院副总理吴仪为总指挥的全国防治非典型肺炎指挥部，指挥部与各地区、各部门和各方面一道，按照“沉着应对，措施果断；依靠科学，有效防治；加强合作，完善机制”的总体要求，全力以赴开展防治工作。中共中央、国务院领导多次深入基层考察调研，慰问医护、科技人员和广大干部群众，指导非典型肺炎的防治工作。经过坚持不懈的奋斗，疫情初步得到有效控制，6 月 24 日，世界卫生组织宣布将北京从“非典”疫区名单中除去。疫情的发生和抗击疫情的艰苦努力给我们一个重要的启示：在推动经济增长和人民生活水平提高的同时，还要搞好公共卫生、教育等各方面工作，要把对人的关爱放在重要位置上。因此，在抗击“非典”取得决定性胜利后不久，党中央就提出，要贯彻经济社会协调发展、城乡协调发展、区域协调发展、人与自然和谐发展的方针。抗击“非典”斗争是科学发展观形成的一个重要的、直接的因素。

2003 年 7 月 28 日，胡锦涛同志在全国防治非典工作会议上发表重要讲话。胡锦涛同志指出，要更好坚持全面发展、协调发展、可持续发展的发展观。牢固树立协调发展、全面发展、可持续发展的科学发展观，即明确“科学发展观”这一概念，是胡锦涛同志在 8 月 28 日至 9 月 1 日在江西考察期间提出的。2003 年 10 月召开的党的十六届三中全会明确提出了“坚持以人为本，树立全面、协调、可持续的发展观，促进经济社会和人的全面发展”；强调“按照统筹城乡发展、统筹区域发展、统筹经济社会发展、统筹人与自然和谐发展、统筹国内发展和对外开放的要求”，推进改革和发展。“经济工作必须长期坚持的重要指导思想”是胡锦涛同志在 2003 年 11 月中央经济工作会议上对科学发展观的高度定位。在中央人口资源环境工作座谈会上的讲话中，胡锦涛同志把“以人为本”这一核心内容正式纳入科学发展观的内涵之中，“以人为本，全面、协调、可持续的发展观”正式成为科学发展观的基本内涵的正式表述，党中央第一次对科学发展观基本内涵作出全面、系统的阐释。党的十六届五中全会、六中全会，对科学发展观重要地位和作用的认识逐步提升到世界观和方法论的高度。“坚持以科学发展观统领经济社会发展全局”，“科学发展观是指导发展的世界观和方法论的集中体现”，“推进经济建设、政治建设、文化建设、社会建设必须长期坚持的根本指导方针”。“第一要义是发展，核心是以人为本，基本要求是全面协调可持续，根本方法是统筹兼顾”，这是胡锦涛同志对科学发展观的理论体系进行的概括和总结。在党的十七大上，胡锦涛同志又总结和概括了科学发展观理论体系的基本框架，概括了科学发展观的重要地位和作用，概括了科学发展观的基本内涵和理论体系。党的十七大之后，科学发展观的基本内涵和理论体系又得到了进一步丰富和完善。胡锦涛同志在党的十七届五中全会对科学发展观的基本内涵作了深刻阐释，并在庆祝中国共产党成立 90 周年大会上的重要讲话中进一步深刻阐明了科学发展的时代本质和基本要求。历经多重实践的检验，科学发展观的正式走向成熟，被列为党的指导思想的时机和条件已经完全成熟，在党的十八大上，被正式确立为党的指导思想，促进党的指导思想实现了与时俱进，符合全党全国各族人民的意愿。

科学发展观是对党的三代中央领导集体关于发展的重要思想的继承和发展，是马克思主义关于发展的世界观和方法论的集中体现，是同马克思列宁主义、毛泽东思想、邓小平理论、“三个代表”重要思想既一脉相承又与时俱进的科学理论，是我国经济社会发展的重要指导方针，是发展中国特色社会主义必须坚持和贯彻的重大战略思想。科学发展观，是立足社会主义初级阶段基本国情，总结我国发展实践，借鉴国外发展经验，适应新的发展要求提出的重大战略思想。强调认清社会主义初级阶段基本国情，不是要妄自菲薄、自甘落后，也不是要脱离实际、急于求成，而是要坚持把它作为推进改革、谋划发展的根本依据。我们必须始终保持清醒头脑，立足社会主义初级阶段这个最大的实际，科学分析，深刻把握我国发展面临的新课题新矛盾，更加自觉地走科学发展道路，奋力开拓中国特色社会主义更为广阔的发展前景。

科学发展观，第一要义是发展，核心是以人为本，基本要求是全面协调可持续，根本方法是统筹兼顾。因此，在推进科学发展的实践中，必须做到：坚持把发展作为党执政兴国的第一要务。发展，对于全面建设小康社会、加快推进社会主义现代化，具有决定性意义。要牢牢扭住经济建设这个中心，坚持聚精会神搞建设、一心一意谋发展，不断解放和发展社会生产力。更好实施科教兴国战略、人才强国战略、可持续发展战略，着力把握发展规律、创新发展理念、转变发展方式、破解发展难题，提高发展质量和效益，实现又好又快发展，为发展中国特色社会主义打下坚实基础。努力实现以人为本、全面协调可持续的科学发展，实现各方面事业有机统一、社会成员团结和睦的和谐发展，实现既通过维护世界和平发展自己、又通过自身发展维护世界和平的发展。

坚持以人为本。全心全意为人民服务是党的根本宗旨，党的一切奋斗和工作都是为了造福人民。要始终把实现好、维护好、发展好最广大人民的根本利益作为党和国家一切工作的出发点和落脚点，尊重人民主体地位，发挥人民首创精神，保障人民各项权益，走共同富裕道路，促进人的全面发展，做到发展为了人民、发展依靠人民、发展成果由人民共享。

坚持全面协调可持续发展。要按照中国特色社会主义事业总体布局，全面推进经济建设、政治建设、文化建设、社会建设、生态文明建设，促进现代化建设各个方面相协调，促进生产关系与生产力、上层建筑与经济基础相协调。坚持生产发展、生活富裕、生态良好的文明发展道路，建设资源节约型、环境友好型社会，实现速度和结构质量效益相统一、经济发展与人口资源环境相协调，使人民在良好生态环境中生产生活，实现经济社会永续发展。

坚持统筹兼顾。要正确认识和妥善处理中国特色社会主义事业中的重大关系，统筹城乡发展、区域发展、经济社会发展、人与自然和谐发展、国内发展和对外开放，统筹中央和地方关系，统筹个人利益和集体利益、局部利益和整体利益、当前利益和长远利益，充分调动各方面积极性。统筹国内国际两个大局，树立世界眼光，加强战略思维，善于从国际形势发展变化中把握发展机遇、应对风险挑战，营造良好国际环境。既要总揽全局、统筹规划，又要抓住牵动全局的主要工作、事关群众利益的突出问题，着力推进、重点突破。

深入贯彻落实科学发展观，一要求我们始终坚持“一个中心、两个基本点”的基本路线。党的基本路线是党和国家的生命线，是实现科学发展的政治保证。二要求我们积极构建社会主义和谐社会。社会和谐是中国特色社会主义的本质属性。科学发展和社会和谐是内在统一的，没有科学发展就没有社会和谐，没有社会和谐也难以实现科学发展。三要求我们继续深化改革开放。要把改革创新精神贯彻到治国理政各个环节，毫不动摇地坚持改革方向，提高改革决策的科学性，增强改革措施的协调性。要完善社会主义市场经济体制，推进各方面体制改革创新，加快重要领域和关键环节改革步伐，全面提高开放水平，着力构建充满活力、富有效率、更加开放、有利于科学发展的体制机制，为发展中国特色社会主义提供强大动力和体制保障。要坚持把改善人民生活作为正确处理改革发展稳定关系的结合点，使改革始终得到人民拥护和支持。四要求我们切实加强和改进党的建设。要站在完成党执政兴国使命的高度，把提高党的执政能力、保持党的先进性，体现到领导科学发展、促进社会和谐上来，落实到引领中国发展进步、更好代表和实现最广大人民的根本利益上来，使党的工作和党的建设更加符合科学发展观的要求，为科学发展提供可靠的政治和组织保障。

我们要全面把握科学发展观的科学内涵和精神实质，增强贯彻落实科学发展观的自觉性和坚定性，着力转变不适应不符合科学发展观的思想观念，着力解决影响和制约科学发展的突出问题，把全社会的发展积极性引导到科学发展上来，把科学发展观贯彻落实到经济社会发展各个方面。

十、“长风破浪会有时”

2012 年 11 月 29 日，习近平总书记在参观《复兴之路》大型展览时指出，中华民族的明天，可以说是“长风破浪会有时”。现在，我们比历史上任何时期都更接近中华民族伟大复兴的目标，比历史上任何时期都更有信心、有能力实现这个目标。而实现这个目标，离不开马克思主义的指导。习近平总书记指出，马克思主义是不断发展的开放的理论，始终站在时代前沿。马克思一再告诫人们，马克思主义理论不是教条，而是行动指南，必须随着实践的变化而发展。一部马克思主义发展史就是马克思、恩格斯以及他们的后继者们不断根据时代、实践、认识发展而发展的历史，是不断吸收人类历史上一切优秀思想文化成果丰富自己的历史。因此，马克思主义能够永葆其美妙之青春，不断探索时代发展提出的新课题、回应人类社会面临的新挑战。

（一）把习近平新时代中国特色社会主义思想确立为党和国家必须长期坚持的指导思想

党的十九大把习近平新时代中国特色社会主义思想确立为党必须长期坚持的指导思想并庄严地写入党章，实现了党的指导思想的与时俱进。这是一个历史性决策和历史性贡献，体现了党在政治上理论上的高度成熟、高度自信。第十三届全国人大一次会议通过的宪法修正案把习近平新时代中国特色社会主义思想载入宪法，实现了党和国家指导思想的与时俱进，反映了全国各族人民共同意志和全社会共同意愿。习近平新时代中国特色社会主义思想，是新时代中国共产党的思想旗帜，是国家政治生活和社会生活的根本指针，是当代中国马克思主义、21 世纪马克思主义。

（二）习近平新时代中国特色社会主义思想产生的时代背景

时代是思想之母，实践是理论之源。当代中国正经历着我国历史上最为广泛而深刻的社会变革，也正在进行着人类历史上最为宏大而独特的实践创新。中国特色社会主义进入新时代，是一个需要理论而且一定能够产生理论的时代，是一个需要思想而且一定能够产生思想的时代。

习近平新时代中国特色社会主义思想，正是在把握世界发展大势、应对全球共同发展、维护人类共同利益的过程中创立并不断丰富发展的。

习近平新时代中国特色社会主义思想，正是在中华民族迎来从站起来、富起来到强起来的伟大飞跃中创立并不断丰富发展的。

习近平新时代中国特色社会主义思想，正是在不断推进党的自我革命，实现党自我净化、自我完善、自我革新、自我提高的过程中创立并不断丰富发展的。

习近平新时代中国特色社会主义思想，正是在对科学社会主义理论与实践的深邃思考、深刻总结，对坚持和发展中国特色社会主义的不懈探索、砥砺前行中创立并不断发展的。①

（三）习近平新时代中国特色社会主义思想，开辟了马克思主义新境界

中国共产党一贯重视理论指导和勇于理论创新的马克思主义政党，在领导中国革命、建设、改革的长期实践中，始终坚持把马克思主义基本原理同中国具体实际和时代特征相结合，不断推进马克思主义中国化，不断开辟马克思主义新境界。

以毛泽东同志为主要代表的中国共产党人，把马克思列宁主义的基本原理同中国革命的具体实践结合起来，创立了毛泽东思想。毛泽东思

① 参见中共中央宣传部：《习近平新时代中国特色社会主义思想学习纲要》，学习出版社、人民出版社 2019 年版，第 2—5 页。

想是马克思列宁主义在中国的运用和发展，是被实践证明了的关于中国革命和建设的正确的理论原则和经验总结，是马克思列宁主义在中国的运用和发展。

以邓小平同志为主要代表的中国共产党人，解放思想，实事求是，开辟了社会主义事业发展的新时期，逐步形成了建设中国特色社会主义的路线、方针、政策，阐明了在中国建设社会主义、巩固和发展社会主义的基本问题，创立了邓小平理论。

以江泽民同志为主要代表的中国共产党人，在建设中国特色社会主义的实践中，加深了对什么是社会主义、怎样建设社会主义和建设什么样的党、怎样建设党的认识，积累了治党治国新的宝贵经验，形成了“三个代表”重要思想。

以胡锦涛同志为主要代表的中国共产党人，坚持以邓小平理论和“三个代表”重要思想为指导，根据新的发展要求，深刻认识和回答了新形势下实现什么样的发展、怎样发展等重大问题，形成了以人为本、全面协调可持续发展的科学发展观。

党的十八大以来，以习近平同志为主要代表的中国共产党人，顺应时代发展，从理论和实践结合上系统回答了新时代坚持和发展什么样的中国特色社会主义、怎样坚持和发展中国特色社会主义这个重大时代课题，创立了习近平新时代中国特色社会主义思想。习近平新时代中国特色社会主义思想是对马克思列宁主义、毛泽东思想、邓小平理论、“三个代表”重要思想、科学发展观的继承和发展，是马克思主义中国化最新成果，是党和人民实践经验和集体智慧的结晶，是中国特色社会主义理论体系的重要组成部分，是全党全国人民为实现中华民族伟大复兴而奋斗的行动指南，必须长期坚持并不断发展。

习近平总书记是习近平新时代中国特色社会主义思想的主要创立者。在领导全党全国各族人民推进党和国家事业的实践中，习近平总书记以马克思主义政治家、思想家、战略家的非凡理论勇气、卓越政治智慧、强烈使命担当，以"我将无我，不负人民"的赤子情怀，应时代之变迁、立时代之潮头、发时代之先声，提出一系列具有开创性意义的新理念新思想新战略，为习近平新时代中国特色社会主义思想的创立发挥了决定性作用、作出了决定性贡献。[①]

（四）习近平新时代中国特色社会主义思想，形成了系统科学的理论体系

习近平新时代中国特色社会主义思想，坚持马克思主义立场观点方法，坚持科学社会主义基本原则，科学总结世界社会主义运动经验教训，根据时代和实践发展变化，以崭新的思想内容丰富和发展了马克思主义，形成了系统科学的理论体系。

习近平新时代中国特色社会主义思想内涵十分丰富，涵盖新时代坚持和发展中国特色社会主义的总目标、总任务、总体布局、战略布局和发展方向、发展方式、发展动力、战略步骤、外部条件、政治保证等基本问题，并且根据新的实践对经济、政治、法治、科技、文化、教育、民生、民族、宗教、社会、生态文明、国家安全、国防和军队、"一国两制"和祖国统一、统一战线、外交、党的建设等各方面作出理论分析和

① 参见中共中央宣传部：《习近平新时代中国特色社会主义思想学习纲要》，学习出版社、人民出版社 2019 年版，第 7 页。

战略指引。

习近平新时代中国特色社会主义思想的核心内容是“八个明确”和“十四个坚持”。

“八个明确”，就是明确坚持和发展中国特色社会主义，总任务是实现社会主义现代化和中华民族伟大复兴，在全面建成小康社会的基础上，分两步走在本世纪中叶建成富强民主文明和谐美丽的社会主义现代化强国；明确新时代我国社会主要矛盾是人民日益增长的美好生活需要和不平衡不充分的发展之间的矛盾，必须坚持以人民为中心的发展思想，不断促进人的全面发展、全体人民共同富裕；明确中国特色社会主义事业总体布局是“五位一体”、战略布局是“四个全面”，强调坚定道路自信、理论自信、制度自信、文化自信；明确全面深化改革总目标是完善和发展中国特色社会主义制度、推进国家治理体系和治理能力现代化；明确全面推进依法治国总目标是建设中国特色社会主义法治体系、建设社会主义法治国家；明确党在新时代的强军目标是建设一支听党指挥、能打胜仗、作风优良的人民军队，把人民军队建设成为世界一流军队；明确中国特色大国外交要推动构建新型国际关系，推动构建人类命运共同体；明确中国特色社会主义最本质的特征是中国共产党领导，中国特色社会主义制度的最大优势是中国共产党领导，党是最高政治领导力量，提出新时代党的建设总要求，突出政治建设在党的建设中的重要地位。

“十四个坚持”，就是坚持党对一切工作的领导，坚持以人民为中心，坚持全面深化改革，坚持新发展理念，坚持人民当家作主，坚持全面依法治国，坚持社会主义核心价值体系，坚持在发展中保障和改善民生，坚持人与自然和谐共生，坚持总体国家安全观，坚持党对人民军队的绝对领导，坚持“一国两制”和推进祖国统一，坚持推动构建人类命运共同体，坚持全面从严治党。

“八个明确”、“十四个坚持”是习近平新时代中国特色社会主义思想的核心内容。“八个明确”是这一思想最为核心关键的组成部分，是支撑习近平新时代中国特色社会主义思想的四梁八柱。“十四个坚持”的基本方略，涵盖坚持党的领导和“五位一体”总体布局、“四个全面”战略布局，涵盖国防和军队建设、维护国家安全、对外战略，是对党的治国理政重大方针、原则的最新概括，是实现“两个一百年”奋斗目标、实现中华民族伟大复兴中国梦的“路线图”和“方法论”。“八个明确”偏重于理论层面的高度概括和凝练，每一个“明确”都是具有原创性的新思想新观点，集中反映着我们党对科学社会主义在当今时代的理论思考和理论贡献。“十四个坚持”偏重于实践层面、方略层面的展开，从结构和逻辑看，第一条是“坚持党对一切工作的领导”，最后一条是“坚持全面从严治党”，体现着坚持和加强党的全面领导这一当代中国的最高政治原则，贯穿着以自我革命引领社会革命的内在逻辑。“八个明确”、“十四个坚持”有机融合、有机统一，都凝结着我们党坚持和发展中国特色社会主义的经验总结，反映了以习近平同志为核心的党中央对中国特色社会主义规律性认识的深化、拓展、升华，体现了理论与实际相结合、战略和战术相一致、认识论和方法论相统一的理论特色。

习近平新时代中国特色社会主义思想，体系严整、逻辑严密、内涵丰富、博大精深，闪耀着马克思主义真理光芒。习近平新时代中国特色社会主义思想，指引党和国家事业发生历史性变革、取得历史性成就，得到全党全国各族人民的高度认同。习近平新时代中国特色社会主义思想，是在实践经验的基础上提炼、升华而成的，在指导实践、推动实践中发挥出巨大威力。

一方面，这一思想是实现历史性变革的根本指针。习近平新时代中国特色社会主义思想，以其深刻的理论性实践性和鲜明的战略性前瞻性，从根本上引领了党和国家事业全面开创新局面。党的十八大以来，以习近平同志为核心的党中央以巨大的政治勇气和强烈的责任担当，统揽伟大斗争、伟大工程、伟大事业、伟大梦想，提出一系列新理念新思想新战略，出台一系列重大方针政策，推出一系列重大举措，推进一系列重大工作，解决了许多长期想解决而没有解决的难题，办成了许多过去想办而没有办成的大事，推动党和国家事业取得历史性成就、发生历史性变革。比如，创造性提出党的领导是中国特色社会主义最本质特征和最大制度优势，党的全面领导大大加强；创造性提出全面从严治党，实现党的革命性锻造；创造性提出新发展理念，推进供给侧结构性改革，我国经济在世界经济普遍低迷的情况下保持稳定增长；创造性提出使市场在资源配置中起决定性作用，更好发挥政府作用，社会主义市场经济体制更加完善；创造性提出推进国家治理体系和治理能力现代化，全面深化改革四梁八柱搭建完成；创造性提出“一带一路”倡议，对外开放开辟新格局；创造性提出区域协调发展战略，京津冀协同发展、长江经济带建设取得实质性进展；创造性提出精准扶贫脱贫，脱贫攻坚战取得决定性进展；创造性提出牢牢掌握意识形态工作的领导权管理权话语权，意识形态领域一度被动的局面得到根本扭转；创造性提出绿水青山就是金山银山的理念，生态文明建设成效卓著；创造性提出党在新形势下的强军目标和战略方针，人民军队实现革命性重塑；创造性提出推动构建新型国际关系、人类命运共同体，中国日益走近世界舞台中央；等等。取得这样历史性的成就和变革，根本在于以习近平同志为核心的党中央的坚强领导，在于习近平新时代中国特色社会主义思想的科学指导。

另一方面，这一思想是走好新时代长征路的主心骨、定盘星。习近平新时代中国特色社会主义思想的实践价值是作用于现实的、更是影响长远的，必将随着实践的发展而更加充分彰显。将习近平新时代中国特色社会主义思想确立为党和国家必须长期坚持的指导思想，是全党全国各族人民基于对这一思想科学真理性、宏观战略性深刻认识作出的历史抉择。这一思想着眼的是新时代坚持和发展中国特色社会主义，聚焦的是实现中华民族伟大复兴的中国梦，规划的是全面建成小康社会、全面建成社会主义现代化强国。习近平总书记反复强调，中华民族伟大复兴，绝不是轻轻松松、敲锣打鼓就能实现的。一以贯之坚持和发展中国特色社会主义，一以贯之推进党的建设新的伟大工程，一以贯之增强忧患意识、防范风险挑战，统筹推进社会革命和自我革命，必须把这一思想作为强大武器，保持政治定力、战略定力，攻坚克难、披荆斩棘，走好自己的路，办好中国的事，实现我们的宏伟目标。

归结起来，习近平新时代中国特色社会主义思想与实践的关系，就是新时代催生新思想，新思想引领新时代、指导新实践。这是新思想与新时代相互作用的内在逻辑和发展进程，二者相辅相成、共进同行。习近平新时代中国特色社会主义思想是在新的时代背景和实践条件下创立并不断发展的，也正是由于这一思想的真理力量和实践伟力，开启和引领了中国特色社会主义的新时代、新发展。随着社会实践进一步生动展开、不断拓展，这一思想将持续发展、更加丰富、更加完善。

习近平新时代中国特色社会主义思想运用马克思主义立场观点方法，聚焦新的时代命题，凝结新的思想精华，总结开创性独创性的实践经验，提出一系列新思想新观点新论断，构建起新的理论体系。

（五）深刻理解和全面把握习近平新时代中国特色社会主义思想的金钥匙

习近平新时代中国特色社会主义思想，充满着对马克思主义的坚定信仰，充满着对社会主义和共产主义的坚定信念，展现了当代共产党人的政治品格、价值追求、精神风范。

为人民谋幸福、为民族谋复兴、为世界谋大同，是深刻理解和全面把握习近平新时代中国特色社会主义思想的金钥匙。这一思想坚守中国共产党人为人民谋幸福的初心，坚持人民主体地位，坚持一切为了人民、一切依靠人民，彰显了人民是历史的创造者、人民是真正英雄的唯物史观，展现了以人为本、人民至上的价值取向，彰显了立党为公、执政为民的执政理念。这一思想承载中国共产党人为民族谋复兴的使命，擘画实现民族复兴中国梦的宏伟蓝图，高扬中华民族伟大创造精神、伟大奋斗精神、伟大团结精神、伟大梦想精神，传承和弘扬中华优秀传统文化，为实现中华民族伟大复兴提供了强大精神力量。这一思想担当中国共产党人为世界谋大同的责任，包含对人类发展重大问题的睿智思考和独特创见，洞察时代脉搏，引领时代潮流，为应对全球共同挑战、共同问题提供了中国智慧和中国方案，为推动构建人类命运共同体、维护人类共同利益和共同价值作出了重要贡献。①

1. 为人民谋幸福，是中国共产党毫不动摇的初心

习近平新时代中国特色社会主义思想，始终坚持以人民为中心，把人民放在最高位置，坚持人民主体地位，尊重人民群众首创精神，注重从人民群众中汲取智慧和力量，充分体现了党来自人民、不忘人民、依靠人民的价值追求；始终坚持以人民为中心，坚持把人民对美好生活的向往作为奋斗目标，把让老百姓过上好日子作为全部工作的出发点和落脚点，时刻关注人民群众的喜怒哀乐，充分体现了为了人民、先忧后乐、舍身为民的公仆情怀；始终坚持为人民立德、为人民立功、为人民立言，充分体现了大公无私、立党为公、执政为民的政治本色。要通过深入学习，切实解决好“为了谁、依靠谁、我是谁”的问题，把实现好、维护好、发展好最广大人民根本利益作为不懈追求，充分体现在我们党治国理政全部理论和实践中。

2. 为民族谋复兴，是中国共产党应运而生时就肩负起的伟大历史使命

习近平新时代中国特色社会主义思想，鲜明提出并系统论述了实现中华民族伟大复兴的中国梦这个重大命题，深刻阐述了民族伟大复兴的基本内涵、实现路径、战略步骤、目标任务，深刻揭示了中华民族在伟大复兴历史进程中的新时代方位。习近平新时代中国特色社会主义思想，

① 参见中共中央宣传部：《习近平新时代中国特色社会主义思想学习纲要》，学习出版社、人民出版社 2019 版，第 10—11 页。

承载着中华文明再创辉煌的历史责任，高扬了中国人民在长期奋斗中培育、继承、发展起来的伟大民族精神，凝聚起整个中华民族的磅礴力量，吹响了向民族伟大复兴进军的新时代号角。要通过深入学习，以更坚定的信念信心，承担起新时代的新使命，为实现国家富强、民族振兴、人民幸福的中国梦而不懈奋斗。

3. 为世界谋大同，是中国共产党为人类谋和平、谋发展的使命担当

习近平新时代中国特色社会主义思想，站在人类道义制高点上，着眼于统筹国内国际两个大局、统筹发展和安全两件大事，把全面建成社会主义现代化强国、实现中华民族伟大复兴与促进世界和平发展、各国合作共赢结合起来，创造性提出共商共建共享“一带一路”倡议，构建人类命运共同体，超越近代以来“国强必霸”、靠战争和掠夺推进现代化的陈旧逻辑，开辟了人类实现现代化的新道路，拓展了发展中国家走向现代化的新途径，彰显了中国共产党人的宽广视野和博大情怀。习近平新时代中国特色社会主义思想，充分吸收人类文明有益成果，积极借鉴别国治国理政经验，为应对全球共同挑战、共同问题提供了中国智慧和中国方案，为维护人类共同利益、共同价值作出了重要贡献，极大提升了中国共产党、社会主义中国和中华民族在世界上的地位和影响力。要通过深入学习，进一步推动中国发展，为世界创造更多机遇，为世界和平安宁、共同发展和文明交流互鉴作出更大贡献。

解放思想、实事求是、与时俱进，是马克思主义活的灵魂，也是习近平新时代中国特色社会主义思想活的灵魂。习近平新时代中国特色社会主义思想，植根于坚持和发展中国特色社会主义新的伟大实践，坚持理论指导和实践探索相统一，在指导实践、推动实践中展现出强大真理力量和独特思想魅力。习近平新时代中国特色社会主义思想是不断发展的开放性理论，是在指导新时代伟大社会革命和伟大自我革命的历史进程中，必将随着中国特色社会主义伟大实践的深入推进而持续发展、不断完善、更加完善。

在当代中国，坚持和发展习近平新时代中国特色社会主义思想，就是真正坚持和发展马克思主义，就是真正坚持和发展科学社会主义。必须高举马克思主义、中国特色社会主义伟大旗帜不动摇，必须坚持习近平新时代中国特色社会主义思想指导地位不动摇！[①]

（六）深刻认识和领会习近平新时代中国特色社会主义思想的时代意义、理论意义、实践意义、世界意义

习近平新时代中国特色社会主义思想是新时代中国共产党人的思想旗帜，是国家政治生活和社会生活的根本指针。毛泽东同志指出，主义譬如一面旗子，旗子立起了，大家才有所指望、才知所趋赴。在革命、建设、改革的实践中，我们党大力推进马克思主义中国化，先后形成了毛泽东思想、邓小平理论、"三个代表"重要思想、科学发展观等重大理论创新成果，指引我们夺取一个又一个伟大胜利。今天，我们党作为一个拥有 9000 多万名党员、在有着近 14 亿人口的大国长期执政的大党，作为一个立志于千秋伟业的马克思主义政党，要带领全国人民步调一致向前进，引领中国号巨轮行稳致远，没有一个与时俱进的指导思想是不

① 参见中共中央宣传部：《习近平新时代中国特色社会主义思想学习纲要》，学习出版社、人民出版社 2019 年版，第 11 页。

行的。习近平总书记以为人民谋幸福、为民族谋复兴的历史担当，肩负起把中国特色社会主义这篇大文章写下去的政治责任，从理论和实践结合上系统回答了新时代坚持和发展什么样的中国特色社会主义、怎样坚持和发展中国特色社会主义的时代课题，创立了习近平新时代中国特色社会主义思想。这一思想，回答了一系列重大问题，提出了一系列富有时代性、创造性、人民性的重大论断，廓清了一系列大是大非，在坚持什么、反对什么上旗帜鲜明、正本清源，集中体现了我们党的政治意志、政治立场、政治主张，充分彰显了马克思主义的真理力量、科学社会主义的时代价值。有了习近平新时代中国特色社会主义思想这面旗帜，全党思想上精神上就有了鲜明的时代标识，党的团结统一就有了思想根基、“共同语言”，带领全国人民奋勇前进就有了正确方向。党的十八大以来，习近平新时代中国特色社会主义思想在新的伟大斗争中，展现出强大的真理穿透力、价值感召力、实践引领力、文化自信力，已经成为全党全国各族人民的思想指引、行动遵循，成为我国社会主义经济、政治、文化、社会、生态文明建设以及国防军队、祖国统一、外交工作、党的建设等各方面的科学指南，以这一思想为指引的中国人民实现了精神上的完全主动。确立习近平新时代中国特色社会主义思想在国家政治生活和社会生活中的指导地位，实现了党的主张和国家意志、人民意愿的高度统一，体现了党的性质和我国国体的内在统一，筑牢了全党全国各族人民为实现中华民族伟大复兴而奋斗的共同思想基础。

习近平新时代中国特色社会主义思想为发展马克思主义作出了中国的原创性贡献，谱写了马克思主义新篇章。马克思主义是我们立党立国的根本指导思想。习近平总书记强调，马克思主义是我们党和人民事业不断发展的参天大树之根本，是我们党和人民不断奋进的万里长河之泉源。长期以来，马克思主义在中国之所以显示出强大生命力，最根本的就是我们党把坚持马克思主义和发展马克思主义有机统一起来，做到既不忘老祖宗又讲出新话。习近平新时代中国特色社会主义思想，鲜明贯穿着马克思主义立场观点方法，始终把马克思主义作为理论起点、逻辑起点、价值起点，集中体现了马克思主义的理论品格和精神实质，闪耀着马克思主义真理光辉，是当今时代最现实、最鲜活的马克思主义。同时，这一思想以我们正在做的事情和将要做的事情为中心，以一系列具有原创性的新思想新观点新论断，写出了马克思主义新的时代篇章，以全新视野深化了对共产党执政规律、社会主义建设规律、人类社会发展规律的认识，实现了马克思主义基本原理与中国具体实际相结合的又一次飞跃，充分彰显了马克思主义的强大生命力和中国共产党人的理论创造力，在马克思主义中国化进程中具有里程碑意义。

习近平新时代中国特色社会主义思想是中国精神的时代精华，为实现中华民族伟大复兴提供了精神力量。实现伟大复兴是近代以来中华民族最伟大的梦想。习近平新时代中国特色社会主义思想，鲜明提出并系统论述了中国梦这个重大命题，深刻阐述了民族复兴的基本内涵，深刻揭示了我们在民族复兴历史进程中所处的方位，科学规划了民族复兴的实现路径、战略步骤，为新时代坚持和发展中国特色社会主义注入了新的内涵。习近平总书记在十三届全国人大一次会议闭幕会上的重要讲话中，深刻论述了中国人民在长期奋斗中培育、继承、发展起来的伟大民族精神，强调要始终发扬伟大创造精神、伟大奋斗精神、伟大团结精神、伟大梦想精神。习近平新时代中国特色社会主义思想，深刻揭示和自觉遵循中华民族传承发展的历史逻辑，承载着中华文明再创辉煌的历史责任，是中华优秀传统文化创造性转化和创新性发展的光辉典范，吹响了全党全国向民族复兴进军的号角，照亮了迈向民族复兴的伟大征程，注入了实现民族复兴的强大精神力量。在这一思想的指引下，我们比以往任何时候都更有信心、更有能力完成新时代党的历史使命，实现国家富强、民族振兴、人民幸福的中国梦。

习近平新时代中国特色社会主义思想饱含着对人类发展重大问题的睿智思考和独特创见，为建设美好世界贡献了中国智慧、中国方案。中国共产党是为中国人民谋幸福的党，也是为人类进步事业而奋斗的党，始终把为人类作出新的更大贡献作为自己的使命。当今世界正处于百年未有之大变局，面临的不稳定性不确定性日益突出。在这样一个世界发展何去何从的十字路口，习近平总书记以卓越政治家和战略家的恢弘视野、战略思维，鲜明提出一系列关乎人类前途命运的新理念新思想新主张，占据了人类道义制高点，凸显了中国特有的大国风范、大国担当，构成了习近平新时代中国特色社会主义思想的重要组成部分。这一思想坚持中华文明的主体性、社会主义现代化建设的实践性，着力把当代中国在社会主义道路上建设现代化的积极探索和宝贵经验，加以理论化、系统化，构建了坚持马克思主义原则、体现独特文明特征，独立于西方模式和西方话语的思想体系、价值体系、制度体系、目标体系、战略体系，深刻凝结着当代中国对人类更好未来的艰辛探索，拓展了发展中国家走向现代化的途径，给世界上那些既希望加快发展又希望保持自身独立性的国家和民族提供了全新选择。

总之，习近平新时代中国特色社会主义思想，在党领导人民推进

“四个伟大”的历史进程中，展现出强大的真理力量、独特的思想魅力、巨大的实践伟力，得到了全党全国各族人民高度的政治认同、思想认同、情感认同，成为指引为人民谋幸福、为民族谋复兴的思想之旗，成为凝聚中国人民勠力同心、奋勇前进的精神之魂。这一思想是我们党推进社会革命和自我革命的最新成果，也是继续推进“两大革命”的科学指南。在这一思想的指引下，始终保持永不懈怠的革命精神和革命斗志，紧跟时代步伐，锐意改革创新，勇于迎难而上，中国特色社会主义必将展现更加强大、更有说服力的真理力量，中国共产党必将以更加刚健的步伐从建党百年迈向执政百年、进而铸就千秋伟业。

（七）深入学习贯彻习近平新时代中国特色社会主义思想，必须在学懂弄通做实上下功夫

深入学习贯彻习近平新时代中国特色社会主义思想，必须在学懂弄通做实上下功夫，增进政治认同、思想认同、情感认同，切实做到学、思、用贯通，知、信、行统一。

要在学懂上下功夫。“懂”是前提。坚持读原著、学原文、悟原理，全面系统学、及时跟进学、深入思考学、联系实际学。深刻认识习近平新时代中国特色社会主义思想的时代意义、理论意义、实践意义、世界意义，深刻理解这一思想的核心要义、精神实质、丰富内涵、实践要求，深刻体悟这一思想彰显和贯穿的坚定理想信念、真挚人民情怀、高度自觉自信、无畏担当精神、科学思想方法，知其然更知其所以然。

要在弄通上下功夫。“通”就是贯通。把学习领会习近平新时代中国特色社会主义思想同学习马克思列宁主义、毛泽东思想、邓小平理论、

“三个代表”重要思想、科学发展观贯通起来，同学习党史、国史、社会主义发展史贯通起来，同进行伟大斗争、建设伟大工程、推进伟大事业、实现伟大梦想的实践贯通起来，同落实十八大以来党中央作出的各项战略部署贯通起来，准确把握这一思想的理论逻辑、历史逻辑、实践逻辑。

要在做实上下功夫。“实”是落脚点。大力弘扬马克思主义学风，紧密结合新时代新实践新要求，紧密结合思想和工作实际，强化问题导向、实践导向、需求导向，把自己摆进去、把职责摆进去、把工作摆进去，更加自觉地用习近平新时代中国特色社会主义思想指导解决改革发展稳定的重大问题、人民群众反映强烈的突出问题、党的建设面临的紧迫问题，切实把学习成效转化为推动党和国家事业发展的强大力量。[①]

① 参见中共中央宣传部：《习近平新时代中国特色社会主义思想学习纲要》，学习出版社、人民出版社 2019 年版，第 255—257 页。

第二编

中国共产党为什么“能”

“为有牺牲多壮志，敢教日月换新天。”中国共产党一经成立，就把实现共产主义作为最高理想和最终目标，义无反顾担负起实现中华民族伟大复兴的历史使命，团结带领人民进行了艰苦卓绝的斗争，谱写了气吞山河的壮丽史诗。为中国人民谋幸福，为中华民族谋复兴，是中国共产党人的初心和使命，是激励一代代中国共产党人前赴后继、英勇奋斗的根本动力。开展“不忘初心、牢记使命”主题教育，是用习近平新时代中国特色社会主义思想武装全党的迫切需要，是推进新时代党的建设的迫切需要，是保持党同人民群众血肉联系的迫切需要，是实现党的十九大确定的目标任务的迫切需要。党中央对“不忘初心、牢记使命”主题教育的总要求、目标任务、方法步骤作出了明确规定，要准确把握党中央精神，结合本地区本部门本单位实际，对准目标，积极推进，确保取得预期效果。

一百多年前，十月革命一声炮响，给中国送来了马克思列宁主义。中国先进分子从马克思列宁主义的科学真理中看到了解决中国问题的出路。在近代以后中国社会的剧烈运动中，在中国人民反抗封建统治和外来侵略的激烈斗争中，在马克思列宁主义同中国工人运动的结合过程中，一九二一年中国共产党应运而生。中国共产党的成立，是近代中国社会矛盾发展和人民斗争深入的必然结果。中国共产党之所以叫共产党，就是因为从成立之日起就把共产主义确立为远大理想。中国共产党人的初心和使命，就是为中国人民谋幸福，为中华民族谋复兴。这个初心和使命是激励中国共产党人不断前进的根本动力。

2016 年 7 月 1 日，习近平总书记在庆祝中国共产党成立 95 周年大会上发表重要讲话，他指出，中国产生了共产党，这是开天辟地的大事变。这一开天辟地的大事变，深刻改变了近代以后中华民族发展的方向和进程，深刻改变了中国人民和中华民族的前途和命运，深刻改变了世界发展的趋势和格局。他用“三个伟大历史贡献”概括了这一过程。第一个伟大历史贡献，就是我们党团结带领中国人民进行 28 年浴血奋战，打败日本帝国主义，推翻国民党反动统治，完成新民主主义革命，建立了中华人民共和国。这一伟大历史贡献的意义在于，彻底结束了旧中国半殖民地半封建社会的历史，彻底结束了旧中国一盘散沙的局面，彻底废除了列强强加给中国的不平等条约和帝国主义在中国的一切特权，实现了中国从几千年封建专制政治向人民民主的伟大飞跃。第二个伟大历史贡献，就是我们党团结带领中国人民完成社会主义革命，确立社会主义基本制度，消灭一切剥削制度，推进了社会主义建设。这一伟大历史贡献的意义在于，完成了中华民族有史以来最为广泛而深刻的社会变革，为当代中国一切发展进步奠定了根本政治前提和制度基础，为中国发展富强、中国人民生活富裕奠定了坚实基础，实现了中华民族由不断衰落到根本扭转命运、持续走向繁荣富强的伟大飞跃。第三个伟大历史贡献，就是我们党团结带领中国人民进行改革开放新的伟大革命，极大激发广大人民群众的创造性，极大解放和发展社会生产力，极大增强社会发展活力，人民生活显著改善，综合国力显著增强，国际地位显著提高。这一伟大历史贡献的意义在于，开辟了中国特色社会主义道路，形成了中国特色社会主义理论体系，确立了中国特色社会主义制度，发展了中国特色社会主义文化，使中国赶上了时代，实现了中国人民从站起来到富起来、强起来的伟大飞跃。中国共产党为什么能够带领中国人民取得如此大的成就，我们可以从她自身和她的成才中找出答案。

一、从嘉兴南湖的游船说起

浙江嘉兴南湖，是一个风景秀丽的地方。1921 年 7 月 31 日，参加中共一大的代表，从上海北站坐早班火车来到嘉兴，在南湖的一条游船上宣告了中国共产党的诞生。红船，一直接受着人们特别是共产党人的瞻仰。1964 年 4 月 5 日，一大代表董必武同志视察南湖，仔细察看纪念船后欣然题诗："革命声传画舫中，诞生共党庆工农。重来正值清明节，烟雨迷濛访旧踪。"1991 年 3 月 18 日彭真同志登临纪念船，深情地说："这船不大，但前途远大，有了这艘船，才诞生了社会主义中华人民共和国。"改革开放以来，邓小平、江泽民、胡锦涛、习近平等党和国家领导人，亲切关怀党的诞生地，或瞻仰红船，或亲笔题词，勉励我们"沿着南湖红船开辟的革命航道奋勇前进"。今天，当我们站在这艘红船面前，任何一位对中国历史和中国共产党历史有所了解的人，都会心潮澎湃，感慨万千。

中国共产党的成立，是近代中国社会矛盾发展和人民斗争深入的必然结果。1840 年以后，由于西方列强的入侵，中国逐渐成为半殖民地半封建社会，中国人民受到帝国主义、封建主义的双重压迫，民族危机和社会危机空前深重，中华民族时刻面临着亡国的危险。

1840 年以后，帝国主义列强向中国进行多次的侵略战争，如 1857 年的英法联军侵华战争，1883 年至 1885 年的中法战争，1894 年至 1895 年的中日甲午战争，1900 年的八国联军侵华战争。帝国主义列强强迫中国订立了许多不平等条约，根据这些不平等条约，取得了在中国驻扎海军和陆军的权利，取得了领事裁判权，并把全中国划分为几个帝国主义国家的势力范围。帝国主义和中华民族的矛盾，封建主义和人民大众的矛盾，成为了近代中国社会的主要矛盾。帝国主义和中国封建主义相勾结，把中国变为半殖民地和殖民地的过程，也就是中国人民反抗帝国主义及其走狗的过程。中国人民，在百年间，不屈不挠、再接再厉的英勇斗争，使得帝国主义至今不能灭亡中国，也永远不能灭亡中国。

从1840年鸦片战争开始到1921年中国共产党成立前，中国人民为了反对帝国主义和封建主义就进行了80多年英勇顽强的斗争。这些斗争主要有太平天国运动、戊戌变法、义和团运动，其间，无数仁人志士苦苦探索救国救民的道路。这些斗争和探索，每一次都在一定的历史条件下推动了中国的进步，但又一次一次地失败了。这些斗争都不同程度地打击了帝国主义和封建主义的统治，阻止了帝国主义灭亡中国的步伐。但是这些斗争都没有给中国人民指出正确的斗争方向和前进的道路，也不可能完成推翻帝国主义和封建主义的革命任务。事实表明，处在水深火热中的中国人民需要一个正确的领导阶级和革命政党，需要他们领导走出一条正确的革命道路。

从1894年兴中会成立开始，孙中山先生领导了一场革命运动，一直到辛亥革命推翻了清王朝。辛亥革命是近代中国比较完全意义上的民族民主革命。它在政治上、思想上给中国人民带来了不可低估的解放作用。辛亥革命开创了完全意义上的近代民族民主革命，推翻了统治中国几千年的君主专制制度，建立起共和政体，结束君主专制制度。传播了民主共和理念，极大推动了中华民族思想解放，以巨大的震撼力和影响力推动了中国社会变革，对中国社会进步具有重大意义，但也未能改变中国半殖民地半封建的社会性质和人民的悲惨命运。

事实表明，不触动封建根基的自强运动和改良主义，旧式的农民战争，资产阶级革命派领导的民主革命，以及照搬西方资本主义的其他种种方案，都不能完成救亡图存的民族使命和反帝反封建的历史任务。中国期待着新的社会力量寻找先进理论，以开创救国救民的道路。建立一个无产阶级政党，以领导进行反帝反封建的革命，就提到了日程上来。

中国共产党是马克思主义与中国工人运动相结合的产物。20世纪初期，世界和中国发生的两大事件促进了中国共产党的诞生。在世界上，是1917年俄国十月社会主义革命的胜利，促进了马克思主义在中国的传播，为中国共产党的建立奠定了理论基础。正如毛泽东所说，在一个很长的时期内，即从1840年的鸦片战争到1919年的五四运动的前夜，共计70多年中，中国人没有什么思想武器可以抗御帝国主义。旧的顽固的封建主义的思想武器打了败仗，抵不住，宣告破产了。不得已，中国人被迫从帝国主义的老家即西方资产阶级革命时代的武器库中学来了进化论、天赋人权论和资产阶级共和国等思想武器和政治方案，组织过政党，举行过革命，以为可以外御列强，内建民国，但同样抵不住，败下阵来，宣告破产。“中国人找到马克思主义，是经过俄国人介绍的。在十月革命以前，中国人不但不知道列宁、斯大林，也不知道马克思、恩格斯。十月革命一声炮响，给我们送来了马克思列宁主义。十月革命帮助了全世界的也帮助了中国的先进分子，用无产阶级的宇宙观作为观察国家命运的工具，重新考虑自己的问题。走俄国人的路——这就是结论。”在中国，是1919年的五四运动，标志着中国工人阶级以独立的政治力量第一次登上了历史舞台，为中国共产党的建立提供了阶级基础，而且在五四爱国运动中，涌现出一批为追求民族独立和国家富强而积极探索救国救民真理的新的先进分子，特别是陈独秀、李大钊等一批具有初步共产主义思想的知识分子，很快成为中国共产党组织的发起人。可见，五四运动不仅为中国共产党的成立奠定了阶级基础，而且为中国共产党的成立锻造出了骨干力量。这两大政治事件对中国共产党的诞生起了重要的促进作用。

与此同时，各地先后建立起共产主义小组。到中国共产党成立前，共产党早期组织已经有 8 个。由于中国共产党的创建活动是在国内外秘密进行的，所以在党正式成立前，党的早期组织没有统一的名称，有的叫“共产党支部”，有的叫“共产党小组”，有的叫“共产党”。但从性质上来看，它们都是后面组成全国统一的中国共产党的地方组织。各地共产党早期组织成立以后，主要开展了几个方面的活动：一是宣传马克思主义，组织进步青年学习马克思主义，研究中国的实际问题。二是同反马克思主义的思潮展开论战，帮助一批进步分子划清科学社会主义同其他社会主义派别的界限，最终走上马克思主义的道路。三是通过在工人中进行宣传和组织工会的工作，使工人开始接受马克思主义的教育，阶级觉悟有所提高。四是建立青年团组织，组织团员学习马克思主义，参加实际斗争，为党培养后备力量。各地共产党早期组织所进行的这些活动，有力地促进马克思主义的进一步传播及其同中国工人运动的结合，使在中国建立共产党的条件基本上具备了。

1921 年 7 月 23 日，中国共产党第一次全国代表大会在上海召开。最后一天的会议转移到浙江嘉兴南湖举行。参加会议的各地代表是：李达、李汉俊（上海），张国焘、刘仁静（北京），毛泽东、何叔衡（长沙），董必武、陈潭秋（武汉），王尽美、邓恩铭（济南），陈公博（广州），周佛海（旅日）。包惠僧受在广州的陈独秀派遣，也参加了会议。他们代表着全国 50 多名党员。共产国际代表马林和尼克尔斯基列席会议。大会确定了党的名称，通过了党的纲领，选举了党的领导机构。从此，在古老的中国出现了一个完全新式的、以实现共产主义为目的、以马克思列宁主义为行动指南的统一的和唯一的无产阶级政党，这是中国历史上开天辟地的大事变。中国共产党的成立，就是为了团结带领中国人民完成救亡图存的民族使命和反帝反封建的历史任务，并在此基础上，建设社会主义，实现中华民族的伟大复兴，最终实现共产主义。毛泽东同志说：“中国产生了共产党，这是开天辟地的大事变。”从此以后，“中国就改变了方向，五千年的中国历史就改变了方向”，“中国革命的面目就焕然一新了”。

正如党的十九大报告所指出：“一百年前，十月革命一声炮响，给中国送来了马克思列宁主义。中国先进分子从马克思列宁主义的科学真理中看到了解决中国问题的出路。在近代以后中国社会的剧烈运动中，在中国人民反抗封建统治和外来侵略的激烈斗争中，在马克思列宁主义同中国工人运动的结合过程中，一九二一年中国共产党应运而生。从此，中国人民谋求民族独立、人民解放和国家富强、人民幸福的斗争就有了主心骨，中国人民就从精神上由被动转为主动。”

中国共产党是按照马克思列宁主义的革命理论建立起来的工人阶级先锋队。党从建立之初就把马克思列宁主义作为自己的理论基础。然而马克思列宁主义是行动指南，而不是教条，我们党在领导中国的革命、建设、改革的实践中，必须把马克思列宁主义同中国的基本国情、具体实际相结合，创立带有中国特色的马克思列宁主义。只有以中国式的马克思主义来指导中国的革命、建设、改革，革命才能胜利，建设才能成功，改革才能深化。

2016 年 7 月 1 日，习近平总书记在庆祝中国共产党成立 95 周年大会上发表的重要讲话，深刻揭示了中国共产党成立的历史背景和重大意义。他指出：“一切向前走，都不能忘记走过的路；走得再远、走到再光辉的未来，也不能忘记走过的过去，不能忘记为什么出发。面向未来，面对挑战，全党同志一定要不忘初心、继续前进。”以此来提醒全党同志不忘初心、牢记使命，不能丧失自我革命精神。

中国共产党成立时，中国的社会性质是半封建半殖民地社会，对外没有民族独立，对内没有人民民主，压在中国人民头上的是帝国主义、封建主义和官僚资本主义三座大山。因此，这一时期，中国共产党所面对的历史主题，就是推翻三座大山的反动统治，实现民族独立和人民解放，建立一个新民主主义的中国。1949 年 10 月 1 日在天安门前举行了隆重的庆祝中华人民共和国成立典礼，毛泽东主席向全世界庄严宣告：中华人民共和国中央人民政府今天成立了！中国人民从此站起来了！新中国的成立，标志着中国社会已从半殖民地半封建社会进入到新民主主义社会，开始了向社会主义社会的过渡时期。这一时期的历史主题，就是怎样从新民主主义转变到社会主义和怎样建设社会主义。社会主义改造的完成，标志着几千年来遗留下来的剥削制度在中国彻底废除了，中国的劳苦大众真正成了国家的主人；标志着社会主义制度在中国的确立，中国进入社会主义初级阶段。在改革开放和社会主义现代化建设新时期，我们开创了中国特色社会主义道路，坚持以经济建设为中心、坚持四项基本原则、坚持改革开放，初步建立起社会主义市场经济体制并不断完善，大幅度提高了我国的综合国力和人民生活水平，为全面建成小康社会、实现中华民族伟大复兴开辟了广阔的前景。实践充分证明，中国共产党是伟大、光荣、正确的党，不愧为领导中国人民不断开创新事业的坚强领导核心。

二、“我们要做天下的主人”

1871 年 5 月 28 日，法国凡尔赛反动军队攻陷了世界上第一个无产阶级政权——巴黎公社的最后一个堡垒——贝尔·拉雪兹神甫公墓，革命失败。反动政府对全城革命者实施了大屠杀，无数革命志士倒在血泊中。面对着这一片白色恐怖，5 月 30 日，法国工人诗人、巴黎公社的领导者之一欧仁·鲍狄埃怀着满腔热血，奋笔疾书，写下了震撼寰宇的宏伟诗篇——《国际工人联盟》。之后，刊登在 1887 年出版的鲍狄埃的诗集《革命歌集》中。1888 年，在欧仁·鲍狄埃逝世后的第二年，法国工人作曲家皮埃尔·狄盖特以满腔的激情为这首诗歌谱写了曲子。从此，《国际歌》便成了世界无产者最喜爱的歌，“奴隶们起来，起来！不要说我们一无所有，我们要做天下的主人！”从法国越过千山万水，传遍全球。无疑，这是一首名扬全球的无产阶级战歌，它一直伴随着全世界无产阶级向反动黑暗势力进行不屈不挠的斗争，直到取得最后胜利。歌词反映了无产阶级和无产阶级政党的革命目标，同时也显现出无产阶级政党的鲜明的性质。

刘伯坚（1895 年 1 月—1935 年 3 月），中国共产党的早期优秀党员，中国工农红军早期优秀将领，无产阶级革命家，我党我军政治工作第一人。在 1934 年 10 月，红军主力离开江西长征，刘伯坚被留下任赣南军区政治部主任，他积极组织留守部队，在于都河多处架桥，为主力部队做好后勤保障工作，护送中央红军主力渡河长征。新中国成立后，叶剑英同志曾赋诗怀念当年刘伯坚于都河惜别之情：“红军抗日事长征，夜渡雩都溅溅鸣。梁上伯坚来击筑，荆卿豪气渐离情。”之后，20 万国民党军队将留下的 3 万红军（半数系不能远征的伤病员）压缩到赣南一隅，红军只得分路突围。1935 年 3 月初，刘伯坚在战斗中左腿中弹，不幸被捕。3 月 21 日，刘伯坚在江西省大余县金莲山上被敌人杀害，壮烈牺牲，时年 40 岁。在牺牲前，广东军阀为了“炫耀”所谓胜利，故意押着负伤带镣的刘伯坚，在大余县最繁华的青菜街（如今改称建国路）走过示众。刘伯坚气宇轩昂，使路旁的人们敬佩不已。回到牢中，他写下的诗歌《带镣行》和长诗《移狱》，并写了几封充满感情的家书。临刑前一刻，他还给妻子王叔振留下一信，里面说：“望你无论如何要为中国革命努力，不要脱离革命战线，并要尽一切力量教养虎、豹、熊三幼儿成人。”尤其令人敬仰的是他负伤带镣，在走向刑场的路上高声朗诵《带镣行》：“带镣长街行，蹒跚复蹒跚，市人争瞩目，我心无愧怍。带镣长街行，镣声何铿锵，市人皆惊讶，我心自安详。带镣长街行，志气愈轩昂，拚作阶下囚，工农齐解放。”

“工农齐解放”是刘伯坚最希望看到的场景，也是共产党人的目标，更是体现中国共产党的性质。也正如毛泽东在带领根据地军民取得第一次反“围剿”胜利之后写到“唤起工农千百万，同心干，不周山下红旗乱”。其实，中国共产党不只要“工农齐解放”，也不只“唤起工农千百万”，她是适应中国革命的需要，自觉地建立在中国工人阶级基础之上的，是马克思列宁主义同中国工人运动相结合的产物。中国共产党自 1921 年建立以来，就一直领导中国工人阶级和最广大人民群众为实现自己的历史使命和自身的解放而奋斗。

19 世纪 40 年代，马克思、恩格斯在创建世界上第一个无产阶级政党——共产主义者同盟时，就在《共产党宣言》中对党的性质作了深刻的阐述，鲜明地指出："共产党人不是同其他工人政党相对立的特殊政党。""他们没有任何同整个无产阶级的利益不同的利益。"在国际共产主义运动的历史上，马克思、恩格斯不断揭露和粉碎一切野心家、阴谋家和机会主义者篡改党的性质的阴谋，为捍卫和纯洁党的无产阶级性质而斗争。尤其是在第二国际的修正主义者伯恩斯坦、考茨基，明目张胆地篡改无产阶级政党的性质，破坏无产阶级的革命事业时，恩格斯都为捍卫党的无产阶级性质而同他们进行了坚决的斗争。

列宁在俄国创建无产阶级政党的活动中，又进一步阐明了党的工人阶级先锋队的性质。如列宁强调党必须以马克思主义作为指导思想。他指出："没有革命理论，就不会有坚强的社会主义政党，因为革命理论使一切社会主义者团结起来，他们从革命理论中能取得一切信念，他们能运用革命理论来确定斗争方法和活动方式。""只有以先进理论为指南的党，才能实现先进战士的作用。"中国共产党是马克思主义与中国工人运动相结合的产物，自一诞生，就有明确的阶级性和先进性，就旗帜鲜明地指出自己是一个以马克思主义为行动指南、以全心全意为人民服务为宗旨、以共产主义为奋斗目标的工人阶级政党。1922 年 6 月 15 日，在《中国共产党对于时局的主张》中提出："中国共产党是无产阶级的先锋军"，"为无产阶级革命的党"的科学论断。1922 年 7 月，中国共产党第二次全国代表大会通过的《关于"工会运动与共产党"的议决案》首次系统阐明了党是工人阶级先锋队的内涵，指出："共产党与工会的分别是：共产党是所有阶级觉悟的无产阶级分子的组合，是无产阶级的先锋军，有一定的党纲，是一个以打倒资产阶级和资本主义为目的的无产阶级政党。""共产党也可说是一个人的头脑，全体工人便是人的身体。

所以共产党无论在哪种劳动运动中，他都要是‘先锋’和‘头脑’，决不可不注意任何工会活动，并要能适当的、诚实的和勇敢的率领工会运动。”并强调：“我们要随时证明和解释给工人知道：只有共产党是工人阶级的先锋、是工人的政党。”与此同时，一些早期领导人也对党的性质进行了阐述，如瞿秋白在 1925 年 2 月“改译”施达林的《列宁与列宁主义》的一部《列宁主义概说》、同年 8 月发表的《五卅后反帝国主义联合战线的前途》、1926 年 4 月发表的《中国之革命的五月与马克思主义》等著作中，比较集中地论述了有关党的性质的问题。1935 年 12 月召开的瓦窑堡会议，党对自身性质的认识达到了新高度，在这次中央政治局会议上，中央提出中国共产党是中国无产阶级的先锋队，同时中国共产党又是全民族的先锋队的重大论断。

最早明确地把党的性质写进党章的是 1945 年党的七大。党的七大通过的党章明确规定：“中国共产党，是中国工人阶级的先进的有组织的部队，是它的阶级组织的最高形式。中国共产党代表中国民族与中国人民的利益。它在现阶段为实现中国的新民主主义制度而奋斗。它的最终目的，是在中国实现共产主义制度。”1956 年党的八大党章总纲的表述是：“中国共产党是中国工人阶级的先进部队，是中国工人阶级的阶级组织的最高形式。它的目的是在中国实现社会主义和共产主义。”1969 年党的九大党章总纲对党的性质表述为：“中国共产党是无产阶级的政党。”这句话无疑是正确的。但又表述为：是“领导无产阶级和革命群众对于阶级敌人进行战斗的朝气蓬勃的先锋队组织”，这后一句则是在当时以阶级斗争为纲的“左”的错误影响下提出的。1982 年党的十二大党章总结了党执政以来的历史经验，特别是“文化大革命”十年内乱的深刻教训，在总纲中对党的性质作了比历次党章都要严谨、完整、科学的表述，即“中国共产党是中国工人阶级的先锋队，是中国各族人民利益的忠实代表，是中国社会主义事业的领导核心。党的最终目标，是实现共产主义的社会制度”。1987 年党的十三大和 1992 年党的十四大、1997 年党的十五大的党章，对党的性质的表述都沿用了十二大党章的规定。1989 年 12 月，江泽民同志发表了重要文章，首次系统阐述了“为把党建设成更加坚强的工人阶级先锋队而斗争”。文章围绕坚持党的工人阶级先锋队性质这个主题，有针对性地从理论上阐述了八个方面的重要问题，并提出了总体目标和具体要求。文章着重指出：“我们应该怎样把握住加强党的建设的指导思想，明确什么样的要求呢？最根本、最重要的，就是一定要坚持把我们党建设成为马列主义、毛泽东思想武装的更加坚强的中国工人阶级先锋队。这样的先锋队，必须在理论上更加成熟，思想上更加统一，政治上更加坚强，内部更加团结，同群众的关系更加亲密，是领导全国各族人民建设有中国特色社会主义的坚强核心。”他还说：“明确坚持党的工人阶级先锋队性质，我们才能更好地理解党所处的历史地位和所肩负的崇高使命，把握马克思主义建党学说的精髓，保证党的建设工作沿着正确的轨道前进。”

2000 年初，江泽民同志在广东考察工作时，提出了“我们党代表中国先进生产力的发展要求、代表中国先进文化的前进方向、代表中国最广大人民的根本利益”的重要思想。2000 年 10 月 11 日，在中共十五届五中全会上的讲话中，江泽民同志着重指出：“这‘三个代表’的要求，是根据我们党的性质、宗旨和历史经验、现实需要提出来的，也是为了在新的时期新的实践中更好地全面落实毛泽东思想、邓小平理论关于党的建设的要求提出来的，是我们党的立党之本、执政之基、力量之源，是我们加强新时期党的建设的基本方针。”2000 年 5 月 14 日，在上海主持召开江苏、浙江、上海党建工作座谈会时，江泽民同志还指出：“坚持‘三个代表’，是我们党的工人阶级先锋队性质、根本宗旨、根本任务的集中体现，是对党的各级组织和全体党员、干部提出的根本要求。全党同志特别是领导干部都要用‘三个代表’来指导自己的思想和行动。党的各项工作，都要坚持、体现和贯彻‘三个代表’的要求。”“始终做到‘三个代表’，是我们党的立党之本、执政之基、力量之源”。

2001 年 7 月 1 日，江泽民同志在庆祝中国共产党成立 80 周年大会上的讲话中指出：“我们党从成立之日起，就把自己定为中国工人阶级的政党，始终坚持工人阶级先锋队的性质，为保持自身的先进性奠定了坚实的阶级基础。”他还说：“看一个政党是否先进，是不是工人阶级先锋队，主要应看它的理论和纲领是不是马克思主义的，是不是代表社会发展的正确方向，是不是代表最广大人民的根本利益。”“我们党的理论和纲领是马克思主义的，代表了中国社会发展的正确方向，我们党高度重视在思想上建党，坚持用马克思主义理论教育和武装全体党员，不仅要求党员在组织上入党，而且要求党员首先在思想上入党，指导他们为实现党的纲领和任务而奋斗，因而保持了党的工人阶级先锋队性质。”“要坚持党的领导，必须改善党的领导。必须贯彻党的基本理论和基本路线，按照‘三个代表’要求，全面深入地加强和改进党的建设，使我们党在世界形势深刻变化的历史进程中始终走在时代前列，在应对国内外各种风险考验的历史进程中始终成为全国人民的主心骨，在建设有中国特色社会主义的历史进程中始终成为坚强的领导核心。”“全党同志要坚持从新的实际出发，以改革的精神研究和解决党的建设面临的重大理论和现实问题，使党始终保持先进性和纯洁性，充满创造力、凝聚力和战斗力。”江泽民同志还强调：“贯彻‘三个代表’要求，我们必须坚持党的工人阶级先锋队的性质，始终保持党的先进性，同时要根据经济发展和社会进步的实际，不断增强党的阶级基础和扩大党的群众基础，不断提高党的社会影响力。”党的十六大则按照“三个代表”重要思想要求，解放思想、实事求是、与时俱进，根据执政党的特点，一改传统理论定式，第一次把“两个先锋队”、“一个核心”和“三个代表”相统一，作为党的性质新的理论表述形式，既坚持了马克思主义党的学说中的基本点，又突破了传统理论表述的基本定式。这一论述，从党的阶级性、先进性、人民性和民族性、党在建设中国特色社会主义事业中的地位等方面，阐明了中国共产党的性质。党的十七大、十八大、十九大继续沿用这一论述。

三、大革命的洪流中

1924年至1927年，一场以推翻帝国主义在华势力和北洋军阀为目标的革命运动，似滚滚洪流席卷中国大地，人们通常把它称为“大革命”或“国民革命”。这场革命运动声势之浩大，影响之深远，是中国近代革命史上前所未有的。这场“大革命”是在中国共产党成立后不久发生的，中国共产党在这场“大革命”的洪流中表现得异常英勇顽强，尤其是在北伐战争的筹划和进军过程中都发挥了重要作用，但年幼的中国共产党面对艰难复杂的斗争环境处理复杂问题的能力尚有欠缺，因此在

“大革命”中，积累了大量的经验，也有血的教训。

中国共产党的成立，适应了近代以来社会进步和革命发展的客观要求，作为中国最先进的阶级工人阶级的政党，不仅代表着工人阶级的利益，而且代表着整个中华民族的利益。中国共产党从一开始就拥有马克思主义这个最先进的思想武器，因而能够为中国革命指明前进的方向。正是这个党，给灾难深重的中国人民带来光明和希望。虽然这时它的力量还很弱小，但它满怀信心地以改造中国为己任，为争取民族独立和人民解放，实现国家富强和人民幸福，开始了艰苦卓绝的斗争历程。自从有了中国共产党，中国革命的面目就焕然一新。但是，中国共产党是在幅员广大、人口众多、情况复杂、经济文化落后的半殖民地半封建的旧中国开展活动的，从何处着手进行革命，如何把马克思主义的基本原理同中国革命的具体实践正确地结合起来，搞清楚民主革命与社会主义革命的区别和联系，制定出符合国情的民主革命纲领，需要有一个探索的过程。

中国共产党成立后，注意在斗争实践中运用马克思主义的观点，观察和分析中国面临的实际问题。党逐渐认识到，中国人民所受的最大痛苦，还不是一般的资本主义剥削，而是帝国主义的压迫和封建军阀的统治。1922 年 1 月，中国共产党派代表出席共产国际在莫斯科召开的远东各国共产党及民族革命团体第一次代表大会。这次大会根据列宁关于民族和殖民地问题的理论，指明中国“当前的第一件事便是把中国从外国的羁轭下解放出来，把督军推倒”，建立一个民主主义共和国。这对于党制定当时的革命纲领给予了直接的帮助。1922 年 7 月 16 日至 23 日，中国共产党第二次全国代表大会在上海举行。出席大会的代表 12 人，代表全国 195 名党员。大会通过对中国经济政治状况的分析，揭示出中国社会的半殖民地半封建性质，指出党的最高纲领是实现社会主义、共产主义，但在现阶段的纲领即最低纲领是：打倒军阀；推翻国际帝国主义的压迫；统一中国为真正的民主共和国。这样，党的二大就在全国人民面前第一次提出明确的反帝反封建的民主革命纲领。1923 年 2 月 4 日爆发的京汉铁路 3 万多名工人大罢工，使第一次工人运动高潮达到顶点。2 月 7 日，在帝国主义势力的支持下，军阀吴佩孚调动军警在京汉铁路沿线血腥镇压罢工工人。京汉铁路总工会江岸分会委员长、共产党员林祥谦和京汉铁路总工会与湖北省工团联合会法律顾问、共产党员施洋等先后被杀害。二七惨案发生后，全国工人运动暂时转入低潮。这个时期党领导的工人斗争，提供了重要的经验教训：第一，中国革命的敌人是异常强大的。为了战胜强大的敌人，仅仅靠工人阶级孤军奋战是不够的，必须争取一切可能的同盟者。第二，在半殖民地半封建的中国，工人没有起码的民主权利，几乎所有规模较大的工人斗争都遭到反动政府的武力镇压。这表明，没有革命的武装斗争，单靠罢工这个武器，主要进行合法斗争，是不可能取得革命胜利的。第三，党必须大量吸收工人、农民中的先进分子，尽快壮大自己的队伍，不断扩大和巩固自身的组织，才能适应领导不断发展的革命斗争的需要。年幼的中国共产党正是带着这些经验教训，迈入以国共合作为基础的反帝反封建的大革命时期。

1923 年 1 月，共产国际执行委员会根据马林的提议作出的《关于中国共产党与国民党的关系问题的决议》。这个决议传到中国后，对促进国共合作起了积极的推动作用。此时的国民党大体上是代表民族资产阶级和城市小资产阶级的政党。它在几经挫折后，没有多少实力，而且成分复杂，组织松散。但它有几个不容忽视的优势：一是它的领袖孙中山在人们心目中是中华民国的缔造者，他所领导的国民党在社会上是有威信的。二是在中国南方建起了一块能够容纳各种革命力量进行活动的根据地，拥有一支数万人的军队。三是孙中山在经历多次挫折后，深感其领导的革命必须改弦易辙，真诚地欢迎共产党员同他合作，欢迎苏联援助中国革命。因此，中国共产党在准备建立统一战线时，首先同国民党合作是经过慎重选择的。在这种情况下，中国共产党于 1923 年 6 月 12 日至 20 日在广州召开第三次全国代表大会。大会正确地估计了孙中山和国民党的革命立场，决定共产党员以个人身份加入国民党，实现国共合作。党的三大还明确规定，在共产党员加入国民党时，党必须在政治上、思想上、组织上保持自己的独立性。

1924 年 1 月，在中国共产党人的参加与帮助下，孙中山在广州召开了国民党第一次全国代表大会。国民党一大的召开，标志着国民党改组的完成和第一次国共合作的正式形成。大会通过了《中国国民党第一次全国代表大会宣言》，孙中山就宣言的宗旨作了演说，并说明通过的宣言接受了共产党提出的反帝反封建的主张，对内推翻军阀，对外推翻帝国主义。大会正式决定国共合作（孙中山采取党内合作，如：共产党员周恩来在黄埔军校任政治部主任），而国共合作所采取的方式就是党内合作。提出“联俄、联共、扶助农工”的三大政策，重新解释了三民主义即民族、民权、民生，以宣言发表为标志，孙中山的旧三民主义发展为新三民主义。国共合作，增加了新的血液，加强了各革命力量的联合，推动了革命高潮的到来，工农革命北伐战争兴起。

在国共两党的共同努力下，国民革命的思想由南向北，在全国范围内以前所未有的规模广泛传播着。1924 年 10 月，具有进步思想的将领冯玉祥发动政变，推翻直系军阀控制的北京政府，一时控制了北京、天津一带，并把所部改编为国民军。他电请孙中山北上“共商国是”。同年 11 月，孙中山离开广州北上，沿途宣传召开国民会议和废除不平等条约的主张，形成广泛的政治宣传运动。在中国大地上出现一股向着帝国主义和军阀势力猛烈冲击的革命洪流的同时，一股反革命逆流也逐渐显现出来。国民党内部的左右派进一步分化，国共关系逐步复杂化。中国革命面临许多新的问题需要给予回答。1925 年 1 月 11 日至 22 日，中国共产党第四次全国代表大会在上海举行。出席大会的代表 20 人，代表党员 994 人。这次大会的历史功绩是，总结国共合作一年来的经验教训，提出了无产阶级在民主革命中的领导权问题和工农联盟问题，并对民主革命的内容作了比较完整的规定，指出在反对帝国主义的同时，还要反对封建的军阀政治和经济关系。但对如何正确处理同资产阶级争夺领导权过程中的种种复杂问题，大会没有作出明确的、具体的回答，对建立政权和武装的极端重要性仍缺乏认识。

党的四大结束后不到两个月，1925 年 3 月 12 日，孙中山在北京逝世，引起全国人民的巨大悲痛。国共两党组织各界人民举行哀悼活动，广泛传播孙中山的遗嘱和革命精神，形成一次声势浩大的革命宣传活动。国民革命的呼声在全国各地更加高涨。一场新的大规模的革命风暴就要来临。全国范围的大革命高潮，是从 1925 年的五卅运动开始的。5 月 15 日，上海内外棉七厂工人顾正红（共产党员）被日本资本家枪杀。5 月 28 日，中共中央决定于 30 日在租界内举行大规模的反帝示威活动。5 月 30 日，上海工人和学生举行街头宣传和示威游行，100 多人先后被捕，数千名群众奔向捕房前，要求释放被捕者，早有戒备的租界英国巡捕在南京路上突然开枪，打死 13 人，伤数十人。此后几天，在上海和其他地方又连续发生英、日等国军警枪杀中国人的事件。这些事件，激起全国人民的极大愤怒，形成工人罢工、学生罢课、商人罢市的抗议运动。全国各地约有 1700 万人直接参加了运动，从通商都市到偏僻乡镇，到处响起"打倒帝国主义"、"废除不平等条约"的怒吼。五卅惨案的消息传到南方，在广州和香港形成有 25 万人参加的规模宏大的省港大罢工。罢工工人代表大会决定成立省港罢工委员会，由共产党员苏兆征担任委员长，处理罢工事宜，对香港实行封锁。在广州革命政府的支持下，省港大罢工坚持 16 个月之久。有组织的罢工工人成为广州革命政府的有力支柱。中国共产党在领导五卅运动的过程中得到很大发展。到 1925 年年底，党员人数增加到 1 万,一些原来没有党组织的地方建立起党的组织。在五卅运动蓬勃发展的有利形势下，1925 年 7 月 1 日，中华民国国民政府在广州建立，汪精卫当选为主席，鲍罗廷被聘为高等顾问。国民政府成立后，将黄埔军校校军和驻广东的粤军、湘军、滇军先后改编为国民革命军 6 个军，共 8.5 万人，6 万支枪，加上各军校学生 6000 人，成为一支有相当规模的军队。共产党员周恩来等担负起国民革命军中的政治工作。在此前后，国共两党通力合作，经过两次东征和南征，消灭盘踞东江一带的军阀陈炯明部和广东南路的军阀邓本殷部，并平息滇军、桂军在广州发动的叛乱，统一了广东革命根据地，为举行反对北洋军阀的战争准备了比较可靠的后方基地。

1926 年 1 月，国民党在广州举行第二次全国代表大会。中共中央妥协退让的结果，使国民党右派在中央执行委员会和中央监察委员会中占了优势。3 月 18 日，国民政府海军局代理局长、共产党员李之龙奉命派中山舰到黄埔后，立刻谣言四起，说是要劫持蒋介石。3 月 20 日，蒋介石以所谓中山舰事件为借口，在广州实行紧急戒严，监视和软禁大批共产党人，解除省港罢工委员会的工人纠察队武装，包围苏联领事馆，监视苏联顾问。中共中央和共产国际代表妥协退让的结果，使共产党员被迫退出国民革命军第一军。这一事件后，汪精卫称病去职，蒋介石为取得最高权力又迈进了一步。在 5 月 15 日召开的国民党二届二中全会上，蒋介石提出所谓《整理党务决议案》。由于中共中央的妥协退让，决议案获得通过，担任国民党中央部部长的共产党人都辞去职务，蒋介石却担任了国民党中央组织部部长兼军人部部长，随后又当上国民党中央常务委员会主席和国民革命军总司令，成为掌握最高权力的人物。中山舰事件发生后，蒋介石的立场进一步转到大地主大资产阶级方面。但是他的实力有限，还需要得到共产党和苏联的支持，因此没有立刻同共产党公开分裂。这时已到北伐战争的前夜。北伐的军事指挥权主要掌握在蒋介石手中这个事实，表明革命形势虽然在迅速发展，但已经埋伏着严重的危机。

1926 年 5 月，国民革命军第七军一部和第四军叶挺独立团等作为先头部队，先行出兵湖南，援助正被吴佩孚部援军击败而退守湘南衡阳的第八军唐生智部，拉开了北伐进军的序幕。7 月 9 日，国民革命军在广州誓师，正式出师北伐。北伐战争的目的是推翻帝国主义支持的北洋军阀的反动统治，实现中华民族的独立、自由、民主和统一。这是孙中山多年的愿望，是全国人民的共同要求。7 月初，第四军和第七军主力到达湖南的衡阳和攸县一带后，同第八军一起，分三路攻长沙。7 月 11 日，北伐军进占长沙；8月22日，占领岳州，随即进入湖北。

7月12日至18日，共产党为了讨论党在北伐战争中的方针政策问题，在上海召开了四届中央第三次执行委员会扩大会议。会议通过了《中共中央第五次对于时局的主张》，号召全国民众积极推动和响应北伐，迅速扩大民众运动，巩固革命的联合战线，推翻国内军阀与打倒帝国主义。根据敌众我寡和军阀内部貌合神离的情况，北伐军采纳了苏联顾问的建议，确定了集中兵力，各个击破的战略方针。

由于北伐军的英勇善战，共产党员和共青团员的先锋模范作用，以及广大人民群众的有力支援，在不到10个月的时间内就将革命从珠江流域推进到长江、黄河流域，席卷了半个中国，取得了前所未有的伟大胜利，北洋军阀迅速崩溃。北伐战争沉重打击了帝国主义在华势力，动摇了北洋军阀的统治，有力地推动了全国革命形势的发展。

革命势力的猛烈发展，直接威胁到帝国主义的在华利益。1927年3月，帝国主义借口外国领事和外侨生命财产受到损害，命令它们在下关的军舰对南京市内的北伐军和市民开炮轰击，毁房多间，致使百余人伤亡。南京惨案是帝国主义以武力干预中国革命的严重挑衅事件。以蒋介石为首的国民党右派同帝国主义和中国资产阶级右翼勾结起来，加紧反革命阴谋活动。4月初，蒋介石等在上海举行秘密会议，主张立即以暴力手段“清党”。4月12日，蒋介石突然在上海向革命群众举起屠刀，发动反革命政变。继上海的四一二反革命政变后，江苏、浙江、安徽、福建、广东、广西等省也相继以“清党”为名，大肆捕杀共产党员和革命群众。仅广东一地，被捕杀者就达2000多人。北方的奉系军阀张作霖也捕杀大批共产党员和革命群众。4月28日，中国共产党的主要创始人和领导人之一李大钊在北京英勇就义。6 月 10 日，汪精卫和冯玉祥在郑州举行会议，策划反共。6 月 20 日至 21 日，冯玉祥在徐州又和蒋介石等南京国民党领导人举行会议，公开倒向蒋介石一边。这时，中国共产党内以陈独秀为代表的右倾投降主义在党的领导机关中占了统治地位，他们放弃革命领导权，压制工农运动，对国民党右派反革命活动采取妥协退让政策，拒绝党内的一切正确意见，对国民党不但不加戒备，反而还命令武汉工人纠察队将武器交给汪精卫的武汉政府。7 月 15 日，汪精卫召开国民党中央常务委员会扩大会议，公开宣布与共产党决裂。随即对共产党员和革命群众实行大屠杀，还提出了“宁可枉杀千人，不可使一人漏网”的血腥口号。大批共产党员和工农群众遭到杀害。至此，蒋汪反革命合流，第一次国内革命战争遭到失败，第一次国共合作也破裂了。

国民大革命是在中共正确的影响、推动和组织下进行的，中共的作用是通过革命统一战线的组织形式来表现的。在政治上，中共根据历史发展的进程提出了基本的政治纲领和政治口号。中共二大制定了反帝反封建的民主革命纲领，孙中山的新三民主义成为国共两党合作的政治基础。领导权问题主要是政治领导，大革命的发展是按照中共指引的方向前进的。在组织上，在中共的推动、帮助和组织下，建立了国共合作的革命统一战线，把国民党改组为各革命阶级的联盟，通过统一战线的组织形式，宣传党的纲领，积极开展工农运动，推动了全国革命形势的发展。在群众运动方面，大革命时期的工农运动基本上是在中共的领导下发动起来的。大革命的特点就是群众运动。如“五卅运动”、收回汉口、九江英租界、上海工人三次武装起义和以湖南为中心的农村大革命，沉重地打击了帝国主义和封建军阀的统治基础，支持和配合了北伐战争。

在军事上，在中共推动下，建立了革命的武装、创办了黄埔军校，在国民革命军中建立了政治工作制度。北伐战争中，中共发挥了重大作用。当时，由于中共还处在幼年时期，再加上陈独秀右倾投降主义的错误，中共在这一时期的领导作用是不充分和不完全的。

“大革命”沉重打击了帝国主义和封建主义的统治势力，中国人民的觉悟程度和组织程度有了明显提高，实际上是迎接未来革命胜利的一次伟大演习。因为正是在这个时期，中国共产党人开始探索马克思主义中国化的途径，初步提出了无产阶级领导的、人民大众的、反帝反封建的新民主主义革命的基本思想，并且从大革命的失败中吸取了严重的历史教训，开始懂得进行土地革命和掌握革命武装的重要性。也正是由于经历了这场大革命，中国人民的觉悟程度和组织程度有了明显的提高，中国共产党开始掌握了一部分革命武装。所有这些，为把中国革命推进到一个新的阶段——土地革命战争阶段准备了必要的条件。“大革命”扩大了中国共产党在中国人民中的政治影响，宣传了党在民主革命阶段的纲领，使中国共产党经受了一次大革命的洗礼，积累了初步的革命斗争经验。

四、“黄洋界上炮声隆”

1928 年 7 月，红二十八团和二十九团下井冈山开赴湘南。毛泽东率领红四军主力外出作战时，湘赣两省敌军纠集四个团的兵力向黄洋界逼进，企图一举捣毁井冈山革命根据地。当时守卫在黄洋界的红军只有三十一团一营的两个连，每支枪只有三至五发子弹。守山军民得知敌军进犯的消息后，昼夜不停地在各个工事前沿堆积大量的垒石滚木，在小路两边的草丛中埋布竹钉，并深挖壕沟，围竹篱笆，构筑射击掩体，设置了五道防线。8 月 30 日上午，战斗打响了。根据地军民在团长朱云卿、党代表何挺颖等指挥下，凭险抵抗，击退敌军的多次冲锋。下午，敌军不甘心失败又集中大量兵力发起进攻。关键时刻，红军将一门迫击炮架上哨口，连放三炮，其中两发因受潮未打响，第三发却正中敌军指挥所。敌军误以为红军主力返回，吓得连夜逃走。毛泽东写下了脍炙人口的《西江月 · 井冈山》：“山下旌旗在望，山头鼓角相闻。敌军围困万千重，我自岿然不动。早已森严壁垒，更加众志成城。黄洋界上炮声隆，报道敌军宵遁。”

1927 年大革命失败后，国内政治局势急剧逆转，中国革命进入低潮。从 1927 年 3 月到 1928 年上半年，被杀害的共产党员和革命群众达 31 万多人，其中共产党员 2.6 万多人。在极其险恶的局势下，党内思想一时异常混乱，一些同志和不坚定分子离开党的队伍，党员数量急剧减少到 1 万多人。与此同时，工农运动走向低沉，相当多的中间人士同共产党拉开了距离。1927 年 7 月中旬，中共中央临时政治局常委会断然决定了三件大事：将党所掌握和影响的部队向南昌集中，准备起义；组织湘鄂赣粤四省的农民，在秋收季节举行暴动；召集中央会议，讨论和决定新时期的方针和政策。为彻底清算并纠正党在过去工作中的严重错误，决定新的方针，中共中央于 1927 年 8 月 7 日在汉口秘密召开紧急会议，即著名的八七会议。会议彻底清算大革命后期陈独秀的右倾机会主义错误，确定了土地革命和武装起义的方针，并选出以瞿秋白为首的中央临时政治局。这次会议给正处在思想混乱和组织涣散中的党指明出路，为挽救党和革命作出了巨大贡献。这是由大革命失败到土地革命战争兴起的一个历史转折点。

按照中共中央的部署和八七会议确定的方针，中国共产党人在黑暗中高举起革命的旗帜，以血与火的抗争回答国民党的屠杀政策。党派出许多干部分赴各地，恢复和整顿党的组织，组织武装起义。八七会议后，毛泽东作为中央特派员到湖南改组省委，并发动和领导了湘赣边界的秋收起义。在攻打中心城市受挫后，以毛泽东为书记的前敌委员会当机立断，毅然改变原定部署，决定到敌人控制比较薄弱的山区寻求立足地。

井冈山地区位于罗霄山脉中段的湘赣边界，包括江西的宁冈、永新、莲花、遂川和湖南的酃县、茶陵等县，周围500余里。这里的有利条件是：远离中心城市和交通要道，敌人统治力量比较薄弱，还可利用两省敌人既要互相争夺地盘又要各自保存实力的矛盾；党和群众的条件较好，大革命时建立过党的组织、工会、农会和农民武装，党和革命的影响仍然存在，还保存着袁文才、王佐两支农民自卫军；地势险要，幅员广大，有游击战争的回旋余地；自给自足的地方农业经济，具有为红军初期发展提供给养的经济力。这个地区具有重要的战略地位，在这里开展游击战争，可以影响湘赣两省乃至于湖北。因此，在这里建立根据地，既有利于红军的生存和发展，又有利于推动全国革命走向高潮。

于是，毛泽东率领湘赣边界秋收起义保存下来的武装，向井冈山地区转移，在芦溪遭到敌人的伏击，总指挥卢德铭在战斗中英勇牺牲。1927年9月29日，部队到达永新县三湾村，进行了有名的三湾改编，将原来的一个师缩编为一个团，称工农革命军第1军第1师第1团，辖第1、第3营和特务连、辎重队、卫生队；在部队中确立党的绝对领导原则，建立党的各级组织，支部建在连上，班、排设党的小组，营、团建立党委，连以上设党代表，全军由党的前委委员会统一指挥；确立官兵平等，在部队中实行民主制度。三湾改编，从政治上、组织上为建立新型的人民军队奠定了基础。10月初，部队到达宁冈的古城，前委召开扩大会议，决定通过地方党组织争取当地袁文才、王佐两支武装。接着，在井冈山北面山脚的茅坪，设立了医院和留守处，于10月底到达井冈山的茨坪。毛泽东率领湘赣边界秋收起义的工农革命军到达罗霄山脉中段的井冈山地区，开展游击战争，进行土地革命，恢复和建立共产党的组织，建立革命政权和赤卫队。与此同时，经过团结、教育、改造工作，将袁文才、王佐两支农民自卫军编入工农革命军。至1928年2月底，包括宁冈全县，遂川西北部，永新、酃县、茶陵等县部分地区的井冈山革命根据地初步建成。

1928年4月底，朱德、陈毅率领南昌起义保存下来的部队和湘南农军到达井冈山，和毛泽东领导的工农革命军会师，合编成立了中国工农红军第四军。5月，组成了毛泽东为书记的中共湘赣边界特别委员会；接着成立了袁文才任主席的湘赣边界苏维埃政府。红军在赤卫队和人民群众配合下，接连打破了江西国民党军的多次“进剿”。至6月，井冈山革命根据地拥有宁冈、永新、莲花3个县，和遂川、酃县、吉安、安福等县的部分地区。之后，又打破了湘赣两省国民党军的两次“会剿”。12月，彭德怀、滕代远率领红五军主力到达井冈山，同红四军会师。此后，红军粉碎了敌人的多次“围剿”，根据地不断扩大。1929年1月，毛泽东、朱德等率领红四军主力向赣南、闽西挺进后，留下一部红军坚持井冈山的斗争。

在创建井冈山革命根据地的过程中，红军中有人对于在四周白色政权的包围之中，小块红色政权的存在和发展缺乏信心，提出“红旗到底打得多久”的疑问。1928 年 10 月召开的中共湘赣边界第二次代表大会，通过毛泽东起草的决议，回答了这个问题。决议指出，由于中国是帝国主义间接统治的经济落后的半殖民地国家，地方性的农业经济（不是统一的资本主义经济）和帝国主义划分势力范围的分裂剥削政策，造成了各派新旧军阀之间的矛盾以致连续不断的战争。红色政权可以利用这种条件坚持下来并得到发展。只要有继续向前发展的革命形势，有很好的党并制定正确的政策，有很好的群众，有相当力量的红军，有便利于作战的地势和提供足够给养的经济力，红色政权就能够存在和发展。

井冈山革命根据地的建立，点燃了“工农武装割据”的星星之火，为中国革命的中心工作完成从城市到农村的伟大战略转移，走上农村包围城市，最后夺取城市，开辟了新的道路。说明中国共产党的力量还很弱小，敌人很强大，革命的道路还很长。也说明中共开始走向成熟，找到了正确的革命道路。井冈山革命根据地开创了在革命转入低潮的形势下，重新聚集革命力量，武装夺取政权的新局面，为中国革命照亮了胜利前进的航程。

与此同时，为了认真总结大革命失败以来的经验教训，确定革命斗争的路线和任务，1928 年 6 月 18 日至 7 月 11 日，中国共产党在苏联莫斯科召开第六次全国代表大会。大会在共产国际的帮助下，在一系列有关中国革命的根本问题上作出了基本正确的回答。大会指出，中国仍然是一个半殖民地半封建的国家，现阶段的中国革命是资产阶级性质的民主主义革命。革命的形势是第一个革命浪潮已经因为历次失败而过去了，而新的浪潮还没有来到，党的总路线是争取群众。目前最主要的危险倾向，是盲动主义和命令主义。尽管六大存在着对于中间阶级的两面性和反动势力的内部矛盾缺乏正确的估计和政策，对于大革命失败后党所需要的策略上的有秩序的退却，以及农村根据地的重要性和民主革命的长期性缺乏必要的认识等缺点，但大会决议传达贯彻后，大体上统一了全党的思想，对革命运动的发展产生了积极的作用。党的六大后的两年间，出现革命走向复兴的局面。大革命失败后似乎已陷入绝境的中国共产党，经过艰苦的斗争，又重新壮大起来了。更为重要的是，中共中央加强了对各地红军和农村根据地的领导。这个时期，重要的根据地有赣西南、闽西、湘鄂西、鄂豫皖、闽浙赣、湘鄂赣、湘赣、广西的左右江、广东的东江和琼崖等。各根据地的党组织抓住军阀混战的时机，发动农民实行土地革命，建立革命政权，开展游击战争，使红军和根据地不断巩固和扩大。

红军和根据地的存在和发展，使国民党统治集团感到震惊。从 1930 年 10 月起，蒋介石集中重兵，向南方各根据地的红军发动大规模的“围剿”。从 1930 年冬到 1931 年秋，中央根据地和红一方面军在毛泽东、朱德等指挥下，贯彻积极防御的方针，实行“诱敌深入”等一整套行之有效的战术原则，先后粉碎国民党军队的三次“围剿”。在各根据地不断发展的情况下，1931 年 11 月 7 日至 20 日，在瑞金举行的第一次全国苏维埃代表大会，宣布成立中华苏维埃共和国临时中央政府。毛泽东被选为临时中央政府主席。

大革命失败以后，中国革命之所以能够坚持下来并走向复兴，关键在于找到了一条正确的革命道路。这条道路，就是把立足点由城市转入农村，发动和依靠农民群众，在农村建立根据地，开展土地革命和各项建设事业，开展以农民为主体的长期革命战争，发展和壮大革命力量，最后占领城市，夺取全国胜利的道路。这条前人没有走过的独创的道路，是在全党的集体奋斗中开辟出来的。其中，毛泽东做出了最卓越的贡献。他不仅在实践中首先把武装斗争的重心转向农村，创造出坚持、发展农村根据地的系统经验，而且在《星星之火，可以燎原》等著作中，从理论上初步对中国革命的道路问题作了阐明。农村包围城市、武装夺取政权道路的开辟，以及有关这条道路的理论的初步阐明，是同当时党内盛行的把马克思主义教条化、把共产国际决议和苏联经验神圣化的错误倾向作斗争的结果。毛泽东总结这方面的经验，在《反对本本主义》一文中明确提出“中国革命斗争的胜利要靠中国同志了解中国情况”，深刻阐明了坚持辩证唯物主义的思想路线、坚持理论与实际相结合原则的极端重要性。以毛泽东同志为主要代表的中国共产党人，正是因为坚持这样一条思想路线，善于向实践学习，向群众学习，所以才能够在中国革命的转折关头，表现出革命的首创精神、巨大的理论勇气和深远的战略眼光，提出关于中国革命发展的战略思想，从而为中国革命指明正确的道路。尽管革命的发展还会遇到挫折，但党领导的人民革命，正是沿着这条道路最终走向胜利的。

中国革命的发展并不是一帆风顺的。随着局势的好转，加上共产国际的错误指导，中国共产党内的“左”倾急性病又逐渐发展起来。1933 年下半年，蒋介石发动对革命根据地的第五次“围剿”。他先后调集 100 万军队向各地红军进攻，而以 50 万军队从 9 月下旬开始向中央根据地进攻。“左”倾错误进一步发展的恶果，是第五次反“围剿”的失败。1934 年

4 月中旬，国民党军队集中优势兵力进攻中央根据地的北大门广昌。经过 18 天血战，广昌失守。10 月初，国民党军队推进到根据地腹地，中央红军主力被迫实行战略转移。中央红军长征开始后，“左”倾领导人又犯了退却中的逃跑主义错误，并把战略转移变成搬家式的行动。在连续突破国民党军队布置的四道封锁线之后，红军和中央机关人员锐减到 3 万多人。

1935 年 1 月 7 日，红军攻克黔北重镇遵义。1 月 15 日至 17 日，中共中央在遵义召开政治局扩大会议。会议集中全力解决当时具有决定意义的军事和组织问题。遵义会议确立了毛泽东在中共中央和红军中的领导地位，在极其危急的情况下挽救了党，挽救了红军，挽救了中国革命。会议的一系列重大决策，是在中国共产党同共产国际中断联系的情况下，独立自主地作出的。遵义会议是党的历史上一个生死攸关的转折点，以毛泽东同志为核心的党中央的正确领导开始确立，标志着中国共产党在政治上走向成熟。遵义会议后，中央红军在毛泽东等的指挥下，根据实际情况的变化，灵活地变换作战方向，四次渡过赤水河，迂回曲折地穿插于敌军重兵之间。在渡过金沙江后，爬雪山、过草地，历尽千辛万苦，摆脱了几十万国民党军队的围追堵截。10 月 19 日，到达陕北吴起镇。中央红军行程二万五千里、纵横十一个省的长征胜利结束，终于实现了战略大转移。中国工农红军长征的胜利，是中国革命转危为安的关键。长征的胜利表明，中国共产党及其所领导的红军是一支不可战胜的力量。长征后保存下来的红军人数虽然不多，但这是党的极为宝贵的精华，构成以后领导抗日战争和人民解放战争的骨干。红军在长征途中，播下了革命的种子。长征中红军所表现出来的坚定的共产主义理想、革命必胜的信念、艰苦奋斗的精神和一往无前、不怕牺牲的英雄气概，构成了伟大的长征精神，成为激励共产党人和人民军队继续前进的巨大动力。

五、抗日战争的"中流砥柱"

1941 年 5 月 25 日，毛泽东在《揭破远东慕尼黑的阴谋》中指出："共产党领导的武力和民众已成了抗日战争中的中流砥柱"。

1931 年九一八事变后，国民政府采取了不抵抗政策，导致东北三省 100 多万平方公里的大好河山沦丧、3000 多万同胞被蹂躏。而与此同时，中国共产党采取了与国民政府截然不同的政策，事变的第二天中共满洲省委就发布了《为日本帝国主义武装占领满洲宣言》，这是二战史上第一个反法西斯的正义宣言；第三天，中共中央发表《中国共产党为日本帝国主义强暴占领东三省事件宣言》，号召全国人民一致动员起来，"反对日本帝国主义强占东三省"。

1935 年，日本帝国主义继侵占中国东北后，又制造了"华北事变"，妄图把华北变成第二个"伪满洲国"。而国民党政府屈服于日本帝国主义的淫威，继续实行不抵抗政策，先后与日军签订了"何梅协定"和"秦土协定"，实际上把包括北平、天津在内的河北、察哈尔两省的大部分主权奉送给了日本。中国共产党积极领导了全国人民的抗日救亡运动。1935 年 8 月 1 日，中共驻共产国际代表团起草了《中国苏维埃政府、中国共产党中央为抗日救国告全体同胞书》(即《八一宣言》)，10 月 1 日正式以中华苏维埃共和国中央政府和中国共产党中央委员会的名义在法国巴黎出版的《救国报》上发表。1935 年 12 月 17 日至 25 日，中国共产党在陕北瓦窑堡召开了政治局扩大会议，即“瓦窑堡会议”。会后，毛泽东根据瓦窑堡会议决议精神，于12月27日在党的活动分子会议上作了《论反对日本帝国主义的策略》的报告，进一步从理论和实践上阐明了党的抗日民族统一战线策略方针。1936年12月12日，张学良和杨虎城为了达到劝谏蒋介石改变“攘外必先安内”的既定国策，停止内战，一致抗日的目的，在西安发动“兵谏”。这就是西安事变。1936年12月25日，在中共中央和周恩来主导下，以蒋介石接受“停止内战，联共抗日”的提议而和平解决。

1937年7月7日，日本军队进攻卢沟桥，标志着日本蓄谋已久的全面侵华战争的爆发。8月13日，又把战火烧到了上海。卢沟桥事变发生的第二天，中共中央发出通电，呼吁“只有全民族实行抗战，才是我们的出路”。同一天，毛泽东、朱德、彭德怀等红军领导人致电蒋介石，表示红军将士愿意“为国效命，与敌周旋，以达保土卫国之目的”。7月15日，中共代表周恩来等将《中共中央为公布国共合作宣言》交给蒋介石，并约定由国民党中央通讯社发表。7月17日，周恩来、博古、林伯渠等在庐山同蒋介石等继续谈判。经过谈判，国共两党达成了将在陕北的红军主力改编为国民革命军第八路军（9月改称第十八集团军）等协议。1937年9月，根据国共谈判口头达成的协议，中共中央所在地陕甘宁革命根据地苏维埃政府改称陕甘宁边区政府，辖23个县，人口约150万人。9月23日，蒋介石发表了实际上承认中共合法地位的谈话，标志着国共两党重新合作和抗日民族统一战线正式形成，受到了全国人民的热烈欢迎。中华民族的大团结，对抗日战争的全面展开具有重大意义。八路军改编后，先后出师华北前线，配合国民党军队作战。9月25日，

第一一五师一部在平型关附近伏击日军，首战告捷，粉碎了"日本皇军不可战胜"的神话，极大地振奋了全国军民的胜利信心，提高了共产党和八路军的威望。接着，八路军又配合国民党军进行了忻口战役。在八路军实施战略展开的同时，国共两党于 10 月间经过谈判达成协议，将南方 8 个省 15 个地区的红军和游击队（不含广东琼崖红军游击队）改编为国民革命军陆军新编第四军。新四军组建后，即开赴前线参加对日作战。

抗日民族统一战线虽然建立起来了，但对于如何抗战的问题，国共两党存在着严重的分歧。国民党虽然采取了某些积极措施，但实行的是片面抗战路线，即坚持国民党一党专政，不给人民以抗日的民主自由权利，实行单纯政府和军队抗战的路线。中国共产党代表中华民族的利益，抗日的目的是打败日本侵略者，争取抗战胜利成为人民的胜利。为此，1937 年 8 月，中共中央在陕北洛川召开政治局扩大会议，制定了全面抗战路线。抗战初期中国有两个战场——国民党军队担负的正面战场和人民军队开辟的敌后战场。抗战初期，国民党表现出一定的抗日积极性，国民党军队是抗战的主力。国民党军队先后进行平津、淞沪、忻口、太原、徐州、武汉等战役，并取得台儿庄战役的胜利。但是，由于敌我力量悬殊和面对强大日军的进攻，由于国民党实行片面抗战路线和单纯防御的战略方针，造成了正面战场被动和败退的局面。自 1937 年 7 月底从北平、天津撤退到 1938 年 10 月广州、武汉失守，仅仅 1 年零 3 个月的时间，华北、华中以及东南沿海各省的广大国土即沦于敌手。与此不同，中国共产党领导的人民军队贯彻执行全面抗战路线和积极防御的持久战战略方针，在日军占领华北、华中广大地区后，深入敌后，发动和武装群众，开展独立自主的游击战争。太原失陷后，华北战局发生了根本性的变化。当国民党军队从前线撤退下来的时候，中国共产党领导的军队则向日军占领地区大踏步地挺进，开辟敌后战场，建立敌后抗日根据地。共产党领导的敌后游击战争逐步上升到主要地位。

开展敌后游击战争，必须建立和发展根据地，建立和巩固抗日民主政权。1937 年 11 月中旬，八路军三个师和山西新军在晋东北、晋西北、晋东南、晋西南实行战略展开，同地方党组织相结合，建立抗日民主政权。1938 年 1 月 10 日，晋察冀边区军政民代表大会在冀西阜平召开，经过民主选举，成立了晋察冀边区临时行政委员会。这是敌后第一个由共产党领导的统一战线的抗日民主政权。在国共合作抗日的条件下，中国共产党内产生了右倾倾向。为此，毛泽东在 1938 年 5 月发表了《抗日游击战争的战略问题》和《论持久战》两部重要著作，阐明争取抗战胜利的战略方针。这两部著作对于提高全党指导抗日战争的能力起了重要作用。按照持久战的方针，八路军、新四军在敌后积极开展游击战争，建立抗日民主根据地。先后创建了华北的晋察冀、晋西北和大青山、晋冀豫、晋西南、冀鲁边、山东，华中的苏南、皖中、豫东等抗日根据地，有效地打击和牵制了日军的进攻，逐步开辟了广大的敌后战场。新四军各部也利用山区和河湖港汊广泛开展游击战争。同时，共产党人杨靖宇等领导的东北抗日联军更加活跃起来，汉、满、朝鲜等各民族的抗日战士，战斗在白山黑水之间，给日伪军以沉重的打击。

八路军、新四军的战略总后方是以延安为中心的陕甘宁边区。这个总后方的巩固和建设，使中共中央能够顺利地指挥敌后战场的对日作战。大批爱国青年和抗日志士奔向延安，经过培训锻炼后再奔赴抗日前线。中国共产党领导的军队在敌后开展的游击战争，是世界历史上罕见的艰苦战争。面对强大的日军，人民军队只有简陋的武器装备，没有来自后方的枪支弹药的接济；他们创建抗日根据地的地区，大多是穷乡僻壤，物质条件极其恶劣。然而，他们和当地群众结成血肉相连的关系，经过艰苦卓绝的斗争，终于在敌后站稳了脚跟，打开了局面，坚持和发展了抗日游击战争。在领导敌后抗战的同时，中国共产党还加强了在国民党统治区的工作。共产党人还参加了国民党召集的国民参政会。在一段时间内，国共合作的关系比较融洽。中国共产党人从原来比较狭小的环境中走出来，得以同国民党统治区社会各界公开接触，广交朋友，开诚合作；还结识了不少国际友人，争取得到他们的了解和同情。著名国际友人白求恩、柯棣华等便是在这时经武汉前往中共领导的抗日民主根据地的。

1938 年 10 月，日本军队占领广州、武汉以后，由于战线延长，兵力不足，特别是敌后游击战争的发展和抗日根据地的建立，严重威胁着日军的后方，迫使它不得不停止对国民党正面战场的战略进攻。从此，抗日战争进入战略相持阶段。在日本诱降的影响下，国民党内发生了严重的动摇和分裂。以国民党副总裁汪精卫为首的亲日派在 1938 年 12 月公开投降日本，并拼凑伪中央政权；以蒋介石集团为代表的亲英美派虽然继续主张抗日，但表现出很大的动摇性，采取消极抗日、积极反共的政策。1939 年 1 月国民党五届五中全会确定“溶共”、“防共”、“限共”、“反共”方针后，各地的反共武装摩擦日趋严重，接连发生袭击和杀害抗日军民的严重事件。中国共产党坚持抗日民族统一战线的方针，同国民党顽固派的倒行逆施进行了斗争。

1939 年 7 月 7 日，中共中央在为纪念抗战两周年发表的对时局宣言中，提出了“坚持抗战、反对投降，坚持团结、反对分裂，坚持进步、反对倒退”三大政治口号。面对国民党顽固派发动第一次反共高潮，中国共产党按照“有理、有利、有节”的原则，坚决打退了顽固派的军事进攻。毛泽东总结同国民党顽固派斗争的经验，在《目前抗日统一战线中的策略问题》和《论政策》等著作中，全面论述了党在抗日民族统一战线中的策略方针和一系列基本政策，明确提出了发展进步势力，争取中间势力，孤立顽固势力的策略总方针，以及“人不犯我，我不犯人，人若犯我，我必犯人”、“有理、有利、有节”等策略原则。这些方针和原则，保证了党在复杂多变的环境中，能够更加成熟而恰当地处理各种棘手的问题，不断取得成功。中国共产党领导的军队在打退国民党顽固派制造的反共摩擦事件的同时，逐渐肩负起抗击日军的主要责任，筑起了人民战争的铜墙铁壁。从 1938 年冬到 1940 年两年多的时间里，敌后游击战争在广大地区内积小胜为大胜，歼灭日军的有生力量，使人民抗日力量在战斗中发展壮大起来，并发展和巩固了抗日根据地，在全民族抗战中发挥着日益重大的作用。敌后战场逐渐成为抗日战争的主要战场，尤其是 1940 年发动了“百团大战”，沉重地打击敌军，激发了全国人民的抗战热情，进一步提高了共产党和八路军的威望。与此同时，新四军各部贯彻党中央“发展华中”的战略方针，建立了皖东、豫皖苏、皖东北、豫鄂、苏北等抗日根据地，坚持和扩大苏南、皖中等根据地，沟通了华北与华中抗日根据地的联系。在华南，党领导的抗日武装创建和发展东江、琼崖等抗日游击根据地，开展广泛的抗日游击战争。日本侵略者陷入人民战争的汪洋大海之中。到 1940 年年底，党领导的军队由抗战开始时的 5 万余人发展到 50 万人，还有大量地方武装和民兵。抗日根据地发展到跨华北、华中、华南的广大地区，加上陕甘宁边区共17块近1亿人口。党领导的敌后抗战，大量牵制、消灭日军，在全民族抗战中发挥着日益重要的作用，逐步成为中国抗战的重心。

在沦陷区城市和交通要道，党的地下组织实行隐蔽精干、长期埋伏、积蓄力量、以待时机的方针，彻底转变工作方式，深入群众，以隐蔽的方式开展抗日宣传教育和统一战线工作，领导人民进行多种形式的抗日斗争，牵制敌人的兵力，打击日伪统治，支持和配合了敌后游击战争和抗日根据地的建立与巩固。党在国民党统治区的工作也取得新的进展。1939年1月，中共中央南方局在重庆成立。在周恩来、董必武等人领导下，南方局在统一战线、党的建设、宣传文化、群众工作等方面进行了艰苦而卓有成效的工作。

1941年初，国民党顽固派制造震惊中外的皖南事变。面对国民党顽固派掀起的又一次反共高潮，共产党采取军事上严守自卫、政治上坚决反击的方针。全国人民及国际舆论普遍同情共产党，谴责国民党当局消灭异己、破坏抗战。国民党顽固派陷于极端孤立的境地，其反共活动不得不有所收敛。党以大局为重的正确措置，使极度危急的国内时局得以扭转，党在全国的政治地位空前提高。

1941年至1942年，是世界法西斯势力极为猖狂，中国敌后抗战最为困难的时期。日本法西斯企图把中国变成它进行太平洋战争的后方基地，决意加紧对华作战。日军在华北反复进行“治安强化运动”，对占领区人民实行残暴的殖民统治、经济掠夺和奴化教育，对各抗日根据地进行空前残酷的“扫荡”“清乡”和“蚕食”，采取野蛮的烧光、杀光、抢光政策，使用毒气和细菌武器，制造无人区，企图摧毁抗日军民的生存条件，彻底消灭共产党及其领导的抗日武装。中国共产党和抗日军民没有被困难所吓倒，党领导敌后军民充分发挥人民战争的威力，创造和运用麻雀战、地道战、地雷战、破袭战、水上游击战以及派遣武工队等多种有效的歼敌方法，开展反“扫荡”、反“清乡”和反“蚕食”斗争，给日、伪军以有力的打击。1941 年至 1942 年间，人民军队共作战 4.2 万次，毙伤俘敌军 33.1 万余人。敌后抗战牵制、消灭了大量日军，成为中国坚持长期抗战最重要的因素，也是对世界反法西斯战争的重要支持。为克服敌后抗战的严重困难，党采取多种有力的政策措施，进一步加强抗日根据地建设，积极开展大生产运动和整风运动。

1943 年后，世界反法西斯战争取得一系列重大胜利，党领导的人民抗日力量也渡过严重困难，进入再发展时期，华北抗日军民开始对敌军发起攻势作战。进入 1944 年，各根据地军民普遍对日、伪军展开局部反攻，恢复和扩大原有根据地，并向敌后进军，开辟新的抗日根据地。一年中，共作战约 2 万次，歼灭敌军近 20 万人，攻克县城 20 多座，解放人口 1700 多万。这时，国民党仍然采取避战观战的态度和限共反共政策。1943 年，国民党顽固派发动第三次反共高潮，但尚未发展成大规模武装进攻便被制止。1944 年豫湘桂战役中，国民党军一败涂地，8 个月丢失 146 座城市、20 多万平方公里的国土。国民党在军事上的溃败和统治区内政治经济危机的加深，激起各阶层人士的强烈不满。国民党统治区民主运动迅速高涨。在德国法西斯面临彻底覆灭和中国抗战接近胜利的前夜，1945 年 4 月 23 日至 6 月 11 日，中国共产党第七次全国代表大会在延安隆重召开，在革命面临新的重大转变的关键时刻，对全党给予及时正确的指导，为争取抗战的胜利和新民主主义革命在全国的胜利奠定了政治和思想基础。大会以后，全党紧密团结在以毛泽东同志为核心的党中央周围，贯彻七大路线，去夺取抗日战争的最后胜利和新民主主义革命在全国的胜利。

1945 年上半年，世界反法西斯战争进入最后胜利阶段。5 月 2 日，苏联红军攻克柏林；8 日，德国法西斯战败投降。在中国战场，共产党领导人民军队发动夏季攻势作战，对日军占领的点线包围得越来越紧，打通了许多解放区之间的联系，在行动上取得主动地位，逐步实现由游击战向运动战的转变，为转入全面反攻创造了重要条件。沦陷区城市党组织积极开展瓦解日、伪军工作，组织地下军，准备发动武装起义，里应外合，配合反攻。

7 月 26 日，中、美、英三国发表波茨坦公告，促令日本投降。8 月 6 日和 9 日，美国先后在日本的广岛和长崎各投下一枚原子弹。8 月 8 日，苏联发表对日作战宣言。9 日，苏军进入中国东北，向日本关东军大举进攻。在极为有利的国际形势下，中国抗日战争进入全面反攻阶段。

此时，国民党军队主要集中在西南、西北地区，而日军在华北、华中和华南占领的大部分城镇、交通要道都处在共产党领导的敌后军民的包围中，对日全面反攻的任务，也就主要由敌后抗日根据地的人民军队来进行。8 月 9 日，毛泽东发表《对日寇的最后一战》的声明。根据延安总部的指示和命令，各抗日根据地军民向日、伪军发起猛烈的全面反攻，很快解放县以上城市 150 余座。8 月 15 日，日本天皇宣布无条件投降。9 月 2 日，日本代表在向同盟国的投降书上签字。日本军队 128 万人向中国投降。至此，中国抗日战争胜利结束，世界反法西斯战争也胜利结束。中华民族为赢得抗日战争的胜利作出了巨大的牺牲。中国抗战的历程表明，中国共产党及其领导的人民抗日力量，是全民族利益最坚定的维护者，是团结抗战的中流砥柱，是取得抗战胜利的决定性力量。党在敌后的艰苦条件下，广泛发动、组织和武装以农民为主力的各阶层群众，开展游击战，使日本侵略者陷于人民战争的汪洋大海之中。党领导的人民抗日力量对敌作战 12.5 万次，消灭日、伪军 171.4 万人。党在抗战中发展为有 120 多万党员的大党，人民军队发展到 120 余万人，民兵 260 多万人，抗日民主根据地面积达到近 100 万平方公里，人口近 1 亿。所有这些，为夺取整个新民主主义革命的胜利，奠定了坚实的基础。

六、跳出“历史周期率”

1945 年，中共决定不参加国民参政会，对国民党意图召开一党包办的国大以示抗议。国共之间的紧张局面，引起中间势力的严重不安。6 月，国民参政员褚辅成、黄炎培、冷遹、王云五、左舜生、傅斯年、章伯钧从重庆致电毛泽东和周恩来，大意是讲：团结问题的政治解决为全体国人所渴望，希望继续商谈。毛泽东、周恩来复电表示愿意商谈，并欢迎他们到延安来。7 月 1 日，褚辅成、黄炎培、冷遹、傅斯年、左舜生、章伯钧从重庆飞抵延安（王云五因病未能成行）。7 月 4 日，毛泽东特邀黄炎培等到他家里做客。他们谈了一个下午。最后，毛泽东诚恳地问黄老：您来延安考察了几天，都有什么感想？黄炎培坦率地说：“我生六十多年，耳闻的不说，所亲眼看到的，真所谓‘其兴也浡焉’，‘其亡也忽焉’，一人，一家，一团体，一地方，乃至一国，不少单位都没能跳出这周期率的支配力。”黄炎培说：“大凡初时聚精会神，没有一事不用心，没有一人不卖力。也许那时艰难困苦，只有从万死中觅取一生。既而环境渐渐好转了，精神也就渐渐放下了。有的因为历时长久，自然地惰性发作，由少数演为多数，到风气养成，虽有大力，无法扭转，并且无法补救。也有为了区域一步步扩大了，它的扩大，有的出于自然发展，有的为功业欲所驱使，强求发展，到干部人才渐见竭蹶、艰于应付的时候，环境倒越加复杂起来了，控制力不免趋于薄弱了。一部历史，‘政怠宦成’的也有，‘人亡政息’的也有，‘求荣取辱’的也有。总之没有能跳出这周期率。”听了黄炎培的耿耿诤言，毛泽东高兴地答道：“我们已经找到了新路，我们能跳出这个周期率。这条新路，就是民主。只有让人民来监督政府，政府才不敢松懈；只有人人起来负责，才不会人亡政息。”

黄炎培的担心在中国历史上是有充分根据的，中国历史上长的王朝几百年，短的也就几年，几个月，几天。自秦王朝到清共 62 个正式的王朝，平均统治时间 60 年，就是跳不出先兴后衰的周期率。毛泽东的回答是自信的，因为中国共产党刚刚开过七大，在七大上总结了中国共产党领导中国民主革命 24 年中曲折发展的历史经验，特别是总结了 14 年抗战的经验，制定出打败日本侵略者，成立新中国的正确的纲领和策略；批评了党内的错误思想，系统地阐明党的优良传统和作风，使全党的认识在马克思列宁主义、毛泽东思想的基础上统一起来；选举产生以毛泽东为首的中央领导集体，使全党在组织上达到空前的团结。

在日本投降后，蒋介石一方面以中国战区统帅的名义命令日军就地集中并固守待降，命令八路军等中共所属武装力量就地待命不得受降，同时命令其他国民党军队日夜兼程向日军占领区后方进军；另一方面又接连发出电报，邀请毛泽东到重庆谈判。为避免内战再起，1945 年 8 月 28 日，毛泽东率领中国共产党代表团从延安飞抵重庆。10 月 10 日，国共双方代表签订了《政府与中共代表会谈纪要》(即《双十协定》，就和平建国的基本方针、政治民主化、国民大会、党派合作、军队国家化、解放区地方政府等 12 个问题阐明了国共双方的见解，给中国人民带来了和平、民主、团结的希望和曙光。但在 1946 年，国民党统治集团违背全国人民迫切要求休养生息、和平建国的意愿，悍然撕毁《双十协定》，发动内战，以进攻中原解放区为起点，国民党军发动了对解放区的全面进攻。在敌强我弱的情况下，中共中央制定了正确的政治方针和军事方针，建立广泛的人民民主统一战线。为配合解放战场的斗争，我们党在解放区实行减租和土改；在国民党统治区开展反内战、反饥饿的民主运动，形成了反对蒋介石的第二条战线。1947 年 6 月底，以刘邓大军渡过黄河、千里跃进大别山为标志，人民解放军由战略防御转入战略进攻。随着解放战争的不断胜利，敌我力量对比发生重大变化。从 1948 年 9 月起，中共中央抓住有利时机组织战略决战，先后发起了辽沈、淮海、平津战役，基本上消灭了国民党军的主力。

1949 年 3 月，党的七届二中全会的召开为夺取全国胜利和建立新中国做了政治、思想上的准备。党的七届二中全会后，1949 年 3 月 23 日上午，毛泽东率领中共中央机关离开中国革命的最后一个农村指挥所——西柏坡，向北平进发。临行前，毛泽东对周恩来说，今天是进京的日子，进京“赶考”去。周恩来说，我们应当都能考试及格，不要退回来。毛泽东说，退回来就失败了。我们决不当李自成，我们都希望考个好成绩。2008 年 1 月 12 日，时任中共中央政治局常委、中央书记处书记的习近平同志赴西柏坡学习考察。在七届二中全会旧址重温毛泽东同志的重要讲话后，习近平同志语重心长地说：“当年新中国是从这里走出去的，毛主席等老一代无产阶级革命家从西柏坡‘进京赶考’。直到今天，‘两个务必’的教育还远未结束，继续‘赶考’的任务也远未结束。我们一代一代共产党人都要不断地接受人民的‘考试’、执政的‘考试’，向人民和历史交出满意的答卷。”2009 年，时值新中国成立 60 周年。当时兼任中央党校校长的习近平同志出席中央党校 2009 年秋季学期开学典礼，并发表讲话指出：新中国成立前夕，毛泽东同志把我们党在全国执政比作进京“赶考”，提出“我们决不当李自成，我们都希望考个好成绩”。60 年过去了，实践表明我们党在这场“考试”中是合格的，人民是满意的。2013 年 7 月，习近平总书记在河北调研指导党的群众路线教育实践活动时又一次提到“赶考”，他说：应该说，党面临的“赶考”远未结束。我们党要带领人民实现全面建成小康社会的奋斗目标，不断坚持和发展中国特色社会主义，就是这场考试的继续。2016 年 7 月 1 日，在庆祝中国共产党成立 95 周年大会上，习近平总书记再次讲到，1949 年 3 月 23 日上午，党中央从西柏坡动身前往北京时，毛泽东同志说，“今天是进京赶考的日子”。60 多年的实践证明，我们党在这场历史性考试中取得了优异成绩。同时，这场考试还没有结束，还在继续。今天，我们党团结带领人民所做的一切工作，就是这场考试的继续。

1949 年 9 月，中国人民政治协商会议在北平召开，迎接新中国的到来。会议决定新中国的名称为中华人民共和国，国都定于北平（1949 年 9 月 27 日，改名为北京），采用公元纪年，国歌未制定前以《义勇军进行曲》为代国歌，国旗定为五星红旗。这次会议代行了全国人民代表大会的职权，通过了具有临时宪法性质的《中国人民政治协商会议共同纲领》；制定了《中国人民政治协商会议组织法》、《中华人民共和国中央人民政府组织法》。根据这两项组织法，会议选举毛泽东为中国人民政治协商会议全国委员会主席，周恩来、李济深、沈钧儒、陈叔通为副主席；选举毛泽东为中华人民共和国中央人民政府主席，朱德、刘少奇、宋庆龄、李济深、张澜、高岗为副主席；选举周恩来等 56 人为委员，组成中央人民政府委员会；会议还选出了由 180 人组成的政协第一届全国委员会。1949 年 10 月 1 日下午 2 时，中央人民政府委员会在中南海勤政殿举行第一次会议。会议通过决议：宣告中华人民共和国中央政府成立，接受《中国人民政治协商会议共同纲领》为中央人民政府的施政方针。从中南海东门，前往天安门城楼出席开国大典。下午 3 时整，中央人民政府秘书长林伯渠宣布开国大典正式开始。毛泽东向全国、全世界庄严宣布：中华人民共和国中央人民政府今天成立了！

中华人民共和国的成立，是中国共产党领导中国人民进行新民主主义革命取得全国胜利的结果。新中国成立之初，党和人民政府面临着很多困难及严峻考验。军事上，国民党反动派的上百万军队还在负隅顽抗。经济上，我们所继承的是一个十分落后的、千疮百孔的烂摊子。国际上，美国拒绝承认并竭力阻挠其他国家承认新中国，阻挠恢复中华人民共和国在联合国的合法席位，对新中国实行政治孤立、经济封锁和军事包围的政策。从 1949 年 10 月中华人民共和国成立到 1956 年基本完成社会主义改造，在中国共产党的领导下，我国相继实现了从半殖民地半封建社会到民族独立、人民当家作主的新社会，从新民主主义到社会主义的两个历史性转变，为当代中国一切发展进步奠定了根本的政治前提和制度基础。其间，我们采取各项措施稳定物价，统一财经，恢复了国民经济；规定了新中国外交的基本原则；取得追歼国民党残敌战斗的完全胜利，在新解放区，人民解放军进行大规模的剿匪作战。和平解放西藏，捍卫了国家的主权和领土完整，为逐步废除西藏封建农奴制度、实现藏民族的新生奠定了基础。取得抗美援朝战争的胜利，提升了国际地位；领导了大规模的土地制度改革运动及其他各项新民主主义改革和建设，为大规模有计划的经济建设准备了条件。开展“三反”、“五反”运动，取得很大成就。

1952年年底，根据毛泽东的建议，中共中央提出了党在过渡时期的总路线：“从中华人民共和国成立，到社会主义改造基本完成，这是一个过渡时期。党在这个过渡时期的总路线和总任务，是要在一个相当长的时期内，逐步实现国家的社会主义工业化，并逐步实现国家对农业、手工业和资本主义工商业的社会主义改造。”按照这条总路线的要求，党采取了一系列适合中国特点的过渡形式，对农业、手工业和资本主义工商业进行了社会主义改造，在较短的时间里，实现了生产资料所有制的深刻变革，基本消灭了剥削制度，初步建立了社会主义基本制度，中国由此进入社会主义初级阶段。面对怎样建设社会主义的新课题，党带领全国人民在不断探索中前进。1956年，党的八大提出国内的主要矛盾已不是阶级矛盾，党和国家的主要任务是发展生产力。在党的八大的正确路线指引下，党在这一时期的社会主义建设中取得了初步成果，其中包括《论十大关系》、《关于正确处理人民内部矛盾的问题》的发表“八字方针”的提出和“七千人大会”的总结。而反右派斗争的扩大化、“大跃进”、人民公社化运动等，是在曲折的探索过程中出现的严重失误。虽然经历了一段曲折的发展，我国这一时期的社会主义建设仍然取得了较大成就。

1966年5月中共中央政治局扩大会议和同年8月中共八届十一中全会的召开，是“文化大革命”全面发动的标志。“文化大革命”期间，在党的领导层内及广大干部、群众中，对“左”倾错误和极左思潮不同程度、不同形式的抵制与抗争始终存在，并不断发展，使“文化大革命”的破坏作用受到一定限制。1976年10月，中共中央顺应人民意志，采取断然措施，一举粉碎林彪、江青两个反革命集团，结束了长达10年的“文化大革命”，为党和国家进入新的历史时期创造了前提条件。

七、改革开放是决定当代中国命运的关键一招

改革开放是我们党的一次伟大觉醒，正是这个伟大觉醒孕育了我们党从理论到实践的伟大创造。党的十一届三中全会是在党和国家面临何去何从的重大历史关头召开的。当时，世界经济快速发展，科技进步日新月异，而“文化大革命”十年内乱导致我国经济濒临崩溃的边缘，人民温饱都成问题，国家建设百业待兴。党内外强烈要求纠正“文化大革命”的错误，使党和国家从危难中重新奋起。邓小平同志指出：“如果现在再不实行改革，我们的现代化事业和社会主义事业就会被葬送。”实践证明，只有社会主义才能救中国，只有改革开放才能发展中国、发展社会主义、发展马克思主义。必须坚持和完善中国特色社会主义制度，不断推进国家治理体系和治理能力现代化，坚决破除一切不合时宜的思

想观念和体制机制弊端，突破利益固化的藩篱，吸收人类文明有益成果，构建系统完备、科学规范、运行有效的制度体系，充分发挥我国社会主义制度优越性。

1978 年，我们党召开具有重大历史意义的十一届三中全会，开启了我国历史上一个新的时期。新时期最鲜明的特点是改革开放。从农村到城市、从经济领域到其他各个领域，全面改革的进程势不可当地展开了；从沿海到沿江沿边，从东部到中西部，对外开放的大门毅然决然地打开了。从那时以来，中国共产党人和中国人民以一往无前的进取精神和波澜壮阔的创新实践，谱写了中华民族自强不息、顽强奋进新的壮丽史诗，中国的面貌、中华民族的面貌、中国人民的面貌、中国共产党的面貌发生了历史性变化。回顾改革开放的历史，饱含着几代中国共产党人的奠基、开创、推进和发展。一是以毛泽东同志为主要代表的中国共产党人为社会主义改革开放奠定了基础。改革开放伟大事业，是在以毛泽东同志为主要代表的中国共产党人创立毛泽东思想，带领全党全国各族人民建立新中国、取得社会主义革命和建设伟大成就以及艰辛探索社会主义建设规律取得宝贵经验的基础上进行的。新民主主义革命的胜利，社会主义基本制度的建立，为当代中国一切发展进步奠定了根本政治前提和制度基础。二是以邓小平同志为主要代表的中国共产党人开启了改革开放的历程。改革开放伟大事业，是以邓小平同志为主要代表的中国共产党人带领全党全国各族人民开创的。面对十年“文化大革命”造成的危难局面，坚持解放思想、实事求是，以巨大的政治勇气和理论勇气，科学评价毛泽东同志和毛泽东思想，彻底否定“以阶级斗争为纲”的错误理论和实践，作出把党和国家工作中心转移到经济建设上来、实行改革开放的历史性决策，确立社会主义初级阶段基本路线，吹响走自己的路、建设中国特色社会主义的时代号角，创立邓小平理论，指引全党全国各族人民在改革开放的伟大征程上阔步前进。三是以江泽民同志为主要代表的中国共产党人推进了社会主义改革开放的发展。改革开放伟大事业，是以江泽民同志为主要代表的中国共产党人带领全党全国各族人民继承、发展并成功推向二十一世纪的。从十三届四中全会到十六大，以江泽民同志为主要代表的中国共产党人高举邓小平理论伟大旗帜，坚持改革开放、与时俱进，在国内外政治风波、经济风险等严峻考验面前，依靠党和人民，捍卫中国特色社会主义，创建社会主义市场经济新体制，开创全面开放新局面，推进党的建设新的伟大工程，创立“三个代表”重要思想，继续引领改革开放的航船沿着正确方向破浪前进。四是以胡锦涛同志为主要代表的中国共产党人把社会主义改革开放发展到更高、更新的阶段。党的十六大以来，以胡锦涛同志为主要代表的中国共产党人，坚持以邓小平理论、“三个代表”重要思想为指导，顺应国内外形势发展变化，抓住重要战略机遇期，发扬求真务实、开拓进取精神，坚持理论创新和实践创新，着力推动科学发展、促进社会和谐，完善社会主义市场经济体制，在全面建设小康社会实践中坚定不移地把改革开放伟大事业继续推向前进。五是党的十八大以来把改革开放推进了全面深化的新阶段。习近平总书记在党的十八届三中全会上所作的《关于〈中共中央关于全面深化改革若干重大问题的决定〉的说明》中指出，正是从历史经验和现实需要的高度，党的十八大以来，中央反复强调，改革开放是决定当代中国命运的关键一招，也是决定实现“两个一百年”奋斗目标、实现中华民族伟大复兴的关键一招，实践发展永无止境，解放思想永无止境，改革开放也永无止境，停顿和倒退没有出路，改革开放只有进行时、没有完成时。面对新形势新任务，我们必须通过全面深化改革，着力解决我国发展面临的一系列突出矛盾和问题，不断推进中国特色社会主义制度自我完善和发展。”因此，以党的十八届三中全会为标志，中国吹响了全面深化改革的进军号角。

习近平总书记在庆祝改革开放 40 周年大会上高度评价了 40 年来改革开放的成功实践和伟大实践，指出：“40 年的实践充分证明，改革开放是党和人民大踏步赶上时代的重要法宝，是坚持和发展中国特色社会主义的必由之路，是决定当代中国命运的关键一招，也是决定实现‘两个一百年’奋斗目标、实现中华民族伟大复兴的关键一招。”

改革开放是党在新的时代条件下带领人民进行的新的伟大革命，目的就是要解放和发展社会生产力，实现国家现代化，让中国人民富裕起来，振兴伟大的中华民族；就是要推动我国社会主义制度自我完善和发展，赋予社会主义新的生机活力，坚持和发展中国特色社会主义；就是要在引领当代中国发展进步中加强和改进党的建设，保持和发展党的先进性，确保党始终走在时代前列。中国共产党在 98 年的历史进程中，先后领导过中国的新民主主义革命和社会主义革命，领导了改革开放这场新革命。

习近平总书记在庆祝改革开放 40 周年大会上的讲话中指出：“改革开放是中国人民和中华民族发展史上一次伟大革命，正是这个伟大革命推动了中国特色社会主义事业的伟大飞跃！”改革开放之所以是一场伟大革命，是由以下几个基本原因所决定的。首先，因为它具有革命的性质。革命从其本质上而言，就是要扫除发展社会生产力的障碍，使中国摆脱贫落后的状态。我们党所领导的改革开放的实质，就是要从根本上改变束缚生产力发展和社会进步的各种具体制度，以适应社会主义现代化建设的需要。这就是说，革命是解放生产力，改革开放也是解放生产力，而且从实践中来看，无论是改革开放在解放生产力和发展生产力方面所起的巨大作用，还是改革开放引起我国社会关系、社会生活以及人们的思想观念变革的深度和广度，都可以说是开始了一场伟大革命。其次，改革开放之所以是一场伟大革命，还因为改革不是对旧体制的细枝末节的修补，而是具有深刻性、根本性、全面性、革命性的变革。因此，改革开放在人类历史上的作用无异于一场革命。

改革开放之所以是一场新的伟大革命，是相对于新民主主义革命和社会主义革命而言的。这个“新”就新在：首先，革命的具体环境发生了新的变化。中国共产党领导的新民主主义革命是在共产党处于革命党、国家处于半封建半殖民地的条件下爆发的革命，中国共产党领导的社会主义革命是在共产党成为执政党、国家由新民主主义向社会主义过渡的历史条件下的革命，而改革开放是在中国共产党长期处于执政地位、国家已经进入社会主义初级阶段条件下开展的革命。其次，革命的直接目的发生了新的变化。新民主主义革命的直接目的是推翻帝国主义、封建主义、官僚资本主义三座大山，实现民族独立和人民解放；社会主义革命的直接目的是消灭剥削阶级和剥削制度，使中国人民成为国家的主人，建立一个社会主义的新中国；改革开放这场革命的直接目的，则是使中国摆脱贫穷落后的面貌，建立一个富强民主文明和谐美丽的社会主义现代化强国。最后，革命的具体道路和方式发生了新的变化。新民主主义革命的道路是“农村包围城市、武装夺取政权”的暴力革命道路，我国社会主义革命的道路是通过以实现国家工业化、对农业手工业和资本主义工商业进行社会主义改造即"一化三改"的和平道路，而社会主义改革开放的道路则是在坚持社会主义根本制度的前提下对阻碍生产力发展的一切具体制度和体制、机制进行彻底变革，是社会主义制度的自我完善和发展。这就是说，改革开放是中国共产党领导全国人民，依据人类社会发展规律，特别是社会主义建设规律，自觉地调整生产力与生产关系、经济基础和上层建筑之间的矛盾关系，使生产关系适应生产力特别是先进生产力的发展要求，使上层建筑适应经济基础发展状况，使社会主义制度不断得到完善和发展，人民生活水平明显提高。

革命就是解放生产力，改革开放作为一场新的时代条件下的新的伟大革命，也极大地解放了生产力，成为发展中国特色社会主义的强大动力。改革开放以来，我们党实施现代化建设"三步走"战略，带领人民艰苦奋斗，推动我国以世界上少有的速度持续快速发展起来。我国经济从一度濒于崩溃的边缘发展到总量跃至世界第二，中国人民迎来了从温饱不足到小康富裕的伟大飞跃。在经济建设取得巨大成就的同时，政治建设、文化建设、社会建设以及生态文明建设都迈出了新步伐。中国的发展，不仅使中国人民稳步地走上富裕安康的广阔道路，而且为世界经济发展和人类文明进步作出了重大贡献。我国改革开放的实践证明，改革开放这场历史上从未有过的大改革大开放，极大地调动了亿万人民的积极性，使我国成功实现了从高度集中的计划经济体制到充满活力的社会主义市场经济体制、从封闭半封闭到全方位开放的伟大历史转折。今天，一个面向现代化、面向世界、面向未来的社会主义中国巍然屹立在世界东方。

回顾改革开放以来的历程，每一次重大改革都给党和国家发展注入新的活力、给事业前进增添强大动力，党和人民的事业在不断深化改革中波浪式向前推进。改革开放以来特别是党的十八大以来以习近平同志为核心的党中央以前所未有的决心和力度推进全面深化改革，作出一系列重大战略部署，先后出台重点改革文件 360 多个，推出改革举措 1600 多项。广大干部群众积极投身改革，汇聚起推进全面深化改革的强大正能量，谱写了改革新篇章。

一个时代有一个时代的问题，一代人有一代人的使命。虽然我们已走过万水千山，但仍需要不断跋山涉水。我国改革开放历经 40 多年的伟大实践，走到了一个新的历史关头。随着改革不断向纵深推进，可以说容易的、皆大欢喜的改革已经完成了，好吃的肉都吃掉了，剩下的都是难啃的硬骨头。矛盾越大，问题越多，越要攻坚克难、勇往直前。习近平总书记强调，改革开放只有进行时、没有完成时。改革是由问题倒逼而产生，又在不断解决问题中得以深化。改革进程中的矛盾只能用改革的办法来解决。新时代全面深化改革，必须自强不息、自我革新，逢山开路、遇水架桥，敢于啃硬骨头，敢于涉险滩，敢于向积存多年的顽瘴痼疾开刀，勇于突破利益固化的藩篱，将改革进行到底。

全面深化改革，要求我们必须深刻理解、始终坚持党的十一届三中全会以来的路线方针政策，坚定不移地高举中国特色社会主义伟大旗帜；要求贯彻落实习近平新时代中国特色社会主义思想，提高全面深化改革的自觉性和坚定性；要求我们统筹把握中国特色社会主义总体布局，构建有利于推进全面深化改革的体制机制；要求我们毫不动摇地坚持改革方向，提高改革决策的科学性，增强改革措施的协调性；要求我们不断完善社会主义市场经济体制，推进各方面体制改革创新，加快重要领域和关键环节改革步伐，为发展中国特色社会主义提供强大动力和体制保障；要求我们必须坚持把人民对美好生活的向往作为正确处理改革发展稳定关系的结合点，使改革始终得到人民拥护和支持。

全面深化改革，要求我们必须认真总结和借鉴改革开放多年的基本经验，始终把坚持马克思主义基本原理同推进马克思主义中国化结合起来，把坚持四项基本原则同坚持改革开放结合起来，把尊重人民首创精神同加强和改善党的领导结合起来，把坚持社会主义基本制度同发展市场经济结合起来，把推动经济基础变革同推动上层建筑改革结合起来，把发展社会生产力同提高全民族文明素质结合起来，把提高效率同促进社会公平结合起来，把坚持独立自主同参与经济全球化结合起来，把促进改革发展同保持社会稳定结合起来，把推进中国特色社会主义伟大事业同推进党的建设新的伟大工程结合起来，把改革开放推向一个新的高度，使改革开放对坚持和发展中国特色社会主义作出更大的贡献。

全面深化改革，必须把改革放在建设中国特色社会主义新的伟大实践中继续推进。全面深化改革的根本目的就是要坚持和发展中国特色社会主义。因为中国特色社会主义是党和人民长期实践取得的根本成就。中国特色社会主义是中国共产党和中国人民团结的旗帜、奋进的旗帜、胜利的旗帜。我们要全面深化改革，并使改革在全面建成小康社会、加快推进社会主义现代化、实现中华民族伟大复兴的伟大实践中提供强大动力，就必须始终高举中国特色社会主义伟大旗帜，坚定不移坚持和发展中国特色社会主义。

开放也是改革。以开放促改革、促发展，是我国发展不断取得新成就的重要法宝。改革不停顿，开放不止步。习近平总书记强调："中国开放的大门不会关闭，只会越开越大！"

改革不是改向，变革不是变色。不实行改革开放死路一条，搞否定社会主义方向的"改革开放"也是死路一条。我们要有主张、有定力。改什么、怎么改必须以是否符合完善和发展中国特色社会主义制度、推进国家治理体系和治理能力现代化的总目标为根本尺度，该改的、能改的我们坚决改，不该改的、不能改的坚决不改，决不能在根本性问题上出现颠覆性错误。我们要坚持党的基本路线，把以经济建设为中心同坚持四项基本原则、坚持改革开放这两个基本点统一于新时代中国特色社会主义伟大实践，长期坚持，决不动摇。

总之，当今世界，变革创新的潮流滚滚向前。"苟利于民，不必法古；苟周于事，不必循俗。"变革创新是推动人类社会向前发展的根本动力。谁排斥改革，谁拒绝创新，谁就会落后于时代，谁就会被历史淘汰。我国过去的快速发展靠的是改革开放，我国未来发展也必须坚定不移依靠改革开放。面对未来，要破解发展面临的各种难题，化解来自各方面的风险和挑战，更好发挥中国特色社会主义制度优势，推动经济社会持续健康发展，除了深化改革开放，别无他途。40 多年改革开放的实践证明，没有改革开放，就没有中国的今天，也就没有中国的明天。改革开放中的矛盾只能用改革开放的办法来解决。全党同志要充分看到和利用我们所具备的全面深化改革的有利条件、实践基础、理论准备和良好氛围，要把握大局、审时度势、统筹兼顾、科学实施，充分调动各方面积极性，推动全面深化改革向纵深发展。

八、一项“新的伟大工程”

1939年10月，毛泽东同志在《〈共产党人〉发刊词》一文中，把党的建设比喻为“伟大的工程”，强调要“建设一个全国范围的、广大群众性的、思想上政治上组织上完全巩固的布尔什维克化的中国共产党”，创造性地提出并解决了在中国这种特殊的社会历史条件下建设马克思主义政党的一系列重大问题。

中国共产党成立后，面临的一个巨大问题就是如何进行自身建设。大革命时期，由于受共产国际影响，“城市中心论”在党内占据主导地位。在党的自身建设上也是受到“左”倾错误严重的影响，没有找到适合自身的建设道路。1927年第一次国内革命战争失败以后，中国共产党把工作重心由城市转到农村，开始探索适合中国国情的革命道路，在农村发动群众，开展游击战争，进行土地革命，建立红色政权，恢复和发展了党的组织，开辟了井冈山革命根据地。1928年4月下旬，朱德、陈毅率领的南昌起义武装与毛泽东率领的秋收起义武装在井冈山胜利会师，会师后整编成立了中国工农革命军第四军（后改称工农红军第四军），毛泽东任党代表，朱德任军长，红四军就是名扬天下的朱毛红军。在井冈山，在农村中发展党的组织，面临一个重大的情况就是旧中国是一个以农业经济为主要成分、封建主义影响较深的国家，农民、小资产阶级人数众多，产业工人人数很少，在长期的农村和游击战争的环境中，如果按照传统的观点吸收大批的工人阶级入党几乎没有可能。毛泽东曾经写道：边界的经济，是农业经济，社会组织是普遍地以一姓为单位的家族组织。党在村落中的组织，因居住关系，许多是一姓的党员为一个支部，支部会议简直同时就是家族会议。在这种情形下，“斗争的布尔什维克党”的建设是一件异常艰难的事情。大量的农民和其他小资产阶级分子入党，势必把各种非无产阶级思想带到党内来，造成党在思想上和组织上的不纯。党内小资产阶级思想的存在深刻地反映在党的建设的各个方面，如在政治上容易“左”右摇摆，走极端；在组织上表现为个人主义和宗派主义；在作风上常常是理论与实际相分离。如何保证党的无产阶级性质，就成为当时中国共产党建设的突出问题。毛泽东正是在这样的背景下提出了着重从思想上建党的重要思想。

1928 年，毛泽东同志在《井冈山的斗争》一文中指出：“无产阶级思想领导的问题，是一个非常重要的问题。边界各县的党几乎完全是农民成分的党，若不给以无产阶级的思想领导，其趋向是会要错误的。”这是党着重从思想上建党原则的最初表达。毛泽东同志提出，不能无视中国是农业大国、农民占大多数这一基本国情，不能搞“唯成分论”。因为仅仅是党员的社会出身，还不能决定一切，决定的东西是我们党的政治斗争和政治生活，是我们党的思想教育、思想领导和政治领导。毛泽东同志指出，为把党建设成为一个群众性的马克思主义政党，采取关门主义的态度是不行的，但对农民及小资产阶级的思想姑息迁就、放任自流的态度也是不行的。他认为，克服党内的小资产阶级思想，最根本的是对党员进行思想教育。1945 年 4 月，毛泽东同志在《论联合政府》一文中指出：“掌握思想教育，是团结全党进行伟大政治斗争的中心环节。如果这个任务不解决，党的一切政治任务是不能完成的。”

1929 年 12 月，毛泽东同志在古田会议上明确提出要将党内思想教育列为最迫切的任务之一，坚决纠正党内的各种错误思想，首次提出了思想建党的要求。当时是实行工农武装割据，军队是实现“工农武装割据”的主要条件，党对革命的领导主要表现在对革命军队的领导。毛泽东强调党必须领导军队，指出有无党的领导是“红军”和“白军”的根本区别，彻底纠正党内的各种非无产阶级思想，才能使党担负起领导革命的伟大任务。毛泽东同志还深刻阐明了着重从思想上建党思想的基本思路。他具体分析了党内的思想状况，指出党内各种错误思想的来源主要是党内农民和其他小资产阶级成分的大量增加，而党内对错误思想缺乏坚决的斗争和对党员缺乏正确路线的教育，则是使错误思想得以存在和发展的重要原因。为了着重从思想上加强党的建设，必须反对主观主义及各种各样的个人主义。在党内生活中，必须实行民主集中制，加强党的纪律，反对极端民主化倾向，实行少数服从多数、下级服从上级，厉行集中指导下的民主。阐明了正确开展党内的思想斗争的方法，这就是用批评和自我批评的方法，帮助党员和党组织改正思想上、政治上、组织上的错误，加强党的组织，增强党的战斗力。之后，1935 年 12 月召开的瓦窑堡会议，确定了从思想上建党的方针，系统论述了思想建党的基本原则和基本方法，明确提出“应该使党变为一个共产主义的熔炉”，这标志着毛泽东同志关于从思想上建党理论的形成。

1939 年 10 月，毛泽东同志在《〈共产党人〉发刊词》一文中指出，统一战线，武装斗争，党的建设一起组成“中国共产党在中国革命中战胜敌人的三个法宝”。在“三大法宝”中，党的建设无疑居于核心地位：“十八年的经验告诉我们，统一战线和武装斗争，是战胜敌人的两个基本武器。统一战线，是实行武装斗争的统一战线。而党的组织，则是掌握统一战线和武装斗争这两个武器以实行对敌冲锋陷阵的英勇战士。”强调了党的建设是“三大法宝”的重要核心所在，进一步凸显了党的建设的重要性，让全党更加深刻认识到党的建设成败决定了统一战线和武装斗争的成败，只有把党建设好才能正确处理统一战线和武装斗争问题。

1945 年，党的七大时，刘少奇同志明确提出把思想建设放在党的建设的首位。从此，首先和着重从思想上建设党就成为中国共产党的一条重要的建党方针。总之，毛泽东同志着重从思想上建党的思想，把马克思列宁主义建党学说同中国共产党建设的实践相结合，阐明了在半殖民地半封建社会的中国加强党的建设的基本原则，形成了适合中国特点的加强党的建设的正确路线。

1949 年 3 月，中共中央在河北省平山县西柏坡村举行七届二中全会。毛泽东同志在中国共产党第七届中央委员会第二次全体会议上的报告中，提出了执政党作风建设的思想。毛泽东同志指出：“夺取全国胜利，这只是万里长征走完了第一步。”党执政后面临的革命任务更艰巨、更复杂；某些党员干部在资产阶级糖衣炮弹进攻下思想作风可能发生变化，“他们是不曾被拿枪的敌人征服过的，他们在这些敌人面前不愧英雄的称号；但是经不起人们用糖衣裹着的炮弹的攻击，他们在糖弹面前要打败仗。”因此，要把党的革命事业继续推向前进，就有必要继续保持和发扬我党在长期革命实践中形成的优良作风。这就是毛泽东同志在七届二中全会的报告中所强调的：“务必使同志们继续地保持谦虚、谨慎、不骄、不躁的作风，务必使同志们继续地保持艰苦奋斗的作风。我们有批评和自我批评这个马克思列宁主义的武器。我们能够去掉不良作风，保持优良作风。”

1949 年中华人民共和国成立后，中国共产党成为在全国执政的党，这种根本性的变化，迫切需要建立健全一整套党和国家的领导制度和党内各项制度，以使党和国家工作在制度基础上规范化、正常化。同时促使中国共产党人思考执政党的特点，从党的思想、组织和作风上加强党的建设。1956 年党的八大虽然对此有所探索，但没有真正落实，最后导致党和人民为此付出了沉重的代价。从新中国成立到改革开放前，与高度集中的计划经济体制相适应，采取的是直接领导、一元化领导的方式，基本上沿用了执政以前作为革命党的领导方式，即通过政治动员、阶级动员、群众运动实施领导，依靠政策，通过开会、发文件推动工作的方式。

“文革”结束后，进入新的历史时期，在改革开放和发展社会主义市场经济的条件下，“建设一个什么样的党、怎样建设党”，又成为一个重大而又现实的问题。1980 年 8 月，邓小平同志在《党和国家领导制度的改革》中指出：“斯大林严重破坏社会主义法制，毛泽东同志就说过，这样的事件在英、法、美这样的西方国家不可能发生。他虽然认识到这一点，但是由于没有在实际上解决领导制度问题以及其他一些原因，仍然导致了‘文化大革命’的十年浩劫，这个教训是极其深刻的。”邓小平同志通过总结指出：“我们过去发生的各种错误，固然与某些领导人的思想、作风有关，但是组织制度、工作制度方面的问题更重要。”因此要防止发生类似“文化大革命”的错误，就要从制度上解决问题。“如果不坚决改革现行制度中的弊端，过去出现过的一些严重问题今后就有可能重新出现。”他指出：“领导制度、组织制度问题更带有根本性、全局性、稳定性和长期性。这种制度问题，关系到党和国家是否改变颜色，必须引起全党的高度重视。”“改革党和国家领导制度及其他制度，是为了充分发挥社会主义制度的优越性，加速现代化建设事业的发展。”以制度问题带有根本性的思想为指导，新时期党和国家的制度建设和制度改革以空前的广度和深度展开了，出台了一系列制度上管党的措施。

改革开放以来，党提出并建立了建立社会主义市场经济体制，把我国改革开放和社会主义现代化建设推进到一个新的发展阶段，党的建设面临着一系列新的严峻考验。从世情来说，和平与发展仍然是时代主题，但世界仍然很不安宁。从国情来说，我国正处在从传统农业社会向现代工业社会、从计划经济体制向社会主义市场经济体制转变的历史阶段。世情国情都给党的建设带来了新的问题，党员的教育和管理的任务也比过去任何时候都更加繁重。一些地方和单位党不管党、治党不严、纪律松弛、组织涣散，思想上组织上作风上存在着种种不容忽视的问题。特别是某些消极因素和腐败现象在党内滋长蔓延，严重侵蚀着党员和干部队伍。这种迅速发展的客观形势和宏大艰巨的历史任务，都对进一步加强和改进党的建设、增强党的凝聚力和战斗力、提高党的领导水平和执政水平提出了迫切要求。

有鉴于此，中共中央采取了一系列加强党的建设的举措。1994 年 9 月 25 日至 28 日在北京召开了党的十四届四中全会，集中讨论了党的建设问题，并作出了《中共中央关于加强党的建设几个重大问题的决定》（以下简称《决定》），提出了新的历史时期推进党的建设新的伟大工程的总目标。《决定》指出：“在当代世界风云变幻的条件下，在当代中国改革开放和现代化建设的伟大变革中，把党建设成为用建设有中国特色社会主义理论武装起来、全心全意为人民服务、思想上政治上组织上完全巩固、能够经受住各种风险、始终走在时代前列的马克思主义政党，这是以邓小平同志为核心的第二代中央领导集体开创的、以江泽民同志为核心的第三代中央领导集体正在领导全党继续进行的新的伟大的工程。”1997 年党的十五大第一次把“党的建设新的伟大工程”写进报告，并且深刻全面总结了党的建设新的伟大工程的理论和实践，为继续推进这个伟大工程指明了方向。2002 年党的十六大报告中第一次提出要“全面推进党的建设新的伟大工程”，并阐明了以改革的精神推进“新的伟大工程”的总目标和总要求。2007 年党的十七大报告中进一步指出要“以改革创新精神全面推进党的建设新的伟大工程”，全面系统地论述了这个新的伟大工程的科学内涵、基本要求、主要任务和奋斗目标等重要内容。2009 年 9 月，党的十七届四中全会进一步研究和部署以改革创新精神推进党的建设新的伟大工程，并在党的建设的总体要求中明确提出了“提高党的建设科学化水平”命题。2012 年党的十八大报告指出：“我们党担负着团结带领人民全面建成小康社会、推进社会主义现代化、实现中华民族伟大复兴的重任。党坚强有力，党同人民保持血肉联系，国家就繁荣稳定，人民就幸福安康。形势的发展、事业的开拓、人民的期待，都要求我们以改革创新精神全面推进党的建设新的伟大工程，全面提高党的建设科学化水平。”

2012 年 11 月 15 日，习近平总书记在中外记者见面会上掷地有声地指出，打铁还需自身硬。五年后，习近平总书记在党的十九大报告中强调，打铁必须自身硬，指出：“党要团结带领人民进行伟大斗争、推进伟大事业、实现伟大梦想，必须毫不动摇坚持和完善党的领导，毫不动摇把党建设得更加坚强有力。”并对新时代党的建设作出了重大部署，提出了总要求和新任务，为继续推进党的建设新的伟大工程指明了努力的方向。

九、初心和使命

为中国人民谋幸福，为中华民族谋复兴，是中国共产党人的初心和使命，是激励一代代中国共产党人前赴后继、英勇奋斗的根本动力。“为有牺牲多壮志，敢教日月换新天。”中国共产党的诞生是中华民族走向复兴的转折点。中国共产党一经成立，就把实现共产主义作为最高理想和最终目标，义无反顾肩负起实现中华民族伟大复兴的历史使命。在近百年波澜壮阔的历史进程中，无论弱小还是强大，无论是顺境还是逆境，我们党都初心不改、矢志不渝，团结带领人民历经千难万险，付出巨大牺牲，敢于面对曲折，勇于修正错误，攻克了一个又一个看似不可攻克的难关，创造了一个又一个彪炳史册的人间奇迹，谱写了气吞山河的壮丽史诗。纵观近百年的奋斗历程，中国共产党之所以“能”，根本原因就在于不忘初心，牢记使命！在于坚守信仰，忠贞不渝！在于坚守真理，与时俱进！在于坚守宗旨，执政为民！

（一）不忘初心、牢记使命、永远奋斗

2019 年 6 月 24 日，习近平总书记在中央政治局第十五次集体学习时强调：“我们党要求全党同志不忘初心、牢记使命，就是要提醒全党同志，党的初心和使命是党的性质宗旨、理想信念、奋斗目标的集中体现，越是长期执政，越不能忘记党的初心使命，越不能丧失自我革命精神，在新时代把党的自我革命推向深入，把党建设成为始终走在时代前列、人民衷心拥护、勇于自我革命、经得起各种风浪考验、朝气蓬勃的马克思主义执政党。”“我们党是用马克思主义武装起来的政党，始终把

为中国人民谋幸福、为中华民族谋复兴作为自己的初心和使命，并一以贯之体现到党的全部奋斗之中。回顾党的历史，为什么我们党在那么弱小的情况下能够逐步发展壮大起来，在腥风血雨中能够一次次绝境重生，在攻坚克难中能够不断从胜利走向胜利，根本原因就在于不管是处于顺境还是逆境，我们党始终坚守为中国人民谋幸福、为中华民族谋复兴这个初心和使命，义无反顾向着这个目标前进，从而赢得了人民衷心拥护和坚定支持。”

为人民谋幸福，是中国共产党人的初心。习近平总书记指出：“人民对美好生活的向往，就是我们的奋斗目标。”必须始终把人民放在心中最高位置，始终全心全意为人民服务，始终为人民利益和幸福而努力奋斗。只有创造过辉煌的民族，才懂得复兴的意义；只有历经过苦难的民族，才对复兴有如此深切的渴望。实现中华民族伟大复兴，就是中华民族近代以来最伟大的梦想。中国梦的本质是国家富强、民族振兴、人民幸福。中国梦归根到底是人民的梦，必须紧紧依靠人民来实现，必须不断为人民造福。

事业发展永无止境，共产党人的初心永远不能改变。走得再远，都不能忘记来时的路，不能忘记为什么出发。只有不忘初心、牢记使命、永远奋斗，才能让中国共产党永远年轻。党的十九大的的主题是：不忘初心，牢记使命，高举中国特色社会主义伟大旗帜，决胜全面建成小康社会，夺取新时代中国特色社会主义伟大胜利，为实现中华民族伟大复兴的中国梦不懈奋斗。党的十九大主题，鲜明地向世人宣示了我们党在新时代举什么旗、走什么路、以什么样的精神状态、担负什么样的历史使命、实现什么样的奋斗目标的重大问题，是对当前和今后一个时期党和国家工作提出的总要求，是向全党全国各族人民吹响的前进号角。习近平总书记告诫全党不忘初心、牢记使命，就是要求我们牢记中国共产党人的初心和使命，以永不懈怠的精神状态和一往无前的奋斗姿态，矢志不渝为中国人民谋幸福、为中华民族谋复兴，坚定政治信念。

不忘初心，方得始终。为什么中国共产党会始终成为领导中国革命、建设、改革事业的核心力量，不断取得一个又一个胜利，能够完成近代以来各种政治力量不可能完成的艰巨任务？究其原因，就在于我们党始终保持建党时中国共产党人的奋斗精神，始终保持对人民的赤子之心。铭记党的奋斗历程时刻不忘初心，担当党的崇高使命矢志永远奋斗。新时代，回顾我们党的光辉历程特别是建党时的历史，进行革命传统教育，学习革命先辈的崇高精神，明确肩负的重大责任，目的是为了增强为实现党的十九大提出的目标任务而奋斗的责任感和使命感。唯有不忘初心，方可告慰历史、告慰先辈，方可赢得民心、赢得时代，方可善作善成、一往无前。不忘初心，牢记使命，就不要忘记我们是共产党人，我们是革命者，不要丧失了革命精神。党员干部要发扬“红船精神”、井冈山精神、长征精神、延安精神、西柏坡精神等革命精神，保持共产党人的革命斗志，牢记入党誓词，坚持全心全意为人民服务的根本宗旨，不断带领人民创造更加幸福美好的生活；牢记共产主义远大理想，坚定中国特色社会主义共同理想，一步一个脚印向着美好未来和最高理想前进；始终保持谦虚谨慎、不骄不躁的作风，不畏艰难、不怕牺牲，为实现“两个一百年”奋斗目标、实现中华民族伟大复兴的中国梦而不懈奋斗。

（二）开展“不忘初心、牢记使命”主题教育

一切向前走，都不能忘记走过的路。党的十九大决定，以县处级以上领导干部为重点，在全党开展“不忘初心、牢记使命”主题教育。2019年是中华人民共和国成立70周年，也是我们党在全国执政第70个年头，在这个时刻开展这次主题教育，正当其时。2019年5月31日，习近平总书记在“不忘初心、牢记使命”主题教育工作会议上发表重要讲话，深刻阐述了开展主题教育的重大意义，深刻阐明了主题教育的目标要求和重点措施，对开展主题教育提出了明确要求，具有很强的政治性、思想性、针对性、指导性，是开展“不忘初心、牢记使命”主题教育的根本指针，是新时代加强党的建设的纲领性文献。全党同志要认真学习领会，自觉把思想统一到习近平总书记重要讲话精神上来，抓好贯彻落实。

1. 开展“不忘初心、牢记使命”主题教育的重要意义

习近平总书记在“不忘初心、牢记使命”主题教育工作会议上指出：“开展这次主题教育，是党中央统揽伟大斗争、伟大工程、伟大事业、伟大梦想作出的重大部署，对统筹推进‘五位一体’总体布局、协调推进‘四个全面’战略布局，决胜全面建成小康社会、夺取新时代中国特色社会主义伟大胜利、实现中华民族伟大复兴的中国梦，具有重大而深远的意义。”开展“不忘初心、牢记使命”主题教育，是用习近平新时代中国特色社会主义思想武装全党的迫切需要，是推进新时代党的建设的迫切需要，是保持党同人民群众血肉联系的迫切需要，是实现党的十九大

确定的目标任务的迫切需要。

（1）开展主题教育是用习近平新时代中国特色社会主义思想武装全党的迫切需要

习近平总书记在纪念马克思诞辰200周年大会上的讲话中指出："历史和人民选择马克思主义是完全正确的，中国共产党把马克思主义写在自己的旗帜上是完全正确的，坚持马克思主义基本原理同中国具体实际相结合、不断推进马克思主义中国化时代化是完全正确的！""回顾党的奋斗历程可以发现，中国共产党之所以能够历经艰难困苦而不断发展壮大，很重要的一个原因就是我们党始终重视思想建党、理论强党，使全党始终保持统一的思想、坚定的意志、协调的行动、强大的战斗力。"

政治上的坚定、党性上的坚定，都离不开理论上的坚定。习近平总书记在"不忘初心、牢记使命"主题教育工作会议上指出："马克思主义是我们立党立国的根本指导思想。中国共产党从诞生之日起，就把马克思主义鲜明地写在自己的旗帜上。我们党一路走来，无论是处于顺境还是逆境，从未动摇对马克思主义的坚定信仰。改革开放以来，我们党先后开展了整党、'三讲'教育、先进性教育活动、学习实践科学发展观活动、群众路线教育实践活动等，推进'两学一做'学习教育常态化制度化，通过集中性教育和经常性教育相结合，不断强化党的理论学习、教育、武装工作。在新时代，我们党顺应时代发展新要求，创立了新时代中国特色社会主义思想。"理论创新每前进一步，理论武装就要跟进一步。习近平总书记在"不忘初心、牢记使命"主题教育工作会议上指出："开展这次主题教育，就是要坚持思想建党、理论强党，坚持学思用贯通、知信行统一，推动广大党员干部全面系统学、深入思考学、联系实际学，不断增强‘四个意识’、坚定‘四个自信’、做到‘两个维护’，筑牢信仰之基、补足精神之钙、把稳思想之舵。”今天，我们党在中国这样一个有着近14亿人口的大国执政，面对十分复杂的国内外环境，肩负艰巨繁重的执政使命，如果缺乏理论思维，就难以保持政治上的清醒坚定，也难以战胜各种风险挑战。开展“不忘初心、牢记使命”主题教育，要把强化理论武装作为根本性任务，聚焦解决思想根子问题，巩固全党全国人民团结奋斗的共同思想基础。

新时代产生新思想，新思想引领新时代。党的十八大以来，改革开放和社会主义现代化建设取得历史性成就，党和国家事业发生历史性变革。取得这些全方位、开创性历史成就，发生深层次、根本性变革，根本在于以习近平同志为核心的党中央的坚强领导，根本在于习近平新时代中国特色社会主义思想的科学指导。习近平新时代中国特色社会主义思想，体系严谨、逻辑严密、内涵丰富、博大精深，闪耀着马克思主义真理光辉，是对中国特色社会主义进入新时代新的实践经验的科学概括，既坚持了老祖宗，又讲了很多新话，使我们党对共产党执政规律、社会主义建设规律、人类社会发展规律的认识达到了新高度，为发展马克思主义作出了原创性贡献。

思想是行动的先导。我们要在新时代不忘初心、牢记使命，要在新时代有新气象新作为，就必须深入学习贯彻习近平新时代中国特色社会主义思想，这是决胜全面建成小康社会、夺取新时代中国特色社会主义伟大胜利的制胜法宝。习近平新时代中国特色社会主义思想作为当代中国马克思主义，是指引完成新时代党的历史使命的理论灯塔，是进行伟大斗争、建设伟大工程、推进伟大事业、实现伟大梦想的科学理论指引。有了这一思想的指导，我们党就能在进行伟大斗争中锻炼成长并将继续进行新的伟大斗争，在建设伟大工程中发展壮大并将继续建设新的伟大工程，在推进伟大事业中兴旺发达并将继续推进新的伟大事业，在实现伟大梦想中不断创造彪炳史册的人间奇迹并将最终实现伟大梦想。

通过开展“不忘初心、牢记使命”主题教育，实现理论学习有收获、思想政治受洗礼，深刻理解习近平新时代中国特色社会主义思想的核心要义、精神实质、丰富内涵，在常学常新中加强理论修养，在真学真信中坚定理想信念，在学思践悟中牢记初心使命，在细照笃行中不断修炼自我，在知行合一中主动担当作为。中共中央发出的关于印发《习近平新时代中国特色社会主义思想学习纲要》（以下简称《纲要》）的通知明确要求：“要组织全体党员认真读原著、学原文、悟原理，并紧密结合‘不忘初心、牢记使命’主题教育，把《纲要》纳入学习计划，作出周密安排，开展多形式、分层次、全覆盖的学习培训。”在开展“不忘初心、牢记使命”主题教育的过程中，深刻把握习近平新时代中国特色社会主义思想贯穿的马克思主义立场观点方法，知其然又知其所以然，不断提高马克思主义理论水平。

（2）开展主题教育是推进新时代党的建设的迫切需要

习近平总书记在“不忘初心、牢记使命”主题教育工作会议上指出：“开展这次主题教育，就是要认真贯彻新时代党的建设总要求，奔着问题去，以刮骨疗伤的勇气、坚忍不拔的韧劲坚决予以整治，同一切影响党的先进性、弱化党的纯洁性的问题作坚决斗争，努力把我们党建设得更加坚强有力。”我们党是马克思主义执政党，同时是马克思主义革命党。在领导中国革命、建设、改革近百年的奋斗历程中，我们党为什么能够在各种政治力量反复较量中脱颖而出？为什么始终走在时代前列、成为中国人民和中华民族的主心骨？根本原因在于我们党始终保持了自我革命精神，保持了承认并改正错误的勇气，一次次拿起手术刀来革除自身病症，一次次靠自己解决了自身问题。

打铁必须自身硬，必须做到推进党的建设新的伟大工程要一以贯之。习近平总书记指出，“中国共产党能够带领人民进行伟大的社会革命，也能够进行伟大的自我革命”。并强调：“要把新时代坚持和发展中国特色社会主义这场伟大社会革命进行好，我们党必须勇于进行自我革命，把党建设得更加坚强有力。”勇于自我革命，从严管党治党，是我们党最鲜明的品格。党员干部在实践中要越来越深刻地认识到，管党治党不仅关系党的前途命运，而且关系国家和民族的前途命运。习近平总书记在党的十九大报告中与时俱进地提出了新时代党的建设总要求。这个总要求具有高度的思想性、理论性和很强的政策性、指导性，充分体现了十八大以来以习近平同志为核心的党中央坚持党的领导、加强党的建设、推进全面从严治党的创新成果和新鲜经验，丰富发展了马克思主义建党学说，进一步回答了“建设什么样的党、怎样建设党”这一历史性课题，标志着我们党对执政党建设规律的认识达到新的高度，对于深入推进党的建设新的伟大工程具有纲领性作用。

同时，也要看到，全面从严治党还远未大功告成。全面从严治党永远在路上、任重而道远。应该清醒认识到，我们党面临的执政环境是复杂的，影响党的先进性、弱化党的纯洁性的因素也是复杂的，党内存在的思想不纯、组织不纯、作风不纯等突出问题尚未得到根本解决。要深刻认识党面临的执政考验、改革开放考验、市场经济考验、外部环境考验的长期性和复杂性，深刻认识党面临的精神懈怠危险、能力不足危险、脱离群众危险、消极腐败危险的尖锐性和严峻性。还要看到，“四风”问题树倒根存，形式主义、官僚主义问题依然突出。“做到不忘初心、牢记使命，并不是一件容易的事情，必须有强烈的自我革命精神。”2019 年 6 月 24 日，在中央政治局第十五次集体学习时，习近平总书记从加强党的长期执政能力建设、先进性和纯洁性建设的高度，强调“在新时代把党的自我革命推向深入”，为全党开展“不忘初心、牢记使命”主题教育指明了方向路径。党的自我革命任重而道远，决不能有停一停、歇一歇的想法。不忘初心、牢记使命要靠全党共同努力来实现，每一个党员、干部特别是领导干部必须常怀忧党之心、为党之责、强党之志，积极主动投身到这次主题教育中来。

伟大的事业必须有坚强的党来领导。我们党将继续清除一切侵蚀党的健康肌体的病毒，大力营造风清气正的政治生态，以强大正能量在全社会凝聚起推动中国发展进步的磅礴力量。开展“不忘初心、牢记使命”主题教育，就是要认真贯彻新时代党的建设总要求，奔着问题去，以刮骨疗伤的勇气、坚忍不拔的韧劲坚决予以整治，同一切影响党的先进性、弱化党的纯洁性的问题作坚决斗争，努力把我们党建设得更加坚强有力。中国共产党是敢于斗争、敢于胜利的伟大政党。只要我们党把自身建设好、建设强，确保党始终同人民想在一起、干在一起，就一定能够引领承载着中国人民伟大梦想的航船破浪前进，胜利驶向光辉的彼岸！

（3）开展主题教育是保持党同人民群众血肉联系的迫切需要

“政之所兴，在得人心；政之所废，在逆民意。”密切联系群众，是党的性质和宗旨的体现。我们党是在同人民群众的密切联系中成长、发展、壮大起来的，是靠宣传群众、组织群众、依靠群众起家，从胜利走向胜利的。我们党最大的政治优势是密切联系群众，党执政后最大的危险是脱离群众。脱离群众，我们就失去了执政之基，成为无源之水。习近平总书记在“不忘初心、牢记使命”主题教育工作会议上指出：“目前，一些党员干部为民服务不实在、不上心、不尽力，脱离群众。开展这次主题教育，就是要继续教育引导广大党员干部自觉践行党的根本宗旨，把群众观点、群众路线深深植根于思想中、具体落实到行动上，着力解决群众最关心最现实的利益问题，不断增强人民群众对党的信任和信心，筑牢党长期执政最可靠的阶级基础和群众根基。”能否保持党同人民群众的血肉联系，决定着党的事业的成败。要从政治的高度深刻认识密切联系群众的重要性，任何时候任何情况下，与人民群众同呼吸共命运的立场不能变，全心全意为人民服务的宗旨不能忘，坚信群众是真正英雄的历史唯物主义观点不能丢。

全心全意为人民服务的根本宗旨，是党的一切行动的根本出发点和落脚点，是党的先进性的本质体现，是区别于其他任何政党的根本标准。习近平总书记多次强调，我们党是为人民服务的，是要为人民做事的。他明确指出：“我们讲宗旨，讲了很多话，但说到底还是为人民服务这句话。”这既重申了我们党的一贯主张，又道出了新形势下共产党人必须永葆的政治情怀。在我国革命、建设、改革各个时期，我们党始终坚持全心全意为人民服务的根本宗旨，为中国人民谋幸福，为中华民族谋复兴，建立新中国，确立社会主义基本制度，开辟中国特色社会主义道路，引领中国特色社会主义进入新时代，使近代以来久经磨难的中华民族迎来了从站起来、富起来到强起来的伟大飞跃。一路走来，我们党初心不改、矢志不渝，践行党的宗旨，赢得人民群众衷心拥护。

不忘初心，方得始终。习近平总书记在“不忘初心、牢记使命”主题教育工作会议上指出：“人民是我们党执政的最大底气，是我们共和国的坚实根基，是我们强党兴国的根本所在。我们党来自于人民，为人民而生，因人民而兴，必须始终与人民心心相印、与人民同甘共苦、与人民团结奋斗。每个共产党员都要弄明白，党除了人民利益之外没有自己的特殊利益，党的一切工作都是为了实现好、维护好、发展好最广大人民根本利益；人民是历史的创造者、人民是真正的英雄，必须相信人民、依靠人民；我们永远是劳动人民的普通一员，必须保持同人民群众的血肉联系。”

中国特色社会主义事业是亿万人民自己的事业，是为了人民、造福人民的事业，在不断做大“蛋糕”的同时，又不断把“蛋糕”分好，走共同富裕之路。紧紧依靠人民推进改革，与人民分享改革的成果。人民群众是历史的创造者，改革开放在认识和实践上的每一次突破和发展，改革开放每一个方面经验的创造和积累，无不来自亿万人民的实践和智慧。所以要依靠人民创造历史伟业，还要朝着实现全体人民共同富裕不断迈进。

中国特色社会主义进入新时代，中国共产党不断推进全面从严治党向纵深发展，展现出新气象新作为，紧紧抓住“为中国人民谋幸福，为中华民族谋复兴”这个初心和使命，不断获取前进的根本动力，着力解决人民群众反映最强烈、对党的执政基础威胁最大的突出问题，坚定不移全面从严治党，不断提高党的执政能力和领导水平。人民有信心，国家才有未来，国家才有力量。群众路线是党的生命线和根本工作路线。中国共产党要担负起领导人民进行伟大社会革命的历史责任，必须勇于进行自我革命，不断增强党自我净化、自我完善、自我革新、自我提高的能力，始终保持党同人民群众的血肉联系，把精力和心思用在稳增长、促改革、调结构、惠民生、防风险上，用在破难题、克难关、着力解决人民群众最关心最直接最现实的利益问题上，不断增强群众观念和群众感情，不断厚植党执政的群众基础，才能永远保持马克思主义执政党本色，永远走在时代前列，做好中国人民和中华民族的主心骨，才能统揽“四个伟大”，为决胜全面建成小康社会、夺取新时代中国特色社会主义伟大胜利、实现中华民族伟大复兴的中国梦、实现人民对美好生活的向往继续奋斗。

加强作风建设必须紧扣保持党同人民群众血肉联系这个关键。党的十八大以来，我们直面党内存在的种种问题和弊端，从制定和执行中央八项规定破题，解决了新形势下作风建设抓什么、怎么抓的问题，推动了全面从严治党，推动了党风、政风、社风好转。党的十九大之后，我们针对新情况新问题，修订了中央八项规定实施细则，继续落实中央八项规定精神。通过开展“不忘初心、牢记使命”主题教育，党员干部要坚决反对特权思想、特权现象，保持对人民的赤子之心，坚持工作重心下移，扑下身子深入群众，面对面、心贴心、实打实做好群众工作，着力解决群众反映强烈的突出问题。

（4）开展主题教育是实现党的十九大确定的目标任务的迫切需要

根据党的十九大部署，以县处级以上领导干部为重点，在全党开展“不忘初心、牢记使命”主题教育，用习近平新时代中国特色社会主义思想和党的十九大精神武装头脑、指导实践、推动工作，推动全党更加自觉地为新时代党的历史使命而努力奋斗。习近平总书记在“不忘初心、牢记使命”主题教育工作会议上指出：“党的十九大提出的‘两个一百年’奋斗目标，是人民对美好生活向往的集中体现，是当代中国共产党人最重要最现实的使命担当。”“实现党的十九大确定的宏伟目标，完成艰巨繁重的改革发展稳定任务，需要全党付出更为艰巨、更为艰苦的努力。”“目前，一些党员干部干事创业精神不振、担当劲头不够。开展这次主题教育，就是要教育引导广大党员干部发扬革命传统和优良作风，团结带领人民把党的十九大绘就的宏伟蓝图一步一步变为美好现实。”习近平总书记还特别强调，开展“不忘初心、牢记使命”主题教育，其特别意义在于，无论我们走得多远，都不能忘记来时的路。提醒党员干部“牢记红色政权是从哪里来的、新中国是怎么建立起来的，不忘历史、不忘初心”。现在，我们正在进行实现中华民族伟大复兴的新长征，广大党员干部必须牢记党的理想信念和根本宗旨，必须弘扬伟大的长征精神，必须发扬革命战争年代那种敢于战斗、不怕困难的奋斗精神，勇于战胜各种艰难险阻、风险挑战，奋力夺取新时代中国特色社会主义新胜利。

党的革命传统和优良作风是确保我们党在革命、建设、改革时期取得一个又一个胜利的重要法宝。我们党的优良作风是党在长期的革命和建设的艰苦斗争实践中自觉培植起来的，是无数革命先烈用鲜血和生命凝结而成的，是广大人民群众对党的事业支持、参与所表现出的革命精神和智慧。继承和发扬党的优良传统，最根本的目的是使我们党始终得到最广大人民的拥护和支持，主要是理论联系实际、密切联系群众、批评与自我批评以及“两个务必”等优良作风。这些优良作风，是我们党区别于其他政党的显著标志和政治优势，是我们党领导革命、建设、改革事业从胜利走向胜利的一个根本原因。在坚持和发展中国特色社会主义的新的历史时期，党的优良传统作风不仅没有过时，而且必须发扬光大，使我们党更好地团结和带领全国各族人民推进建设中国特色社会主义伟大事业。党员干部理直气壮地继承先辈优良传统，充分发扬革命精神，坚持“立足本职，扎根基层，爱岗敬业，无私奉献”的原则，以严谨务实的工作作风和一丝不苟的工作态度，全力以赴做好，这是党的事业的需要，也是广大人民群众的心愿。把国家建设好，把民族发展好，每一个中国人都应该有这个信心。

蓝图再美好，规划再宏伟，若不实干，蓝图就只能是“唯美画饼”，规划也只能是“空中楼阁”。党的十九大描绘了决胜全面建成小康社会、夺取新时代中国特色社会主义伟大胜利的宏伟蓝图，进一步指明了党和国家事业的前进方向，是全党全国各族人民智慧的结晶，是我们党团结带领全国各族人民在新时代坚持和发展中国特色社会主义的政治宣言和行动纲领。开展“不忘初心、牢记使命”主题教育，铭记“为中国人民谋幸福，为中华民族谋复兴”的初心和使命，是学习贯彻党的十九大精神的重要举措，是激励我们共产党人不断前进的根本动力，使我们党始终走在时代前列。

2. 开展“不忘初心、牢记使命”主题教育的总要求

开展“不忘初心、牢记使命”主题教育，要认真贯彻总要求。习近平总书记在“不忘初心、牢记使命”主题教育工作会议上指出：“‘守初心、担使命，找差距、抓落实’的总要求，是根据新时代党的建设任务、针对党内存在的突出问题、结合这次主题教育的特点提出来的。”“‘守初心、担使命，找差距、抓落实’是一个相互联系的整体，要全面把握，贯穿主题教育全过程。”

（1）守初心

习近平总书记在“不忘初心、牢记使命”主题教育工作会议上指出：“守初心，就是要牢记全心全意为人民服务的根本宗旨，以坚定的理想信念坚守初心，牢记人民对美好生活的向往就是我们的奋斗目标；以真挚的人民情怀滋养初心，时刻不忘我们党来自人民、根植人民，人民群众的支持和拥护是我们胜利前进的不竭力量源泉；以牢固的公仆意识践行初心，永远铭记人民是共产党人的衣食父母，共产党人是人民的勤务员，永远不能脱离群众、轻视群众、漠视群众疾苦。”2019 年 6 月 24 日，习近平总书记在中央政治局第十五次集体学习时强调：“党员、干部初心变没变、使命记得牢不牢，要由群众来评价、由实践来检验。我们不能关起门来搞自我革命，而要多听听人民群众意见，自觉接受人民群众监督。”

“为什么人的问题，是检验一个政党、一个政权性质的试金石”；“把人民拥护不拥护、赞成不赞成、高兴不高兴、答应不答应作为衡量一切工作得失的根本标准”；“以最广大人民根本利益为我们一切工作的根

本出发点和落脚点”；“为了谁、依靠谁、我是谁”，习近平总书记多次论及阐释了为什么要始终坚持人民立场、怎样坚持以人民为中心的内在逻辑，回答了我们如何做好新时代的答卷人，回答了人民是政绩的阅卷人。人民立场是我们党的根本政治立场，群众路线是我们党的生命线和根本工作路线。建党 98 年来，我们党始终与人民风雨同舟、生死与共，矢志不渝为人民谋幸福。树高千尺不忘根，人行万里不忘本，共产党人的根与本，就是人民群众。党只有始终与人民心连心、同呼吸、共命运，始终与人民群众保持血肉联系，才能做到安如泰山、坚如磐石，永远做中国人民和中华民族的主心骨。开展“不忘初心、牢记使命”主题教育，就是要继续教育引导广大党员干部自觉践行党的根本宗旨，把群众观点、群众路线内化于心、外化于行，不断增强人民群众对党的信任和信心，筑牢党长期执政最可靠的阶级基础和群众根基。

“欲事立，须是心立。”坚守初心、不忘人民，最根本的是要坚定对马克思主义的信仰、对中国特色社会主义的信念，自觉坚守人民立场，牢固树立以人民为中心的发展理念，增进同人民群众的感情，做到始终忠诚于党、忠诚于人民、忠诚于马克思主义。我们党来自人民、根植人民，党的各级干部都是人民的公仆、人民的勤务员，永远不能脱离群众、轻视群众、漠视群众疾苦。要学深悟透习近平新时代中国特色社会主义思想，深入学习习近平总书记关于群众路线的系列重要论述，保持敬民、忧民、爱民的赤子之心，自觉同人民想在一起、干在一起。

检验我们一切工作的成效，最终都要看人民是否真正得到了实惠，人民生活是否真正得到了改善，人民权益是否真正得到了保障。坚守初心、不忘人民，关键是落实到行动上，扎扎实实为民服务解难题。要多谋民生之利、多解民生之忧，着力解决群众的操心事、烦心事，聚焦人民群众最关心的就业、教育、收入、医疗、养老、居住、环境等问题，在发展中补齐民生短板、促进社会公平正义，以为民谋利、为民尽责的实际成效取信于民，团结带领人民创造更加幸福美好的生活。

人心是最大的政治，人民是我们党执政的最大底气。开展“不忘初心、牢记使命”主题教育，是全党扎根人民、造福人民的新起点。把人民放在心中最高位置，始终与人民心心相印、与人民同甘共苦、与人民团结奋斗，不断增强人民获得感、幸福感、安全感，共产党人的初心必将历久弥新，党和人民的事业必将更加蓬勃兴旺。中国共产党人的理想信念从来都不是虚无缥缈的，而是始终体现在为中国人民谋幸福、为中华民族谋复兴的初心和使命中。党员、干部要成长，就必须用真理武装头脑，加强党性修养，筑牢信仰之基、补足精神之钙、把稳思想之舵。“求木之长者，必固其根本；欲流之远者，必浚其泉源。”共产主义远大理想和中国特色社会主义共同理想，是中国共产党人的精神支柱和政治灵魂，也是保持党的团结统一的思想基础。中国特色社会主义事业前无古人，是人类文明发展的新航程，需要一大批具有伟大精神、高擎理想信念的旗帜，为人民利益奋斗的忠诚战士为之终生奋斗。塑造一批又一批这样的战士需要我们长期的努力。物质大厦必须有精神支柱作为支撑，民族复兴、国家繁荣才有希望。

（2）担使命

不担当，半点儿忠诚都没有。政治上敢不敢担当、会不会担当，是检验和衡量领导干部政治操守、政治品格和政治能力的重要标尺，是党的事业能否取得成功的关键所在。习近平总书记在“不忘初心、牢记使命”主题教育工作会议上指出：“担使命，就是要牢记我们党肩负的实现中华民族伟大复兴的历史使命，勇于担当负责，积极主动作为，用科学的理念、长远的眼光、务实的作风谋划事业；保持斗争精神，敢于直面风险挑战，知重负重、攻坚克难，以坚忍不拔的意志和无私无畏的勇气战胜前进道路上的一切艰难险阻；在实践历练中增长经验智慧，在经风雨、见世面中壮筋骨、长才干。”

比认识更重要的是决心，比方法更关键的是担当。党的事业是千千万万人的事业，要靠千千万万人共同担当。党员是党的细胞和党的活动的主体。习近平总书记强调：“是否具有担当精神，是否能够忠诚履责、尽心尽责、勇于担责，是检验每一位领导干部身上是否真正体现了共产党人先进性和纯洁性的重要方面。”《关于进一步激励广大干部新时代新担当新作为的意见》指出：“坚持从对党忠诚的高度看待干部是否担当作为，注重从精神状态、作风状况考察政治素质，既看日常工作中的担当，又看大事要事难事中的表现。”全体党员要时刻牢记自己的第一身份是共产党员，第一职责是为党工作，坚定理想信念，用习近平新时代中国特色社会主义思想武装头脑，在急难险重面前走在前、作表率，发挥“头雁”效应，勇担当、善作为，永葆共产党人政治本色。

“踏平坎坷成大道，斗罢艰险又出发。”习近平总书记于 2018 年 12 月在中共中央政治局召开的民主生活会上指出：“让我们的干部特别是领导干部经风雨、见世面、长才干、壮筋骨，保持斗争精神、增强斗争本领。要培养斗争精神，始终保持共产党人敢于斗争的风骨、气节、操守、胆魄。”“要有组织、有计划地把干部放到重大斗争一线去真枪真刀磨砺，强弱项、补短板，学真本领，练真功夫。”历史总是要前进的，历史从不等待一切犹豫者、懈怠者、畏难者。只有与历史同步伐、与时代共命运的人，才能赢得光明的未来。人间正道是沧桑。如期全面建成小康社会，前进道路并不平坦，诸多矛盾叠加，风险隐患增多，挑战依然严峻。当前，我们已经进入全面建成小康社会的决胜阶段，气可鼓而不可泄，业可进而不可退。梦在前方，路在脚下。中华民族的明天可谓是“长风破浪会有时”。建设社会主义现代化强国和实现中华民族伟大复兴，是近代以来中国历史发展的一条主线。经过鸦片战争以来 170 多年的持续奋斗，中国大地上展现出了中华民族伟大复兴的光明前景。“艰难困苦，玉汝于成。”现在，我们比历史上任何时期都更接近中华民族伟大复兴的目标，比历史上任何时期都更有信心、有能力实现这个目标。行百里者半九十。宏伟目标激励人心，历史重任催人奋进。现在，我们正处在即将实现第一个百年奋斗目标并向第二个百年奋斗目标迈进的关键节点。事要去做才能成就事业，路要去走才能开辟通途。中华民族伟大复兴，绝不是轻轻松松、敲锣打鼓就能实现的。全党必须准备付出更为艰巨、更为艰苦的努力。党员干部必须认识到，把蓝图变成现实，我们还将走很长的路，我们必须为之付出更为长期、更为艰巨、更为艰苦的努力，应该锲而不舍、驰而不息进行努力，不能因现实复杂而放弃梦想，也不能因理想遥远而放弃追求。党员干部必须牢记空谈误国、实干兴邦，践行正确政绩观，发扬钉钉子精神，力戒空谈，察实情、出实招、办实事、求实效，做到守土尽责。

（3）找差距

差距不找不明，问题不攻不破。习近平总书记在“不忘初心、牢记使命”主题教育工作会议上指出：“找差距，就是要对照新时代中国特色社会主义思想和党中央决策部署，对照党章党规，对照人民群众新期待，对照先进典型、身边榜样，坚持高标准、严要求，找一找在增强‘四个意识’、坚定‘四个自信’、做到‘两个维护’方面存在哪些差距，找一找在知敬畏、存戒惧、守底线方面存在哪些差距，找一找在群众观点、群众立场、群众感情、服务群众方面存在哪些差距，找一找在思想觉悟、能力素质、道德修养、作风形象方面存在哪些差距，有的放矢进行整改。”

差距是普遍存在的社会现象，始终伴随在我们的工作和生活中。有的人实事求是地承认与先进之间存在的差距，然后分析原因，制定措施，积极缩小以至消灭差距；有的人面对差距懵然无知，夜郎自大；有的人虽然也承认差距，但觉得“前面有骑马的，后面有挑担的，我在中间骑驴子，比上不足，比下有余”，满足于现状，甘居中游；有的人明知有差距，就是不努力，来一个破罐破摔，如此等等，不一而足。如何对待差距，是世界观问题，作风问题，直接关系到工作的好坏、事业的兴衰成败。

（4）抓落实

习近平总书记在“不忘初心、牢记使命”主题教育工作会议上指出：“抓落实，就是要把新时代中国特色社会主义思想转化为推进改革发展稳定和党的建设各项工作的实际行动，把初心使命变成党员干部锐意进取、开拓创新的精气神和埋头苦干、真抓实干的自觉行动，力戒形式主义、官僚主义，推动党的路线方针政策落地生根，推动解决人民群众反映强烈的突出问题，不断增强人民群众获得感、幸福感、安全感。”要抓实、再抓实，不抓实，再好的蓝图只能是一纸空文，再近的目标只能是镜花水月。

清谈误国、实干兴邦，一分部署、九分落实。抓落实，是党的政治路线、思想路线、群众路线的根本要求，也是衡量领导干部党性和政绩观的重要标志。有了好的决策、好的蓝图，关键在落实。要拿出实实在在的举措，一个时间节点一个时间节点往前推进，以钉钉子精神全面抓好落实，不能搞形式主义、实用主义学习党中央精神，要把自己摆进去，把职责摆进去，把工作摆进去，学用结合，知行合一。抓落实来不得花拳绣腿，光喊口号、不行动不行，单单开会、发文件不够，必须落到实处。要有真抓的实劲、敢抓的狠劲、善抓的巧劲、常抓的韧劲，抓铁有痕、踏石留印抓落实。要明确属于自己职责范围内的任务，抓住突出短板和薄弱环节，分清轻重缓急，加强政策配套，加强协同攻坚，加强督察落实，确保各项目标任务按时保质完成。抓落实，一把手是关键，要把责任扛在肩上，勇于挑最重的担子，敢于啃最硬的骨头，善于接最烫的山芋，把分管工作抓紧抓实、抓出成效。

3. 开展“不忘初心、牢记使命”主题教育的根本任务

习近平总书记在“不忘初心、牢记使命”主题教育工作会议上指出：“开展这次主题教育，根本任务是深入学习贯彻新时代中国特色社会主义思想，锤炼忠诚干净担当的政治品格，团结带领全国各族人民为实现伟

大梦想共同奋斗。"

习近平新时代中国特色社会主义思想，充满着对马克思主义的坚定信仰，充满着对社会主义和共产主义的坚定信念，展现了当代中国共产党人的政治品格、价值追求、精神风貌。有习近平新时代中国特色社会主义思想的科学指引，我们思想上就有了"定盘星"、政治上就有了"压舱石"、行动上就有了"指南针"，就能凝聚起攻坚克难的磅礴力量，在各种风险挑战面前永远立于不败之地。建设忠诚干净担当的高素质干部队伍，是贯彻新时代党的组织路线的关键。忠诚干净担当，是每个党员干部必须具备的基本素养。只有对党忠诚、一心为公，廉洁自律、一尘不染，勇于担当、一往无前，才能让人民群众信得过，才能凝聚更加强大的力量，战胜前进道路上一个又一个艰难险阻。不忘初心再出发，牢记使命勇担当，继续以逢山开路、遇水架桥的开拓精神，开新局于伟大的社会革命，强体魄于伟大的自我革命，中国共产党就能永远年轻、永葆旺盛生命力和强大战斗力，中华民族伟大复兴的巨轮就能乘风破浪、胜利驶向光辉的彼岸！

事业发展永无止境，我们面临的任务依然艰巨复杂、肩负的历史使命光荣而艰巨。无论面临什么样的风险挑战，中国共产党人的初心永远不能改变、追求梦想的步伐永远不会停歇。党员干部尤其是领导干部要用习近平新时代中国特色社会主义思想武装头脑、指导实践、推动工作，不断锤炼忠诚干净担当的政治品格，为实现伟大梦想不懈奋斗。1921 年 7 月，中国共产党成立的一刻，新的革命火种在沉沉黑夜的中国大地点燃了。近百年过去了，在中国共产党的领导下，一个曾经"覆屋之下，漏舟之中，薪火之上"的国家，已经巍然屹立在世界的东方；一个曾经

"积弱积贫，九原板荡，百载陆沉"的民族，正在实现伟大复兴的光荣和梦想。党的十九大报告指出："中国共产党人的初心和使命，就是为中国人民谋幸福，为中华民族谋复兴。"实现中华民族伟大复兴是近代以来中华民族最伟大的梦想。时代的风吹雨打，从未让共产党人的初心褪去颜色。历经艰辛抗争，走过辉煌历程。新时代中国共产党的历史使命，是继续推进实现中华民族伟大复兴。我们比历史上任何时期都更接近、更有信心和能力实现中华民族伟大复兴的目标。

习近平总书记在党的十八大闭幕后同中外记者见面时就强调，"人民对美好生活的向往，就是我们的奋斗目标"，"我们一定要始终与人民心心相印、与人民同甘共苦、与人民团结奋斗"。实现民族复兴，集中反映了中国人民对美好生活的向往。2012 年 11 月 17 日，习近平总书记在第十八届中共中央政治局第一次集体学习时的讲话中指出，强调总任务，是因为我们党从成立那天起，就肩负着实现中华民族伟大复兴的历史使命。我们党领导人民进行革命、建设、改革，就是要让中国人民富裕起来，国家强盛起来，振兴伟大的中华民族。2012 年 11 月 29 日，在全党全国上下认真学习贯彻党的十八大精神的热潮中，中共中央总书记、中央军委主席习近平和中央政治局常委李克强、张德江、俞正声、刘云山、王岐山、张高丽等来到国家博物馆，参观《复兴之路》陈列展。在参观过程中，习近平总书记发表了重要讲话，指出："现在，大家都在讨论中国梦，我以为，实现中华民族伟大复兴，就是中华民族近代以来最伟大的梦想。这个梦想，凝聚了几代中国人的夙愿，体现了中华民族和中国人民的整体利益，是每一个中华儿女的共同期盼。"实现中华民族伟大复兴之所以是中华民族近代以来最伟大的梦想，从根本上说，就是因为

"中国梦"的本质内涵是实现国家富强、民族复兴、人民幸福、社会和谐。这个梦想代表了100多年来中国人民的根本利益，反映了中国人民的最大愿望。

实现中华民族伟大复兴的基本含义。为实现中华民族伟大复兴而奋斗，首先要深刻理解实现中华民族伟大复兴的基本含义。在这个问题上，"复兴"二字是关键。对此，包括有以下四层含义。

第一，实现中华民族的伟大复兴，意味着中华民族古代曾经有过辉煌盛世。这是指中华民族在古代曾经创造了高度繁荣昌盛的物质文明和精神文明。从春秋战国时代到"康乾盛世"，在长达2000多年的时间里，中华民族经济发达、科技领先、文化繁荣，走在了同时期人类文明发展的前列，比如有口皆碑的"四大发明"，是中华民族历史上曾经的发达、先进的基本标志。

第二，实现中华民族的伟大复兴，意味着中华民族也曾经有过没落和衰退，曾经遭遇蹂躏与屈辱。这是指中华民族自1840年鸦片战争开始的近代中国，处于文明衰落与民族危亡的境地。在中国的近代，随着西方资本主义文明的兴起与扩张，加之中国封建统治的束缚，使古老的中华文明逐步走向衰落，中国逐渐沦为半封建半殖民地国家，对内没有人民民主，对外没有民族独立。一时间，古老的东方大国——中国由雄狮变成了睡狮，中华民族的落后与西方国家的发达形成了鲜明对比，即西方资产阶级的思想解放运动与中国封建主义的思想禁锢，西方近代自然科学的黎明与中国传统科学技术的黄昏，西方市场经济机制的确立与中国自然经济机制的延续，西方产业革命的高歌猛进与中国农业、手工业发展的停滞不前……种种差距使中华民族的发展落在了后面。落后就要挨打，文明衰落必然导致民族危亡。鸦片战争后，中国的国门被打开，主权遭践踏，领土被分割，跌到了文明发展的谷底。实现中华民族的伟大复兴，就是要全国人民在中国共产党的领导下，坚定地走中国特色社会主义道路，使中华民族一洗百年之耻。

第三，实现中华民族的伟大复兴，也意味着中华民族今天的落后与被动局面尚未彻底改变，但已不再是国际秩序的被动接受者。必须看到，与近代中国的落伍同步，中国先进阶级、志士仁人就把实现中华民族的伟大复兴作为远大志向和抱负，就开始了英勇的尝试和奋争。特别是自1921年中国共产党成立以来，始终坚持以实现中华民族的伟大复兴为己任，领导中国人民开始了为实现中华民族的伟大复兴而奋斗的征程。在近百年的历史进程中，取得了巨大的成就。如在新民主主义革命时期，党领导全国人民推翻了帝国主义、封建主义和官僚资本主义的统治，实现了民族独立和人民解放，为实现中华民族的伟大复兴扫清了最大障碍，提供了主体力量；在社会主义革命和社会主义建设时期，党领导全国人民建立了以公有制为经济基础的社会主义制度，建立起了独立的和比较完整的国民经济体系，为实现中华民族的伟大复兴奠定了坚实的政治基础和经济基础；特别是在改革开放和社会主义现代化建设的新时期，党领导全国人民完成了社会主义现代化建设“三步走”战略目标中的前两步，使我国解决了温饱问题，中国社会步入小康阶段。习近平总书记在庆祝改革开放40周年大会上指出：“粮票、布票、肉票、鱼票、油票、豆腐票、副食本、工业券等百姓生活曾经离不开的票证已经进入了历史博物馆，忍饥挨饿、缺吃少穿、生活困顿这些几千年来困扰我国人民的问题总体上一去不复返了！”“中国人民迎来了从温饱不足到小康富裕的伟大飞跃！”中国全面建成小康社会，既是中华民族实现伟大复兴历史上一个重大的里程碑，也是中国为世界、为全人类作出的重大贡献。全面小康路上，一个都不能少。全面小康，是城乡区域共同的小康。我们应该清醒看到，农村特别是贫困地区，是全面小康最大的短板。打赢脱贫攻坚战，是全面建成小康社会的底线任务。

历史车轮滚滚向前，时代潮流浩浩荡荡。从十九大到二十大，是“两个一百年”奋斗目标的历史交汇期。我们既要全面建成小康社会、实现第一个百年奋斗目标，又要乘势而上开启全面建设社会主义现代化国家新征程，向第二个百年奋斗目标进军。从国际地位看，当代中国正在从大国向强国的关键时期，已不再是国际秩序的被动接受者，而是积极的参与者、建设者、引领者。世界对中国的关注，从未像今天这样广泛、深切、焦虑；中国对世界的影响，也从未像今天这样全面、深刻、长远。[①] 我国社会主要矛盾的变化是关系全局的历史性变化，但是没有改变我们对我国社会主义所处历史阶段的判断，我国仍处于并将长期处于社会主义初级阶段的基本国情没有变，我国是世界最大发展中国家的国际地位没有变。当今世界正处于大发展大变革大调整时期。经济全球化大潮滚滚向前，但保护主义、单边主义为世界经济增长蒙上了阴影。新科技革命和产业变革蓄势待发，但增长新旧动能转换尚未完成。国际格局深刻演变，但发展失衡未有根本改观。全球治理体系加快变革，但治理滞后仍是突出挑战。我们面临的挑战和问题依然严峻复杂，应该说，党面临的“赶考”远未结束。我们必须正视这种现实，必须增强忧患意识，

① 参见中共中央宣传部：《习近平新时代中国特色社会主义思想学习纲要》，学习出版社、人民出版社 2019 年版，第 14 页。

增强紧迫感，增强责任感和使命感，为中华民族当代和今后的历史发展中摆脱落后与被动，站在时代的前列，走向繁荣与发达，为实现中华民族的伟大复兴而奋斗。

第四，实现中华民族的伟大复兴，体现了中国共产党紧密团结和紧紧依靠全国各族人民为实现中华民族伟大复兴而奋斗的巨大勇气和坚强决心。我们党领导人民进行革命、建设、改革，就是要让中国人民富裕起来，国家强盛起来，振兴伟大的中华民族。按照现代化建设“三步走”的战略部署，建设富强民主文明和谐的社会主义现代化国家。党的十九大对我国发展提出了更高的奋斗目标，形成了从全面建成小康社会到基本实现现代化、再到全面建成社会主义现代化强国的战略安排，发出了实现中华民族伟大复兴中国梦的最强音。党的十九大更是提出建设富强民主文明和谐美丽的社会主义现代化强国，这是我们党和国家在整个社会主义初级阶段的奋斗目标，也是我们实现中华民族伟大复兴的关键。我们党的庄严使命、改革开放的根本目的、我们国家的奋斗目标，都聚焦于实现中华民族伟大复兴这个总任务、归结于这个总任务。

由此可见，实现中华民族的伟大复兴，并不是简单地复古，简单地使中国恢复到古代的兴盛；也不是倡导狭隘的民族主义，报近代帝国主义列强侵略中国的一箭之仇；也不是一般性地使中国步入发达国家行列，达到今天现代化国家的水平。实现中华民族的伟大复兴，是一项全方位的立体性、动态性工程，是要以当今时代的先进水平为标志，以当今时代的发展趋势为方向，以不断提高中国人民的物质和文化生活水平、不断提升中华民族的综合实力和国际竞争力、不断提高中华民族在世界民族之林的地位和作用为目的。总之，为实现中华民族伟大复兴而奋斗，是历史赋予当代中国共产党人和中国人民的艰巨使命和光荣责任。我们要在新的历史起点上，自觉地把实现中华民族的伟大复兴作为建设中国特色社会主义的总任务，同全面建成小康社会、推进实现社会主义现代化有机结合起来。

近百年来，为了实现中华民族伟大复兴的历史使命，无论是弱小还是强大，无论是逆境还是顺境，我们党都初心不改、矢志不渝，敢于克服任何艰险，甘于付出任何牺牲，勇于修正任何错误战胜了一个又一个看似不可战胜的敌人，攻克了一个又一个看似不可攻克的难关，创造了一个又一个彪炳史册的人间奇迹。经过长期努力，中国特色社会主义进入了新时代。今天，我们比历史上任何时期都更接近、更有信心和能力实现中华民族伟大复兴的目标，我国日益走近世界舞台中央。

在近代以来漫长的历史进程中，中国人民经历了太多太多的磨难，付出了太多太多的牺牲，进行了太多太多的拼搏。现在，中国人民和中华民族在历史进程中积累的强大能量已经充分爆发出来了，为实现中华民族伟大复兴提供了势不可挡的磅礴力量。伟大梦想不是等出来、喊出来的，而是拼出来的、干出来的。在这个千帆竞发、百舸争流的时代，我们绝不能有半点骄傲、固步自封，也绝不能有丝毫犹豫不决、徘徊彷徨，必须统揽“四个伟大”，勇立潮头、奋勇搏击。中华民族伟大复兴的中国梦一定要实现，也一定能够实现。

4. 开展“不忘初心、牢记使命”主题教育的具体目标

目标决定方向，目标决定质量。习近平总书记在“不忘初心、牢记使命”主题教育工作会议上指出了这次主题教育的具体目标是“理论学习有收获、思想政治受洗礼、干事创业敢担当、为民服务解难题、清正廉洁作表率”。

（1）理论学习有收获，重点是教育引导广大党员干部在原有学习的基础上取得新进步，加深对习近平新时代中国特色社会主义思想和党中央大政方针的理解，学深悟透、融会贯通，增强贯彻落实的自觉性和坚定性，提高运用党的创新理论指导实践、推动工作的能力。

（2）思想政治受洗礼，重点是教育引导广大党员干部坚定对马克思主义的信仰、对中国特色社会主义的信念，传承红色基因，增强“四个意识”、坚定“四个自信”、做到“两个维护”，自觉在思想上政治上行动上同党中央保持高度一致，始终忠诚于党、忠诚于人民、忠诚于马克思主义。

（3）干事创业敢担当，重点是教育引导广大党员干部以强烈的政治责任感和历史使命感，保持只争朝夕、奋发有为的奋斗姿态和越是艰险越向前的斗争精神，以钉钉子精神抓工作落实，坚决摒弃一切明哲保身、得过且过、敷衍塞责、懒政怠政等消极行为，努力创造经得起实践、人民、历史检验的实绩。

（4）为民服务解难题，重点是教育引导广大党员干部坚守人民立场，树立以人民为中心的发展理念，增进同人民群众的感情，自觉同人民想在一起、干在一起，着力解决群众的操心事、烦心事，以为民谋利、为民尽责的实际成效取信于民。

（5）清正廉洁作表率，重点是教育引导广大党员干部保持为民务实清廉的政治本色，正确处理公私、义利、是非、情法、亲清、俭奢、苦乐、得失的关系，自觉同特权思想和特权现象作斗争，坚决预防和反对腐败，清清白白为官、干干净净做事、老老实实做人。

5. 开展“不忘初心、牢记使命”主题教育的重点措施

习近平总书记在“不忘初心、牢记使命”主题教育工作会议上指出：“这次主题教育不划阶段、不分环节，不是降低标准，而是提出更高要求。各地区各部门各单位要结合实际，创造性开展工作，把学习教育、调查研究、检视问题、整改落实贯穿主题教育全过程，努力取得最好成效。”

2019 年 6 月，中央“不忘初心、牢记使命”主题教育领导小组印发的《关于抓好第一批主题教育学习教育、调查研究、检视问题、整改落实工作的通知》(以下简称《通知》)，要求各地区各部门各单位要结合各自实际，探索方法、创新形式，把学习教育、调查研究、检视问题、整改落实四项重点措施贯通起来，有机融合、统筹推进。《通知》明确指出，要把学习贯彻习近平新时代中国特色社会主义思想作为主题教育的主线，体现到学习教育、调查研究、检视问题、整改落实各方面。通过主题教育，推动学习贯彻习近平新时代中国特色社会主义思想取得新进步、达到新高度。《通知》强调，学习教育、调查研究、检视问题、整改落实都要做实做好做到位，特别是各级领导机关和领导干部要发挥示范带动作用，不能只把自己当作主题教育的领导者、组织者置身于外，不能学归学、说归说、做归做，切实防止形式主义、官僚主义和走过场。

（1）扎实抓好学习教育

坚持思想建党、理论强党，把学习贯彻习近平新时代中国特色社会主义思想作为重中之重、贯穿始终，推动学习往深里走、往心里走、往实里走，不断增进政治认同、思想认同、理论认同、情感认同，做到虔诚而执着、至信而深厚，把学习由“本分”转化为“本能”。习近平总书记在“不忘初心、牢记使命”主题教育工作会议上指出：“党内存在的一些突出问题，从根源上说都是思想上的问题。从延安整风运动以来，我们党开展历次集中性教育活动，都是以思想教育打头。开展这次主题教育，要强化理论武装，聚焦解决思想根子问题，组织党员干部读原著、学原文、悟原理，自觉对表对标，及时校准偏差。要采取理论学习中心组学习、举办读书班等形式，分专题进行研讨交流。要采取多种形式，深入开展革命传统教育、形势政策教育、先进典型教育和警示教育，增强学习教育针对性、实效性、感染力。要宣传那些秉持理想信念、保持崇高境界、坚守初心使命、敢于担当作为的先进典型，形成学习先进、争当先进的良好风尚。”

《通知》指出，学习教育要把学懂弄通做实习近平新时代中国特色社会主义思想作为重中之重贯穿全过程，深学细悟、细照笃行，带着责任学、带着问题学，推动主题教育目标任务的实现。《通知》要求，要扎实抓好学习教育。聚焦主题开展学习，紧紧围绕习近平总书记关于“不忘初心、牢记使命”的重要论述来组织学习，党员领导干部要以自学为主，静下心、坐下来，读原著、学原文、悟原理，通读相关学习材料，在多思多想、学深悟透，系统全面、融会贯通上下功夫。抓好集中学习研讨，采取党委（党组）理论学习中心组学习、举办读书班等形式，聚焦学习贯彻习近平总书记关于“不忘初心、牢记使命”的重要论述进行研讨交流。发扬理论联系实际优良学风，把学习研讨同研究解决本地区本部门本单位改革发展稳定的突出问题和党的建设面临的紧迫问题结合起来，同个人的思想实际和工作实际结合起来。

（2）认真开展调查研究

调查研究，是对客观实际情况的调查了解和分析研究，目的是把事情的真相和全貌调查清楚，把问题的本质和规律把握准确，把解决问题的思路和对策研究透彻。搞好调查研究，是进行正确决策的基础和前提。没有调查研究就没有发言权，没有调查研究更没有决策权。“一语不能践，万卷徒空虚。”习近平总书记在“不忘初心、牢记使命”主题教育工作会议上指出：“要教育引导广大党员干部了解民情、掌握实情，搞清楚问题是什么、症结在哪里，拿出破解难题的实招、硬招。调查研究要注重实效，使调研的过程成为加深对党的创新理论领悟的过程，成为保持同人民群众血肉联系的过程，成为推动事业发展的过程。要防止为调研而调研，防止搞‘出发一车子、开会一屋子、发言念稿子’式的调研，防止扎堆调研、‘作秀式’调研。”党的各项事业纷繁复杂，要跟无数的老百姓打交道，要处理大量的矛盾纠纷，要发挥各种力量的作用。在具体的调查研究中，难点就在于从复杂的工作状况中调查出事情的真相和全貌，研究出解决问题的思路和对策。

《通知》指出，调查研究要紧紧围绕贯彻落实习近平新时代中国特色社会主义思想、习近平总书记重要指示批示精神和党中央决策部署，边调研边学习边对照检查，在调研中深化理解和感悟，在理论联系实际的过程中寻找解决问题的办法措施。《通知》明确，要认真开展调查研究。调查研究要坚持问题导向，着眼解决实际问题，有针对性地开展调查研究，把调查研究与履职尽责、完成党中央部署的任务和当前正在做的事情结合起来。调查研究要注重从实际出发，着眼发现问题、解决问题，哪些方面问题突出就聚焦到哪些方面调研，问题出在哪个环节就重点在哪个环节调研。同时，要在深入学习理论和扎实开展调研基础上讲好专题党课，主要负责同志要带头讲，其他班子成员到所分管领域或基层单位讲。

（3）检视反思突出问题

习近平总书记在“不忘初心、牢记使命”主题教育工作会议上指出：“敢于直面问题、勇于修正错误是我们党的显著特点和优势。要教育党员干部以刀刃向内的自我革命精神，广泛听取意见，认真检视反思，把问题找实、把根源挖深，明确努力方向和改进措施。检视问题要防止大而化之、隔靴搔痒，避重就轻、避实就虚；防止以上级指出的问题代替自身查找的问题、以班子问题代替个人问题、以他人问题代替自身问题、以工作业务问题代替思想政治问题、以旧问题代替新问题。针对查摆出来的问题，要对症下药，切实把问题解决好。”2019 年 6 月 24 日，习近平总书记在中央政治局第十五次集体学习时强调：“不忘初心、牢记使命，关键是要有正视问题的自觉和刀刃向内的勇气。要坚持问题导向，真刀真枪解决问题。这次主题教育列出的 8 个方面突出问题，都是可能动摇党的根基、阻碍党的事业的问题，必须以彻底的自我革命精神加以解决。对党内的一些突出问题，人民群众往往看得很清楚。”

《通知》指出，检视问题要自觉对照习近平新时代中国特色社会主义思想找差距、查短板，在不断深化学习教育和调查研究中，把问题找准查实、把根源剖深析透。《通知》要求，要检视反思突出问题。各地区各部门各单位要广开言路、畅通渠道，真心诚意听取基层党员群众、工作服务对象的意见建议。党员干部要自觉对表对标，对照习近平新时代中国特色社会主义思想、习近平总书记重要指示批示精神和党中央决策部署，对照习近平总书记在“不忘初心、牢记使命”主题教育工作会议上的重要讲话中指出的突出问题，对照《中国共产党党内重要法规汇编》，对照初心使命，对照人民群众新期待，对照先进典型、身边榜样，结合征求到的意见建议，把自己摆进去、把职责摆进去、把工作摆进去。同时，领导班子和班子成员要发扬刀刃向内的自我革命精神，认真检视反思，针对工作短板、具体问题，从思想、政治、作风、能力、廉政方面进行深入剖析。

（4）切实抓好整改落实

“人患不知其过，既知之，不能改，是无勇也。”习近平总书记在“不忘初心、牢记使命”主题教育工作会议上指出：“要把‘改’字贯穿始终，立查立改、即知即改，能够当下改的，明确时限和要求，按期整改到位；一时解决不了的，要盯住不放，通过不断深化认识、增强自觉，明确阶段目标，持续整改。整改落实要防止虎头蛇尾、久拖不决，防止搞纸上整改、虚假整改，防止以简单问责基层干部代替整改责任落实，防止以整改为名，层层填表报数，增加基层负担。要把开展主题教育同树立正确用人导向结合起来，对领导班子和领导干部政治、思想、作风、履职能力等情况进行评估，及时提拔使用好干部，坚决调整处理对党不忠、从政不廉、为官不为的干部，形成优者上、庸者下、劣者汰的良好政治生态。”

《通知》指出，整改落实要聚焦贯彻落实习近平新时代中国特色社会主义思想、习近平总书记重要指示批示精神和党中央决策部署，一开始就改起来，把“改”字贯穿始终，真改实改、攻坚克难。《通知》明确，要切实抓好整改落实。各地区各部门各单位要着力落实习近平总书记重要指示批示精神和党中央决策部署。突出抓好问题整改，县处级以上领导干部、领导班子从检视剖析的问题中，各地区各部门各单位结合专项整治工作，从群众反映强烈的问题中，分别列出几个最突出的、在主题教育期间能够解决的问题，抓紧整改解决，切实增强人民群众的获得感、幸福感、安全感。领导机关和领导干部要切实抓好自身的问题整改，防止只抓下级、不抓自身。

6. 加强组织领导，确保教育质量

党中央对开展“不忘初心、牢记使命”主题教育的总要求、目标任务、方法步骤作出了明确规定，要准确把握党中央精神，结合本地区本部门本单位实际，对准目标，积极推进，确保取得预期效果。开展“不忘初心、牢记使命”主题教育，时间紧、任务重、要求高，要增强责任感和紧迫感，加强组织领导，强化督促指导，在提高主题教育质量上下功夫。这次主题教育在中央政治局常委会领导下开展。各级党委（党组）要把主体责任扛起来，主要领导同志要担负起第一责任人责任。党委（党组）成员要认真履行“一岗双责”，对分管领域加强指导督促。领导机关和领导干部要先学一步、学深一点，先改起来、改实一点，同时要担负好领导指导责任，抓好所属单位党组织的主题教育。各级党委（党组）要加强督促指导。中央指导组要进行巡回指导，加强对各地区各部门各单位开展主题教育的督促指导。省区市党委和行业系统主管部门党组（党委）要派出巡回指导组。要宣传正面典型，宣传党员干部身边可信可学的先进人物，推广一批可复制可普及的好经验。要深刻剖析反面典型，以案例明法纪、促整改，发挥警示作用。

开展任何一项工作，首先看态度，关键看行动，最终看效果。各地区各部门各单位要坚持围绕中心、服务大局，把开展主题教育同完成改革发展稳定各项任务结合起来，同做好稳增长、促改革、调结构、惠民生、防风险、保稳定各项工作结合起来，同党中央部署正在做的事结合起来，使党员干部焕发出来的热情转化为攻坚克难、干事创业的实际成果。要力戒形式主义、官僚主义，教育引导党员干部树立正确政绩观，真抓实干、转变作风。主题教育本身要注重实际效果，解决实质问题。

十、统揽“四个伟大”

习近平总书记讲道：中华民族的昨天，可以说是“雄关漫道真如铁”。近代以后，中华民族遭受的苦难之重、付出的牺牲之大，在世界历史上都是罕见的。但是，中国人民从不屈服，不断奋起抗争。中华民族终于在中国共产党的正确领导下，终于掌握了自己的命运，开始了建设自己国家的伟大进程，充分展示了以爱国主义为核心的伟大民族精神。要求全党同志必须牢记，落后就要挨打，发展才能自强。

古人说，天下兴亡，匹夫有责。空谈误国，实干兴邦。事业是人干出来的，不干半点马克思主义也没有。梦想只有靠人的实干才能实现。

越是接近目标，越不能掉以轻心。中华民族伟大复兴，绝不是轻轻松松、敲锣打鼓就能实现的。今天，我们比历史上任何时期都更接近、更有信心和能力实现中华民族伟大复兴的目标。肩负起新时代的历史使命，实现民族复兴的“伟大梦想”，必须有新的要求新的条件新的奋斗，正如党的十九大报告强调的，必须进行具有许多新的历史特点的伟大斗争，推进党的建设新的伟大工程，推进中国特色社会主义伟大事业。

（一）实现伟大梦想，必须进行伟大斗争

矛盾是一种客观存在，有矛盾就会有斗争。但在现实生活中，有的党员、干部为了刻意营造一个和谐稳定的社会氛围，故意回避矛盾、逃避斗争，不愿意正面回应社会矛盾，不善于正面加以合理斗争，尤其是对一些削弱、歪曲、否定党的领导和我国社会主义制度的言行，一些损害人民利益、脱离群众的行为，一些分裂祖国、破坏民族团结和社会和谐稳定的行为，置之不理、冷漠放任，致使积重难返、损坏党的领导和社会主义制度的形象。我们党要团结带领人民有效应对重大挑战、抵御重大风险、克服重大阻力、化解重大矛盾、解决重大问题，必须进行具有许多特点的伟大斗争。要牢牢掌握斗争主动权，发扬斗争精神、增强斗争本领，敢于斗争、善于斗争，在事关中国特色社会主义前途命运的大是大非上坚定不移，在改革发展稳定工作中敢于碰硬，在全面从严治党上敢于动硬，在维护国家核心利益上敢于针锋相对，不在困难面前低头，不在挑战面前退缩，不拿原则做交易，不在任何压力下吞下损害中华民族根本利益的苦果。充分认识这场伟大斗争的长期性、复杂性、艰巨性，到重大斗争一线去真枪真刀磨砺，以顽强的斗志，不断夺取伟大

斗争新胜利。

（二）实现伟大梦想，必须建设伟大工程

历史已经证明并将继续证明，没有党的领导，没有党的坚强领导，没有一个强有力的党中央核心的集中统一领导，中华民族伟大复兴必然是空想。与此同时，党的领导不是自封的，党的领导地位不是一劳永逸的，要巩固党的领导地位，始终成为时代先锋、民族脊梁，始终成为马克思主义政党，党自身必须政治过硬、本领高强，必须敢于刮骨疗毒，清除一切侵蚀党的健康肌体的病毒，建设好新时代党的建设伟大工程，确保我们党永葆旺盛生命力和强大战斗力。2018 年 7 月 3 日，在全国组织工作会议上，习近平总书记强调，中国特色社会主义进入新时代，我们党一定要有新气象新作为，关键是党的建设新的伟大工程要开创新局面。伟大斗争、伟大工程、伟大事业、伟大梦想，其中起决定性作用的是党的建设新的伟大工程。要把新时代坚持和发展中国特色社会主义这场伟大社会革命进行好，我们党必须勇于进行自我革命，把党建设得更加坚强有力。

（三）实现伟大梦想，必须推进伟大事业

中国特色社会主义是改革开放以来党的全部理论和实践的主题，是党和人民历尽千辛万苦、付出巨大代价取得的根本成就。在中国特色社会主义进入新时代的我国发展新历史方位条件下，我们必须更加坚定道路自信、理论自信、制度自信、文化自信，保持政治定力，把中国特色社会主义事业不断推向前进，更加彰显科学社会主义的无比优越性和强

大生命力。

（四）“四个伟大”，紧密联系、相互贯通、相互作用

党要团结带领人民进行伟大斗争，这种斗争不是革命战争年代那种疾风骤雨式的阶级斗争，也不是社会主义建设初期那种大规模的群众运动，而是为发展中国特色社会主义进行的一系列伟大创新创造，是为了实现中华民族伟大复兴的中国梦而实施的战略举措、突破遏制、回应挑战、补齐短板的斗争。习近平总书记反复告诫全党，如果对当前和今后一个时期我们在国际国内面临的矛盾风险挑战掉以轻心，防范不及、应对不力，就会导致矛盾风险挑战传导、叠加、演变、升级，小的矛盾风险挑战就会发展成大的，局部的就会发展成系统的，国际上的就会演变成国内的，经济、社会、文化、生态领域的就会转化为政治领域的，最终危及党的执政地位、危及国家安全。面对这些矛盾风险挑战，需要我们进一步发扬斗争精神。

党的建设历来是同党的历史任务、同党为实现这些任务而确立的纲领、路线联系在一起的。在“四个伟大”中起决定性作用的是党的建设新的伟大工程。对党的十八大以来全面从严治党取得的成果，人民群众给予了很高评价，成绩值得充分肯定，经验值得深入总结。但是，我们决不能因此而沾沾自喜、盲目乐观。全面从严治党依然任重道远。全党要坚持问题导向，保持战略定力，推动全面从严治党向纵深发展，把全面从严治党的思路举措搞得更加科学、更加严密、更加有效，确保党始终同人民想在一起、干在一起，引领承载着中国人民伟大梦想的航船破浪前进，胜利驶向光辉的彼岸。全党要更加自觉地坚定党性原则，勇于直面问题，敢于刮

骨疗毒，消除一切损害党的先进性和纯洁性的因素，清除一切侵蚀党的健康肌体的病毒，不断增强党的政治领导力、思想引领力、群众组织力、社会号召力，确保我们党永葆旺盛生命力和强大战斗力。

在“四个伟大”中，伟大梦想就是实现中华民族伟大复兴的中国梦。伟大梦想是目标，实际上回答了我们实现什么样的奋斗目标问题，实现这一梦想意味着国家富强、民族振兴和人民幸福。习近平总书记指出：“实现中华民族伟大复兴是一项光荣而艰巨的事业，需要一代又一代中国人共同为之努力。空谈误国，实干兴邦。我们这一代共产党人一定要承前启后、继往开来，把我们的党建设好，团结全体中华儿女把我们国家建设好，把我们民族发展好，继续朝着中华民族伟大复兴的目标奋勇前进。”进行伟大斗争、建设伟大工程、推进伟大事业，归根结底是要实现中华民族伟大复兴中国梦这一“伟大梦想”，是进行伟大斗争、建设伟大工程、推进伟大事业的出发点和落脚点。

在“四个伟大”中，伟大斗争是使命。习近平总书记强调：“发展中国特色社会主义是一项长期的艰巨的历史任务，必须准备进行具有许多新的历史特点的伟大斗争”。实现中国梦不可能一帆风顺，越接近目标，面临的风险就越大，遇到的问题就越复杂。进行具有许多新的历史特点的伟大斗争，不仅要有敢于斗争的精神状态，更要有善于斗争的科学态度。伟大斗争指明了我们“以什么样的精神状态”推动伟大事业，即我们要进行许多具有新的历史特点的伟大斗争。这种具有新的历史特点的伟大斗争，既有国内全面深化改革过程中的，也有国际格局深度变革进程中的；既有我们遇到过的，更有许多难以预料的，面临的挑战和困难前所未有。这就需要我们“增强忧患意识，做到居安思危、知危图安”，

“既要看到成绩和机遇，更要看到短板和不足、困难和挑战”。发扬斗争精神积极应对新挑战，既要敢于亮剑坚决斗争，又要凝聚力量善于斗争，不断开辟事业发展的新境界。如果对当前和今后一个时期我们在国际国内面临的矛盾风险挑战掉以轻心，防范不及、应对不力，就会导致矛盾风险挑战传导、叠加、演变、升级，使小的矛盾风险挑战发展成大的矛盾风险挑战，局部的矛盾风险挑战发展成系统的矛盾风险挑战，国际上的矛盾风险挑战演变为国内的矛盾风险挑战，经济、社会、文化、生态领域的矛盾风险挑战转化为政治矛盾风险挑战，最终危及党的执政地位、危及国家安全。习近平总书记多次论及，要时刻准备应对重大挑战、抵御重大风险、克服重大阻力、解决重大矛盾。“四个重大”就是新时代新的历史特点条件下具体的针对性定制任务。党的十九大报告更是明确了具体的斗争方向。

在“四个伟大”中，伟大工程就是我们党作为执政主体以怎样的形象和力量进行伟大斗争、推进伟大事业，实现伟大梦想。中国共产党承担着带领广大人民群众实现中华民族伟大复兴的历史使命，“伟大工程”是保障，实际上回答了我们党担负什么样的历史使命问题。党坚强有力，党同人民保持血肉联系，国家就繁荣稳定，人民就幸福安康。2019 年 6 月 24 日，习近平总书记在中央政治局第十五次集体学习时强调：“应该看到，在长期执政条件下，各种弱化党的先进性、损害党的纯洁性的因素无时不有，各种违背初心和使命、动摇党的根基的危险无处不在，‘四大考验’、‘四种危险’依然复杂严峻，如果不严加防范、及时整治，久而久之，必将积重难返，小问题就会变成大问题、小管涌就会沦为大塌方。党的自我革命任重而道远，决不能有停一停、歇一歇的想法。”在新时代，我们党必须以党的自我革命来推动党领导人民进行的伟大社会革命，把党建设成为始终走在时代前列、人民衷心拥护、勇于自我革命、经得起各种风浪考验、朝气蓬勃的马克思主义执政党。党的十九大报告明确指出，在“四个伟大”中起决定性作用的是党的建设新的伟大工程。推进伟大工程，要结合伟大斗争、伟大事业、伟大梦想的实践来进行，要坚持问题导向，保持战略定力，推动全面从严治党向纵深发展，把全面从严治党的思路举措搞得更加科学、更加严密、更加有效，确保党始终同人民想在一起、干在一起，引领承载着中国人民伟大梦想的航船破浪前进，胜利驶向光辉的彼岸。确保党在世界形势深刻变化的历史进程中始终走在时代前列，在应对国内外各种风险和考验的历史进程中始终成为全国人民的主心骨，在坚持和发展中国特色社会主义的历史进程中始终成为坚强领导核心。

在“四个伟大”中，伟大事业是方向。伟大事业明确了党的执政主题，宣示了党“举什么旗、走什么路”。习近平总书记指出：“全党必须高举中国特色社会主义伟大旗帜，牢固树立中国特色社会主义道路自信、理论自信、制度自信、文化自信，确保党和国家事业始终沿着正确方向胜利前进。”事实雄辩地证明，要发展中国、稳定中国，要全面建成小康社会、加快推进社会主义现代化，要实现中华民族伟大复兴的中国梦，必须坚定不移坚持和发展中国特色社会主义。我们要牢牢把握我国发展的阶段性特征，牢牢把握人民群众对美好生活的向往，提出新的思路、新的战略、新的举措，继续统筹推进“五位一体”总体布局、协调推进“四个全面”战略布局，决胜全面建成小康社会，夺取新时代中国特色社会主义伟大胜利。全党提高战略思维能力，不断增强工作的原则性、系统性、预见性、创造性，按照新要求制定党和国家大政方针，完善发展战略和各项政策，以新的精神状态和奋斗姿态把中国特色社会主义推向前进。

“四个伟大”逻辑严密，各有侧重，有机统一，系统科学。“进行伟大斗争”着眼于党面对前进道路上的艰难险阻所必须具备的精神气概和精神状态，回答的是“怎么干”，明确宣示了我们“以什么样的精神状态”治国理政。“建设伟大工程”锻造的是中国特色社会主义事业坚强领导核心，回答的是“谁领着干”，就是我们党作为执政主体以怎样的形象和力量进行伟大斗争、推进伟大事业。推进伟大事业，实际上回答了我们党担负什么样的历史使命问题。推进伟大事业是实现伟大梦想的必由之路，回答的是“干什么”，明确了我们要“举什么旗，走什么路”的根本方向问题。实现伟大梦想是在百年奋斗目标的基础上实现伟大复兴，回答的是“干成什么”，实际上回答了我们实现什么样的奋斗目标问题。“四个伟大”与党的十九大“不忘初心，牢记使命，高举中国特色社会主义伟大旗帜，决胜全面建成小康社会，夺取新时代中国特色社会主义伟大胜利，为实现中华民族伟大复兴的中国梦不懈奋斗”的大会主题高度统一、相互贯通。“四个伟大”辩证统一于中国特色社会主义实践，并在创新理论指导下协同共进，在彼此互动中形成一个有机联系的整体，共同推动中国特色社会主义实践发展。

第三编

中国特色社会主义为什么“好”

一个国家实行什么样的主义，关键要看这个主义能否解决这个国家面临的历史性课题。中国特色社会主义是社会主义而不是其他什么主义，科学社会主义基本原则不能丢，丢了就不是社会主义。方向决定前途，道路决定命运。中国特色社会主义道路是当代中国大踏步赶上时代、引领时代发展的康庄大道，必须毫不动摇走下去。中国特色社会主义迎来了从创立、发展到完善的伟大飞跃！党的十九大作出中国特色社会主义进入新时代这个重大政治论断，我们必须认识到，这个新时代是中国特色社会主义新时代，而不是别的什么新时代。党要在新的历史方位上实现新时代党的历史使命，最根本的就是要高举中国特色社会主义伟大旗帜。

社会主义反映了人类对理想社会制度的探索和追求，在人类思想史上占据着道义的制高点。马克思、恩格斯根据人类社会发展一般规律，在深刻批判旧世界的过程中发现新世界，提出了科学社会主义的一些基本原则。习近平总书记指出："中国特色社会主义，是科学社会主义理论逻辑和中国社会发展历史逻辑的辩证统一，是根植于中国大地、反映中国人民意愿、适应中国和时代发展进步要求的科学社会主义。"这条道路走得通、走得对、走得好。

道路问题是关系党的事业兴衰成败第一位的问题，道路就是党的生命。中国特色社会主义道路是实现社会主义现代化、创造人民美好生活的必由之路，实现中华民族伟大复兴的必由之路。中国特色社会主义具有深厚的历史底蕴。它不是从天上掉下来的，而是在改革开放 40 多年的伟大实践中得来的，是在新中国成立 70 多年的持续探索中得来的，是在我们党领导人民进行伟大社会革命近百年的实践中得来的，是在近代以来中华民族由衰到盛 170 多年的历史进程中得来的，是在世界社会主义 500 年波澜壮阔的发展历程中得来的，是在对中华文明 5000 多年的传承发展中得来的，是党和人民历经千辛万苦、付出各种代价取得的宝贵成果。

中国特色社会主义是社会主义而不是其他什么主义，科学社会主义基本原则不能丢，丢了就不是社会主义。一个国家实行什么样的主义，关键要看这个主义能否解决这个国家面临的历史性课题。历史和现实都告诉我们，只有社会主义才能救中国，只有中国特色社会主义才能发展中国，只有坚持和发展中国特色社会主义才能实现中华民族伟大复兴，这是历史的结论、人民的选择。随着中国特色社会主义不断发展，我们的制度必将越来越成熟，我国社会主义制度的优越性必将进一步显现，我们的道路必将越走越宽广。我们就是要有这样的道路自信、理论自信、制度自信，真正做到“千磨万击还坚劲，任尔东西南北风”。

中国特色社会主义是不是好，要看事实，要看中国人民的判断，而不是看那些戴着有色眼镜的人的主观臆断。中国共产党人和中国人民完全有信心为人类对更好社会制度的探索提供中国方案。现在，我们这一代共产党人的任务，就是继续把这篇大文章写下去。坚持马克思主义，坚持社会主义，一定要有发展的观点。我们的事业越前进、越发展，新情况新问题就会越多，面临的风险和挑战就会越多，面对的不可预料的事情就会越多。我们必须增强忧患意识，做到居安思危，懂就是懂，不懂就是不懂；懂了的就努力创造条件去做，不懂的就要抓紧学习研究弄懂，来不得半点含糊。

一、论十大关系

1956年初，在生产资料私有制的社会主义改造不断取得胜利的形势下，中共中央开始把党和国家工作的着重点向社会主义建设方面转移。社会主义建设，从1953年执行第一个五年计划算起，已有3年多的实践经验。对于苏联经济建设中的一些缺点和错误也逐步有所了解。以苏联的经验教训为戒鉴，总结自己的经验，探索一条适合中国情况的建设社会主义道路的任务，已经提到了中国共产党面前。1956年4月25日，毛泽东同志在政治局扩大会议上作了《论十大关系》的报告。毛泽东同志《论十大关系》的讲话，初步总结了我国社会主义建设的经验，提出了探索适合我国国情的社会主义建设道路的任务。

从1949年到1956年，由于没有社会主义建设的经验，我们主要是学习了苏联。这一时期，鞍山钢铁公司、包头钢铁公司和武汉钢铁公司先后正式开工；中国第一个汽车制造厂在长春建成投产，中国第一个飞机制造厂试制成功中国第一架喷气式飞机，中国第一个机床制造厂在沈阳建成投产，中国第一座长江大桥在武汉开始修建，大批量电子管生产工厂在北京正式投产；在“世界屋脊”青藏高原上修建的康藏、青藏、新藏公路相继建成通车；交通运输业、轻工业、农业、商业及文化教育等事业得到相应发展，人民生活得到了较大改善，从而极大地改变了国家的面貌。到1956年，社会主义工业上升到67.5%，国家资本主义工业上升到32.5%，资本主义工业下降到接近零，说明这一时期的建设基本路线是正确的，是符合当时中国国情的。1956年，随着社会主义改造的基本完成，社会主义基本制度已经在中国建立起来。对于中国共产党来说，全面建设社会主义，努力发展社会主义的经济、政治和文化的目标是明确的，但实现这一目标没有现成的道路可走。要建设一个什么样的社会主义？怎样建设社会主义？带着这些问题和对社会主义的美好憧憬，党领导全国人民开始了艰辛的探索。

从 1956 年到 1976 年的 20 多年间，我们党一直在探索一条适合中国国情的社会主义建设道路。毛泽东同志认为：“我们不能走世界各国技术发展的老路，跟在别人后面一步一步地爬行。我们必须打破常规，尽量采用先进技术，在一个不太长的历史时期内，把我国建设成为一个社会主义的现代化的强国。”“人类总得不断地总结经验，有所发现，有所发明，有所创造，有所前进。停止的论点，悲观的论点，无所作为和骄傲自满的论点，都是错误的。”这说明，毛泽东同志已经意识到，虽然学习苏联有当时的历史必要，但苏联的国情和中国是不同的，也不是所有经验都是可以成功照搬的，学习苏联终究不能代替对自己道路的寻求。中国自己的社会主义道路究竟应该怎么走，必须要自己探索。

但是，在中国这样一个贫穷落后、人口众多的东方大国建设社会主义，是一个非常困难而复杂的问题。要解决这个问题，只能从实践中逐步认识，进行系统而周密的调查研究。毛泽东同志的调查研究从 1956 年 2 月 14 日开始，到 4 月 24 日结束，共听取国务院 35 个部门的工作汇报，还有国家计委关于第二个五年计划的汇报，实际听汇报的时间为 43 天。[①] 这次调查研究基本摸清了新中国成立以后在经济、政治、文化等方面所发生的变化、出现的新情况和新问题，为制定正确的路线提供了

① 参见中共中央文献研究室编：《毛泽东年谱（1949—1976）》第二卷，中央文献出版社 2013 年版，第 528 页。

科学依据。就在毛泽东同志调查研究期间，赫鲁晓夫于 2 月 25 日在苏共二十大上所作《关于个人崇拜及其后果》的秘密报告，全盘否定了斯大林，在苏联国内和全世界引起了极大的震动。中共中央立即开会认真讨论了这个问题，明确表示不赞成全盘否定斯大林领导时期苏联党和人民为社会主义而奋斗的历史；同时认为，揭开斯大林的盖子，对于各国共产党破除对斯大林和苏联经验的迷信，解放被教条主义束缚的思想，努力寻求适合本国情况的革命和建设道路，具有重要意义。4 月 25 日，毛泽东在中南海颐年堂主持召开中共中央政治局扩大会议，出席会议的除中共中央政治局委员，还有各省、自治区、直辖市党委第一书记。会议原定议题是讨论农业生产合作社等问题。在讲话中，毛泽东以苏联的经验为鉴戒，总结了我国的经验，提出了调动一切积极因素为社会主义事业服务的基本方针，对适合中国情况的社会主义建设道路进行了初步探索。从错综复杂的中国社会矛盾中，毛泽东抽取了十个问题（也就是十大关系）。毛泽东指出，这十大关系，都是矛盾。我们的任务，是要正确处理这些矛盾。我们一定要努力把党内外、国内外的一切积极的因素，直接的、间接的积极因素，全部调动起来，把我国建设成为一个强大的社会主义国家。

1956 年 9 月 15 日下午，中国共产党第八次全国代表大会在全国政协礼堂隆重开幕，这是我们党在全国执政以后召开的第一次全国代表大会。出席会议的代表 1021 名（5 位代表请假），代表着 1073 万党员。50 多个国家的共产党、工人党、劳动党和人民革命党的代表团应邀列席会议，我国各民主党派领导人和无党派民主人士的代表也应邀参加了大会。中共中央主要领导人在中共八大上的报告和讲话，集中体现了在历史转变时期，对如何建设社会主义问题的新观点和方针政策，汇集了全党的智慧，达到了当时可能达到的最高认识水平。1957 年 2 月 27 日至 3 月 1 日，最高国务会议第十一次扩大会议在中南海怀仁堂召开，各方面人士 1800 多人出席了会议。毛泽东以“如何处理人民内部的矛盾”为题发表讲话，论述了社会主义社会两类矛盾的问题。他指出，敌我之间的矛盾、人民内部相互之间的矛盾，是两类性质不同的问题，因为性质不同，所以解决的方法也不同。在阐述农业合作化、工商业者、知识分子、科学文化工作、少数人闹事等问题时，毛泽东反复用了“改造”、“学习”、“教育”、“争鸣”、“思想工作”、“监督”等等概念，以作为解决各方面矛盾的具体方法。从某种意义上来说，这也是对“团结—批评—团结”公式的具体化，是这个公式在不同领域、不同方面的运用。

总之，在探索中形成的一些正确和比较正确的理论观点和方针政策，积累了一些正确的和比较正确的实践经验。如毛泽东领导全党以苏联经验为借鉴，提出“应该把马列主义的基本原理同中国革命和建设的具体实际结合起来，探索在我们国家里建设社会主义的道路”的思想。他在积极探索过程中，在政治、经济、文化等各方面都提出了许多富有创见和远见的重要观点。对建设中国社会主义作出了探索，为中国特色社会主义理论与实践奠定了基础。在经济建设方面，他提出我国社会主义建设的基本方针和战略思想，并对改革经济管理体制进行了初步探索，甚至还提出“可以消灭资本主义又搞资本主义”；在政治建设方面，提出正确认识与处理人民内部矛盾的思想；在思想文化建设方面，提出“百花齐放，百家争鸣”，“古为今用，洋为中用”的方针；在发展战略方面，他提出了大约用 50 年的时间建设一个具有现代化工业、农业和科学文化的社会主义强国的宏伟目标，等等。这些探索，在建设中国特色社会主义理论的形成过程中，起到了奠基的作用。

但是由于多种原因，党的工作在指导方针上出现了严重失误，使中国社会主义事业遭遇了严重挫折。影响了社会主义优越性的发挥，社会主义建设没有取得应有的成就。尤其是在提前实现工业化的口号激励下，我国的经济建设再一次出现了急躁冒进倾向。在1955年年底和1956年年初的一段时间内，批判“右倾保守思想”几乎成为中共中央文件和一些领导人讲话中必不可少的内容。尤其是1956年《人民日报》在《为全面地提早完成和超额完成五年计划而奋斗》的元旦社论提出了要“又多、又快、又好、又省”地发展自己的事业，勾画了一幅发展经济的宏伟蓝图。1957年，“大跃进”的序幕终于徐徐拉开了。在毛泽东多次严厉批评反冒进的背景下，《人民日报》在1957年11月13日发表社论，号召批判“像蜗牛一样爬行”的保守思想，要求“发动全民，掀起农业生产的新高潮”，“在生产战线上来一个大跃进”，从而吹响了“大跃进”的号角。“大跃进”给我国经济社会的发展带来严重的后果，为总结“大跃进”以后的工作经验，鼓足干劲，统一思想，1962年1月11日至2月7日，中共中央在北京召开了由毛泽东主持的扩大的中央工作会议。参加会议的有中央、各中央局，各省市自治区党委、地委、县委、重要厂矿党委及军队的负责干部，共7000余人，通称为“七千人大会”。参加会议的人员来自方方面面，其中多数人接近实际和基层，能够从各个角度提出意见。会议的第一阶段是讨论和修改刘少奇代表中共中央提出的书面报告草案。会议的第二阶段是发扬民主，开展批评与自我批评，主要是地方来的同志向中央特别是向省、市、自治区党委提意见。在当时的历史条件下，“七千人大会”是中国共产党历史上一次规模空前的盛会，初步总结了“大跃进”中的经验教训，开展了批评与自我批评，发扬了党内民主，对推动国民经济全面调整起到了积极作用。但是，由于历史条件的限制，大会对“大跃进”以后经验教训的初步总结和检讨，是在肯定“三面红旗”正确性的大前提下进行的。这样，就不可能彻底改正并从指导思想上清理“大跃进”和“反右倾”的严重“左”倾错误。

在政治生活中，党的指导方针犯了阶级斗争扩大化的错误，包括 1957 年反右派斗争扩大化，把一批知识分子和党内干部错划为右派分子，1959 年错误地开展了反右倾斗争，直到后来的“文化大革命”。十年“文革”，是给党、国家和人民带来严重灾难的内乱。“文革”时期，又因为搞所谓的政治挂帅，严重冲击经济建设。当然，并不是说这一时期我国经济建设和科技发展没有成就，而是说由于这些运动影响了国家建设的发展和正常进程。对于毛泽东这一时期的失误，党的十一届六中全会通过的《关于建国以来党的若干历史问题的决议》指出：“这个期间，毛泽东同志在关于社会主义社会阶级斗争的理论和实践上的错误发展得越来越严重，他的个人专断作风逐步损害党的民主集中制，个人崇拜现象逐步发展。党中央未能及时纠正这些错误。林彪、江青、康生这些野心家又别有用心地利用和助长这些错误。这就导致了‘文化大革命’的发动。”但是，新中国成立之后，中国共产党对中国社会主义建设规律所做的艰辛探索和所取得的宝贵经验我们要永远铭记。

二、跨过“卡夫丁峡谷”

公元前340年到前338年，罗马人与拉丁同盟之间进行了著名的拉丁战争，战争时期，罗马与萨莫奈（萨姆尼特）保持着同盟。公元前328年，罗马在利里斯河东岸特里路斯河汇入处的弗里格拉城建立了殖民地，以之作为周围地区的战略据点。这激起了萨莫奈人的愤怒，因为萨莫奈人认为，他们是这一地区理所当然的所有者。公元前327年，萨莫奈进攻那不勒斯。该城贵族党向罗马求援。公元前327年底或前326年初，那不勒斯贵族派在内战中战胜了对手，成功地赶走了萨莫奈人。公元前325年，罗马军出兵亚平宁山东侧，一路征服了韦思提尼（Vestini）、马尔西和帕里格尼（Paeligni），罗马的势力终于到达了亚得里亚海岸，兵锋直指阿普利亚（Apulia）。面对连胜的罗马军，萨莫奈人很快就意识到了，在平地上与罗马人斗阵法是毫无胜算的。萨莫奈人于是改变战术，采用了山地民族所精通的山地游击战。

公元前321年，罗马军全军进入了一个中间大，出口和入口都十分狭窄，四周都是高不可攀的峭壁的卡夫丁峡谷，前军发现谷口已被砍倒的大树所封死。大惊失色的罗马军立刻想倒退出谷，却发现入口也被树木封死，而萨莫奈军则在树木路障之上，居高临下，乱箭齐发，试图突围的罗马军跟本无法靠进。当罗马军吃完军粮时，执政官终于明白了坚守下去只是死路一条，为了挽救约两万罗马士兵的生命，决定向萨莫奈军投降。执政官以个人名义签署了屈辱的和约。和约规定：罗马人立即撤出萨莫奈地区，以600名骑士作人质，保证不再发动战争。罗马军作战有胜有败，但全军投降这还是第一次。投降仪式对罗马军队是一种极大的耻辱，萨莫奈人命令他们放下所有的武器装备，脱下头盔铠甲，甚至连外衣也被尽数除去。像奴隶一样身着单衣的罗马士兵又被迫从峡谷中用长矛架起的形似城门的“牛轭”下通过，借以羞辱战败军队。后来，人们就以“卡夫丁峡谷”来比喻灾难性的历史经历。因此“卡夫丁峡谷”成为了“耻辱之谷”的代名词，并可以引申为人们在谋求发展时所遇到的极大困难和挑战。

中国特色社会主义道路，是马克思、恩格斯关于经济文化落后国家可以“不通过资本主义制度的卡夫丁峡谷”直接过渡到社会主义为核心的东方社会发展理论的成功范例，展示了马克思主义中国化的强大生命力。但是共产党人实现共产主义的最高理想和最终目标，既不能脱离时代，也不能脱离广大人民群众。脱离时代的理想必然是盲目的、不现实的，脱离群众的理想注定是没有力量源泉的、不能实现的。特别是按照共产党的先进性的要求，就是要使共产党在现实实践中走在时代前列，走在群众前列，引领时代潮流，带领广大人民群众推进经济、社会以及人本身的全面发展，共产党有这个自信，更有带领中国人民走向复兴的自信。

因此，共产党把自己的最高理想细化为与时代特征相适应的，全国人民能够接受的坚定信念，使之成为全国人民为之奋斗的共同理想。在我国社会主义初级阶段，特别是随着社会主义市场经济深入发展，我国经济成分、组织形式、就业方式、利益关系和分配方式日益多样化，不可避免会出现社会意识的多样化，这就必须要有一个能够代表广大人民根本利益、为社会各个阶层广泛认可和接受、能有效凝聚各个方面智慧和力量的共同理想。有共同理想，才能有共同步调。这个共同理想，就是在中国共产党领导下，建设中国特色社会主义，实现中华民族的伟大复兴。这个共同理想，把党在社会主义初级阶段的目标、国家的发展、民族的振兴与个人的幸福紧密联系在一起，把各个阶层、各个群体的共同愿望有机结合在一起，把共产党人实现共产主义的最高理想和最终目标与广大人民群众在当前我国社会发展阶段的基本要求具体地融合为一体，经过实践的检验，有着广泛的社会共识，具有令人信服的必然性、广泛性和包容性，具有强大的感召力、亲和力和凝聚力。

社会主义代表着人类社会发展的方向。马克思、恩格斯讲过："资产阶级在历史上曾经起过非常革命的作用"，"资产阶级在它的不到一百年的阶级统治中所创造的生产力，比过去一切世代创造的全部生产力还要多，还要大"。资本主义社会取代封建社会是一种历史进步，极大地解放和发展了生产力。但是，在以私有制为基础的资本主义社会里，存在着生产资料私人占有与社会化大生产的矛盾。这一基本矛盾在资本主义社会范围内是无法最终得到解决的，必然成为资本主义发展的桎梏。人类社会要继续向前发展，就必须建立以生产资料公有制为基础的社会主义社会。因此，社会主义代表了人类社会的发展方向和进步潮流。

从世界历史发展长河看，只有消灭了生产资料私有制，建立以公有制为基础的社会，才能解决生产资料私人占有与社会化大生产的矛盾，才能消除穷人与富人、穷国与富国的两极分化。社会主义代表着人类社会发展的前进方向，社会主义社会终将取代资本主义社会。对此，社会主义由一国到多国的历史发展足以证明。

从当今世界和中国的实践看，一个国家要实现经济社会发展、实现长治久安，必须找到一条既适合自己国情、又符合时代要求的发展道路。从改革开放的伟大实践中，从历史比较和国际观察中，我们更加深刻地认识到，中国特色社会主义道路是我国进一步实现民族振兴、国家富强和人民幸福的必由之路、成功之路、胜利之路。我们必须从保持党和国家兴旺发达和长治久安的高度，从实现中华民族伟大复兴的高度，进一步增强对中国特色社会主义的理论自信、道路自信、制度自信、文化自信，全面贯彻党的基本理论、基本路线、基本方略，团结带领全国各族人民把中国特色社会主义事业不断推向前进，使中国特色社会主义理论体系越来越丰富，中国特色社会主义道路越来越宽广，中国特色社会主义制度越来越健全，中国特色社会主义文化越来越繁荣。

建设中国特色社会主义是中国共产党的历史选择。只有社会主义能够救中国，只有中国特色社会主义能够发展中国。中国走社会主义道路，是进入近代以来，几代人流血牺牲、艰辛探索的结果，是中国共产党理性选择的结果。当然，我们所说是社会主义必须是切合中国实际的中国特色社会主义。

1979 年 3 月 30 日，邓小平同志在《坚持四项基本原则》一文中，对中国为什么必须走社会主义道路作了明确地说明："首先，只有社会主义才能救中国，这是中国人民从五四运动到现在六十年来的切身体验中得出的不可动摇的历史结论。中国离开社会主义就必然退回到半封建半殖民地。中国绝大多数人决不允许历史倒退。其次，社会主义的中国在经济、技术、文化等方面现在还不如发达的资本主义国家，这是事实。但是这不是社会主义制度造成的，从根本上说，是解放以前的历史造成的，是帝国主义和封建主义造成的。社会主义革命已经使我国大大缩短了同发达资本主义国家在经济发展方面的差距。我们尽管犯过一些错误，但我们还是在三十年间取得了旧中国几百年、几千年所没有取得过的进步。我们的经济建设曾经有过较快的发展速度。现在我们总结了经验，纠正了错误，毫无疑问将来会比任何资本主义国家发展得都快，并且比较稳定而持久。至于国民生产总值按人口平均数赶上和超过发达的资本主义国家，那当然需要相当长的时间。再次，社会主义制度和资本主义制度哪个好？当然是社会主义制度好。”

中国的国情决定中国必须坚持社会主义道路。首先，中国是一个发展中国家，与发达资本主义大国相比，处于劣势。在发达资本主义大国占主导地位的国际格局中，资本主义弱国很容易受到资本主义强国的干涉和控制。这已经被历史所证明。如果中国不坚持社会主义道路，中国亦将很容易受到外部势力的干涉和操纵，社会就难以保持稳定。没有稳定就没有发展。其次，中国是一个人口大国，保证近 14 亿人的生存和发展的任务十分艰巨。人多，就业压力就大；人多，社会福利的担子就重；人多，发展教育事业的任务就艰巨。再次，地区之间发展不平衡，居民之间收入差距大，协调不同地区不同人群之间的利益难度大。最后，中国是一个多民族的统一国家，维护民族大团结的任务十分艰巨。因此，要使中国尽快强大起来，实现中华民族的伟大复兴；要解决好最广大人民群众的安居乐业问题，走共同富裕的道路；要促使各地区、各行业、各个社会群体平衡发展、协调发展；要维护各民族的大团结，就必须在中国共产党的领导下，走中国特色社会主义道路，发挥公有制为主导的独特优势，解放生产力，发展生产力，全面建成小康社会，加快建设社会主义现代化，为实现中华民族伟大复兴奠定坚实基础。

中国特色社会主义的实践在发展，我们对社会主义建设规律的认识也在不断深化。我们要尊重实践、尊重群众，在人民创造历史的伟大实践中，不断深化对社会主义建设规律的认识，并创造性地运用规律来指导研究和解决我国改革开放和现代化建设中的重大问题，使我们的思想和行动更加符合客观实际、更加符合社会主义初级阶段的国情和时代发展的要求、更加符合人民群众的愿望和利益。

我们要善于科学总结经验、注重认真学习经验，把中国特色社会主义道路坚持好、发展好。社会主义是在实践中不断发展的，也是在总结经验中不断前进的。善于总结和学习经验，是我们党的光荣传统，是推进马克思主义基本原理同中国具体实际相结合的重要途径。要把总结经验与学习理论结合起来，通过总结经验，深化对中国特色社会主义的理论路线和方针政策的理解和掌握，推动中国特色社会主义理论特别是习近平新时代中国特色社会主义思想的学习和实践不断深入；要把总结历史经验与总结新鲜经验结合起来，更好地在继承的基础上开拓创新；要把总结经验与研究解决实际问题结合起来，在运用以往成功经验的基础上，继续解放思想、求真务实、锐意创新，尊重群众的首创精神，不断探索和寻找解决问题的新思路、新途径、新方法，以利把我们的各项事业办得更好。

我们要坚持从我国国情出发，坚持以宽广的眼界观察世界，科学分析和判断我国社会主义社会的主要矛盾，全面把握我国经济、政治、文化和社会发展的基本特征，努力从推动我国生产关系同生产力、上层建筑同经济基础相适应的实践中深化对社会主义建设规律的认识。要统筹推进“五位一体”总体布局、协调推进“四个全面”战略布局。从保持经济社会持续健康发展和人的全面发展的实践中深化对社会主义建设规律的认识。要坚持全心全意为人民服务的宗旨，坚持以最广大人民的根本利益为各项工作的出发点和落脚点，正确反映和兼顾不同方面群众的利益，最广泛最充分地调动一切积极因素，在动员和组织全国各族人民投身社会主义事业的历史创造中深化对社会主义建设规律的认识。

总之，中国特色社会主义，是我们党在长期实践中经过艰辛探索而逐步开辟出来的，是一条实现中国繁荣富强和中国人民幸福安康的正确道路。只有坚持走中国特色社会主义道路，才能发展中国、振兴中国。只有坚持走中国特色社会主义道路，才能使我国全面建成小康社会，实现社会主义现代化，实现中华民族的伟大复兴。

三、“走自己的路”

1982 年 9 月 1 日至 11 日，中国共产党召开第十二次全国代表大会。出席大会的正式代表 1545 人，候补代表 145 人，代表全国 3900 多万党员。邓小平同志在大会开幕词中明确提出：“把马克思主义的普遍真理同我国的具体实际结合起来，走自己的道路，建设有中国特色的社会主义。”从此，建设有中国特色的社会主义成为把全国各族人民凝聚在一起，进 行改革开放和现代化建设的旗帜。

“中国特色社会主义”作为一个命题或概念，是 1982 年邓小平同志在中国共产党第十二次全国代表大会开幕词中第一次提出来的。从此，开始了中国共产党领导和依靠全国各族人民建设中国特色社会主义的历史进程。随着时间的推移，随着中国特色社会主义建设事业的不断发展，中国共产党对中国特色社会主义在理论认识上不断深化，在建设规律的把握和运用上不断增强。这主要体现从 1982 年党的十二大以后的近 40 年里，在党的七次全国代表大会的报告中，都把中国特色社会主义作为大会主题，对中国特色社会主义的科学内涵作出了新的阐述，对建设中国特色社会主义的任务进行新的部署，对中国特色社会主义的前景进行新的描绘。回顾我们党对中国特色社会主义科学内涵的认识，经历了一个不断丰富和完善的发展过程。

1982 年，在党的十二大上，邓小平同志在开幕词中指出：“我们的现代化建设，必须从中国的实际出发。无论是革命还是建设，都要注意学习和借鉴外国经验。但是，照抄照搬别国经验、别国模式，从来不能得到成功。这方面我们有过不少教训。”这时，对中国特色的内涵可以理解为，我们要建设社会主义而不是搞资本主义，我们要中国特色而不是照抄照搬别国经验和模式。

1987 年，在党的十三大上，我们党提出，正确认识我国社会所处的历史阶段，是建设有中国特色社会主义的首要问题。因此，党的十三大第一次提出了我国社会正处于社会主义初级阶段。“社会主义初级阶段”有两层含义：一是说我国是社会主义社会，其主要表现是：经济上我国是以公有制为基础的社会主义经济制度，政治上我国是以人民民主专政为核心的社会主义政治制度，在思想上我国是以马克思主义在意识形态中占主导地位，在领导核心上是走坚持社会主义道路的中国共产党。二是说我国的社会主义还处于初级阶段，特指我国在生产力落后、商品经济不发达条件下建设社会主义必然要经历的特定阶段。正是基于社会主义初级阶段的基本国情，党的十三大把建设有中国特色社会主义理论概括为 12 个观点，即关于解放思想，实事求是，以实践作为检验真理的唯一标准的观点；关于建设社会主义必须根据本国国情，走自己的路的观点；关于在经济文化落后的条件下，建设社会主义必须有一个很长的初级阶段的观点；关于社会主义社会的根本任务是发展生产力，集中力量实现现代化的观点；关于社会主义经济是有计划商品经济的观点；关于改革是社会主义社会发展的重要动力，对外开放是实现社会主义现代化的必要条件的观点；关于社会主义民主政治和社会主义精神文明是社会主义重要特征的观点；关于坚持四项基本原则同坚持改革开放的总方针这两个基本点相互结合、缺一不可的观点；关于用“一个国家、两种制度”来实现国家统一的观点；关于执政党的党风关系到党的生死存亡的观点；关于按照独立自主、完全平等、互相尊重、互不干涉内部事务的原则，发展同外国共产党和其他政党的关系的观点；关于和平与发展是当代世界的主题的观点，等等。这些观点，构成了建设有中国特色的社会主义理论的轮廓，初步回答了我国社会主义建设的阶段、任务、动力、条件、布局和国际环境等基本问题，规划了我们前进的科学轨道。

1992 年党的十四大，对建设有中国特色社会主义理论的历史意义、主要内容等进行了阐述。关于历史意义，党的十四大报告指出，建设有中国特色社会主义理论，第一次比较系统地初步回答了在中国这样的经济文化比较落后的国家如何建设社会主义、如何巩固和发展社会主义的一系列基本问题，用新的思想、观点，继承和发展了马克思主义。关于主要内容，党的十四大报告从发展道路、发展阶段、根本任务、发展动力、外部条件、政治保证、战略步骤、领导力量和依靠力量、祖国统一等九个方面进行了系统地归纳，初步明确了这个理论的体系框架。同时，党的十四大报告还强调：建设有中国特色社会主义的理论还有其他许多内容，还要在研究新情况、解决新问题的过程中，在实践检验中继续丰富、完善和发展。党的十四大还在建设有中国特色社会主义理论前面加上了邓小平的名字，以表明这一理论的主要创立者邓小平的突出贡献，为党的十五大提出“邓小平理论”这一新概念奠定了基础。

1997年党的十五大，从马克思主义中国化的历史性飞跃的角度，以邓小平理论是马克思主义在中国发展继毛泽东思想之后的又一次飞跃、又一个新阶段立论，系统地论述邓小平理论的历史地位。党的十五大报告指出，邓小平理论坚持解放思想、实事求是，在新的实践基础上继承前人又突破陈规，开拓了马克思主义的新境界；邓小平理论坚持科学社会主义理论和实践的基本成果，抓住“什么是社会主义、怎样建设社会主义”这个根本问题，深刻地揭示社会主义的本质，把对社会主义的认识提高到新的科学水平；邓小平理论坚持用马克思主义的宽广眼界观察世界，对当今时代特征和总体国际形势，对世界上其他社会主义国家的成败，发展中国家谋求发展的得失，发达国家发展的态势和矛盾，进行正确分析，作出了新的科学判断；邓小平理论形成了新的建设有中国特色社会主义理论的科学体系。它第一次比较系统地初步回答了中国社会主义的发展道路、发展阶段、根本任务、发展动力、外部条件、政治保证、战略步骤、党的领导和依靠力量以及祖国统一等一系列基本问题，指导我们党制定了在社会主义初级阶段的基本路线。它是贯通哲学、政治经济学、科学社会主义等领域，涵盖经济、政治、科技、教育、文化、民族、军事、外交、统一战线、党的建设等方面比较完备的科学体系，又是需要从各方面进一步丰富发展的科学体系。特别是党的十五大把邓小平理论与马克思列宁主义、毛泽东思想一起作为党的指导思想写进党章，从而使中国特色社会主义理论具有了在党内最高的法规地位。

2002年党的十六大，高举邓小平理论伟大旗帜，深刻总结了党领导人民建设中国特色社会主义积累的基本经验，全面阐述了“三个代表”重要思想。指出：“‘三个代表’重要思想是对马克思列宁主义、毛泽东思想和邓小平理论的继承和发展，反映了当代世界和中国的发展变化对党和国家工作的新要求，是加强和改进党的建设、推进我国社会主义自我完善和发展的强大理论武器，是全党集体智慧的结晶，是党必须长期坚持的指导思想。始终做到‘三个代表’，是我们党的立党之本、执政之基、力量之源。”

2007 年党的十七大，系统阐述了以发展为第一要义、以人为本为核心、全面协调可持续为基本要求、统筹兼顾为根本方法的科学发展观。党的十七大报告指出：“科学发展观，是立足社会主义初级阶段基本国情，总结我国发展实践，借鉴国外发展经验，适应新的发展要求提出来的。”“科学发展观，是对党的三代中央领导集体关于发展的重要思想的继承和发展，是马克思主义关于发展的世界观和方法论的集中体现，是同马克思列宁主义、毛泽东思想、邓小平理论和‘三个代表’重要思想既一脉相承又与时俱进的科学理论，是我国经济社会发展的重要指导方针，是发展中国特色社会主义必须坚持和贯彻的重大战略思想。”这就表明，科学发展观与邓小平理论、“三个代表”重要思想一样，都是中国特色社会主义理论的重要组成部分。特别需要指出的是，党的十七大还第一次把中国特色社会主义的科学内涵从“道路”和“理论体系”两个方面进行了阐释。党的十七大报告指出：“中国特色社会主义道路，就是在中国共产党领导下，立足基本国情，以经济建设为中心，坚持四项基本原则，坚持改革开放，解放和发展社会生产力，巩固和完善社会主义制度，建设社会主义市场经济、社会主义民主政治、社会主义先进文化、社会主义和谐社会，建设富强民主文明和谐的社会主义现代化国家。中国特色社会主义道路之所以完全正确、之所以能够引领中国发展进步，关键在于我们既坚持了科学社会主义的基本原则，又根据我国实际和时代特征赋予其鲜明的中国特色。在当代中国，坚持中国特色社会主义道路，就是真正坚持社会主义。”“中国特色社会主义理论体系，就是包括邓小平理论、‘三个代表’重要思想以及科学发展观等重大战略思想在内的科学理论体系。这个理论体系，坚持和发展了马克思列宁主义、毛泽东思想，凝结了几代中国共产党人带领人民不懈探索实践的智慧和心血，是马克思主义中国化最新成果，是党最可宝贵的政治和精神财富，是全国各族人民团结奋斗的共同思想基础。”

2011 年，胡锦涛同志在庆祝中国共产党成立 90 周年大会上的讲话中，对中国特色社会主义的科学内涵第一次从道路、理论体系和制度三个方面进行了概括，从而使中国特色社会主义具有了道路、理论体系和制度三位一体的科学内涵。

2012 年党的十八大，则是第一次以党的全国代表大会报告的形式，更加深刻地论述了中国特色社会主义道路、中国特色社会主义理论体系、中国特色社会主义制度。这就表明，对中国特色社会主义是包括了道路、理论体系、制度三个方面的内涵已经成为全党共识。同时，党的十八大报告还第一次指明了中国特色社会主义道路、理论体系和制度三者之间的辩证统一关系，指出：“中国特色社会主义道路是实现途径，中国特色社会主义理论体系是行动指南，中国特色社会主义制度是根本保障，三者统一于中国特色社会主义伟大实践。”

2017 年，党的十九大提出，经过长期努力，中国特色社会主义进入了新时代，产生了习近平新时代中国特色社会主义思想，明确坚持和发展中国特色社会主义，总任务是实现社会主义现代化和中华民族伟大复兴，在全面建成小康社会的基础上，分两步走在本世纪中叶建成富强民主文明和谐美丽的社会主义现代化强国；明确新时代我国社会主要矛盾是人民日益增长的美好生活需要和不平衡不充分的发展之间的矛盾，必须坚持以人民为中心的发展思想，不断促进人的全面发展、全体人民共同富裕；明确中国特色社会主义事业总体布局是“五位一体”、战略布局是“四个全面”，强调坚定道路自信、理论自信、制度自信、文化自信；明确全面深化改革总目标是完善和发展中国特色社会主义制度、推进国家治理体系和治理能力现代化；明确全面推进依法治国总目标是建设中国特色社会主义法治体系、建设社会主义法治国家；明确党在新时代的强军目标是建设一支听党指挥、能打胜仗、作风优良的人民军队，把人民军队建设成为世界一流军队；明确中国特色大国外交要推动构建新型国际关系，推动构建人类命运共同体；明确中国特色社会主义最本质的特征是中国共产党领导，中国特色社会主义制度的最大优势是中国共产党领导，党是最高政治领导力量，提出新时代党的建设总要求，突出政治建设在党的建设中的重要地位。

四、“鞋子合不合脚，自己穿着才知道”

2013 年 3 月 23 日，中国国家主席习近平在莫斯科国际关系学院的演讲中说：“‘鞋子合不合脚，自己穿着才知道’。一个国家的发展道路合不合适，只有这个国家的人民才最有发言权。”改革开放 40 多年来，中国共产党团结带领全国各族人民，坚定不移高举中国特色社会主义伟大旗帜，既不走封闭僵化的老路，也不走改旗易帜的邪路，从"摸着石头过河"到逐步实现社会主义现代化建设，中国特色社会主义道路的吸引力、凝聚力不断增强，中国所取得的成就令世人瞩目。实践证明，中国特色社会主义道路是中国共产党和中国人民在长期革命、建设、改革事业中所作出的历史抉择。

中国特色社会主义，顾名思义，就是要从中国实际出发，既不照搬外国社会主义的模式，也不搞本本主义，而是"走自己的路"，建设适合于中国国情的社会主义。对中国特色社会主义的科学内涵是包含了道路、理论、制度、文化和总依据、总任务、总目标以及理论、实践、民族、时代特色等丰富内容的庞大体系。

（一）中国特色社会主义的科学内涵

综观我们党对中国特色社会主义的相关表述，对其科学内涵，应当从三个层面来理解。

1. 中国特色社会主义是中国特色社会主义道路、中国特色社会主义理论体系、中国特色社会主义制度、中国特色社会主义文化的有机统一

中国特色社会主义道路，就是在中国共产党领导下，立足基本国情，以经济建设为中心，坚持四项基本原则，坚持改革开放，解放和发展社会生产力，建设社会主义市场经济、社会主义民主政治、社会主义先进文化、社会主义和谐社会、社会主义生态文明，促进人的全面发展，逐步实现全体人民共同富裕，全面建设富强民主文明和谐美丽的社会主义现代化强国。实践证明，中国特色社会主义道路是一条既符合中国国情，又适合时代发展要求并取得巨大成功的唯一正确道路。中国特色社会主义道路是当代中国大踏步赶上时代、引领时代发展的康庄大道，必须毫不动摇走下去。

中国特色社会主义理论体系，包括邓小平理论、“三个代表”重要思想、科学发展观、习近平新时代中国特色社会主义思想。这一理论体系，紧密结合我国改革发展实际，紧密结合新的时代条件，既生动而具体地坚持了马克思列宁主义、毛泽东思想，又生动而具体地发展了马克思列宁主义、毛泽东思想，赋予马克思主义新的鲜活力量，写出了科学社会主义的“新版本”。习近平总书记强调，马克思列宁主义、毛泽东思想一定不能丢，丢了就丧失了根本。同时，一定要以我国改革开放和社会主义现代化的实际问题、以我们正在做的事情为中心，着眼于马克思主义理论的运用，着眼于对实际问题的理论思考，着眼于新的实践和新的发展，不断开辟马克思主义中国化新境界。①

中国特色社会主义制度是当代中国发展进步的根本制度保障，是具有明显制度优势、强大自我完善能力的先进制度。中国特色社会主义制度，就是人民代表大会制度的根本政治制度，中国共产党领导的多党合作和政治协商制度、民族区域自治制度以及基层群众自治制度等基本政治制度，中国特色社会主义法律体系，公有制为主体、多种所有制经济共同发展的基本经济制度，以及建立在这些制度基础上的经济体制、政治体制、文化体制、社会体制等各项具体制度。

① 参见中共中央宣传部：《习近平新时代中国特色社会主义思想学习纲要》，学习出版社、人民出版社 2019 年版，第 32 页。

中国特色社会主义文化是积淀着中华民族最深沉的精神追求，代表着中华民族独特的精神标识，是激励全党全国各族人民奋勇前进的强大精神力量。文化是一个国家、一个民族的灵魂。中国特色社会主义文化，源自于中华民族五千多年文明历史所孕育的中华优秀传统文化，熔铸于党领导人民在革命、建设、改革中创造的革命文化和社会主义先进文化，植根于中国特色社会主义伟大实践。发展中国特色社会主义文化，就是以马克思主义为指导，坚守中华文化立场，立足当代中国现实，结合当今时代条件，发展面向现代化、面向世界、面向未来的，民族的科学的大众的社会主义文化，推动社会主义精神文明和物质文明协调发展。要坚持为人民服务、为社会主义服务，坚持百花齐放、百家争鸣，坚持创造性转化、创新性发展，不断铸就中华文化新辉煌。习近平总书记在党的十九大报告中指出：“文化兴国运兴，文化强民族强。没有高度的文化自信，没有文化的繁荣兴盛，就没有中华民族伟大复兴。要坚持中国特色社会主义文化发展道路，激发全民族文化创新创造活力，建设社会主义文化强国。”

实践充分证明，党的十一届三中全会以来我们党团结带领全国各族人民开辟的中国特色社会主义道路、理论、制度、文化是完全正确的，形成的党的基本理论、基本路线、基本方略是完全正确的。中国特色社会主义道路是实现路径，中国特色社会主义理论体系是行动指南，中国特色社会主义制度是根本保障，中国特色社会主义文化是精神力量。

2. 中国特色社会主义是具有总依据、总任务、总目标的伟大事业

我们党提出“中国特色社会主义”这个概念，并把其逐步发展完善成为一条发展中国、振兴中华的必由之路，中国共产党的行动指南，社会主义中国的社会制度，是以我国的基本国情为总依据，以经济建设、政治建设、文化建设、社会建设、生态文明建设为总布局，以实现社会主义现代化和实现中华民族伟大复兴为总任务的，因而使建设中国特色社会主义成为一项中国共产党和中国人民的伟大事业。

坚持和发展中国特色社会主义，总依据是社会主义初级阶段。社会主义初级阶段的“总依据”，进一步表明了建设中国特色社会主义是符合我国现阶段基本国情的，是符合广大人民群众的要求和意愿的。从1956年我国完成了对生产资料私有制的社会主义改造以后，我国社会进入了社会主义初级阶段。经过几十年的社会主义建设和改革开放，我国发展呈现一系列新的阶段性特征，但是，我国仍然处于并将长期处于社会主义初级阶段的基本国情没有变，同时我国还是世界最大的发展中国家的国际地位短期内也不会变。中国特色社会主义进入新时代，我国社会主要矛盾已经转化为人民日益增长的美好生活需要和不平衡不充分的发展之间的矛盾。这是我国最大的国情，也是我们坚持和发展中国特色社会主义的总依据。

中国特色社会主义事业，总体布局是“五位一体”。“五位一体”的“总体布局”，进一步明确和拓宽了坚持和发展中国特色社会主义的基本路径。改革开放以来，随着我们党对中国特色社会主义建设规律的认识不断深化，对坚持和发展中国特色社会主义总体布局的认识也不断趋于科学化、完备化和系统化。从实践的角度来看，经历了一个从物质文明和精神文明“两位一体”，到经济、政治、文化建设“三位一体”，再到经济、政治、文化、社会建设“四位一体”的形成和发展过程。党的十八大，又首次提出经济建设、政治建设、文化建设、社会建设、生态文明建设“五位一体”的总体布局。把生态文明建设纳入这一总体布局，是一个伟大的创新，具有十分重要的历史和现实意义。因为我们看到，中国特色社会主义的发展已经在各方面都取得了巨大成就，特别是经济总量已经跃升为并相对稳定地居于世界第二。但是在成就巨大的背后反映出各方面发展的不平衡不充分，从而使中国在未来发展过程中必然面临越来越多的挑战和问题。生态环境是关系党的使命宗旨的重大政治问题，也是关系民生的重大社会问题。党的十八大以来，我们党把生态文明建设作为统筹推进“五位一体”总体布局和协调推进“四个全面”战略布局的重要内容，开展一系列根本性、开创性、长远性工作，提出一系列新理念新思想新战略，深刻回答了为什么建设生态文明、建设什么样的生态文明、怎样建设生态文明的重大理论和实践问题，生态文明理念日益深入人心，污染治理力度之大、制度出台频度之密、监管执法尺度之严、环境质量改善速度之快前所未有，推动生态环境保护发生历史性、转折性、全局性变化。建设生态文明的时代责任已经落在了我们这代人的肩上。全党全国各族人民要紧密团结在党中央周围，齐心协力，攻坚克难，大力推进生态文明建设，为全面建成小康社会、开创美丽中国建设新局面而努力奋斗。

战略布局是“四个全面”，是我们党站在新的历史起点上把握我国发展新特征确定的治国理政新方略，是新的时代条件下推进改革开放和社会主义现代化建设、坚持和发展中国特色社会主义的战略抉择。这一战略布局，是从我国发展现实需要中得来的，是从人民群众的热切希望中得来的，也是为推动解决我们面临的突出矛盾和问题提出来的。[①]

坚持和发展中国特色社会主义，总任务是实现社会主义现代化和中华民族伟大复兴。党的十九大强调实现社会主义现代化和中华民族伟大复兴的“总任务”，进一步明确了建设中国特色社会主义在中华民族历史发展中的地位和作用，描绘了建设中国特色社会主义的美好前景。现代化是世界发展的潮流，社会主义现代化是我们党追求的目标。实现社会主义现代化，是实现中华民族的伟大复兴的基础和路径。回首古代中国，曾经在很长时间内走在世界前列，有口皆碑的“四大发明”，是中华民族发达、先进的基本标志。近代以来，由于封建统治的束缚和帝国主义的入侵，逐渐沦为半封建半殖民地国家，对内没有人民民主，对外没有民族独立，中国的落伍也就成了必然。穷则思变。也正是从近代开始，实现中华民族的伟大复兴就成为中国先进阶级、志士仁人的远大志向和伟大抱负。中国共产党以实现中华民族的伟大复兴为己任，紧密团结和紧紧依靠全国各族人民，推翻了三座大山的反动统治，建立了人民当家作主的新中国，确立了社会主义基本制度，为中华民族的伟大复兴奠定了根本政治前提和制度基础。经过几十年的社会主义建设特别是40多年的改革开放，我们党在治国理政方面所取得的重大成就，使实现中华民族的伟大复兴今天比以往任何时候都更近、更现实。因此，我们要在新的历史起点上，坚持把实现中华民族的伟大复兴同实现社会主义现代化有机结合起来，作为建设中国特色社会主义的总任务，这既是历史赋予中国共产党人的艰巨使命，也是时代赋予中国共产党人的光荣责任。

① 参见中共中央宣传部：《习近平新时代中国特色社会主义思想学习纲要》，学习出版社、人民出版社2019年版，第29页。

推进中国特色社会主义的伟大事业，有着十分深厚的现实的基本依据，有着明确的发展蓝图，有着光辉的远景目标。我们必须勇于改革创新，勇于迎难而上，勇于担当尽责，不断交出新时代坚持和发展中国特色社会主义的合格答卷。

3. 中国特色社会主义有着浓厚的实践、理论、民族和时代特色

中国特色社会主义的“特色”二字，有着十分丰富和明确的内涵，即实践特色、理论特色、民族特色、时代特色。

中国特色社会主义实践特色，是指中国特色社会主义是在群众的具体实践中干出来的，是中国共产党带领中国广大人民群众在实践中创造出来的。马克思主义认为，实践是认识的基础，实践是理论的源泉。改革开放的全面展开，社会主义现代化建设的全面推进，这都是一些前无古人的伟大事业，都必然遇到许多我们党前所未闻未见的新情况新问题新挑战。在这种全新的形势下，人民群众大胆试验、勇于探索，在实践中创造了许多成功经验。比如，小岗村的分田到户的实践经验，为家庭联产承包责任制改革在全国农村的推广奠定了基础，从而使我国改革首先从农村开始，从经济体制改革开始，并在农村改革取得重大成果和基本经验的基础上把改革引向城市，在经济体制改革的促动下把改革引向政治体制以及各方面体制的改革，从而在全国掀起全面改革的热潮；再比如，深圳特区的实践经验，为后来其他特区的建立以及沿海开放城市的发展奠定了基础，从而使我国对外开放、外向型经济逐步发展起来。这些经验成为我们党开创中国特色社会主义伟大事业的依据。因此，中国特色社会主义就是在充分尊重人民群众的首创精神，对人民群众的实

践经验给予科学概括提升的必然结果。今后，我们还将在的总结群众的实践经验中，不断把中国特色社会主义的实践特色推向新的高度。

中国特色社会主义理论特色，是指中国特色社会主义有一个理论体系，是一种理论形态。它是马克思列宁主义、毛泽东思想在当代中国的新发展、新阶段、新境界。事实上，中国特色社会主义理论体系，就是中国共产党人把马克思列宁主义、毛泽东思想同和平、发展、合作的世界潮流相结合，同中国改革开放和现代化建设的实践相结合的产物，先后以邓小平理论、“三个代表”重要思想、科学发展观、习近平新时代中国特色社会主义思想的理论形式表现出来，体现了中国特色社会主义理论发展的阶段性、深化性和逐渐成熟性。中国特色社会主义理论体系在中国特色社会主义伟大实践中产生和发展，又对中国特色社会主义实践具有理论指导作用。因此，我们必须在新的实践中，既要坚持以中国特色社会主义理论体系为指导，又要结合中国特色社会主义建设的新情况新问题勇敢地进行理论创新，不断丰富中国特色社会主义理论体系，使其理论特色更加鲜明，理论指导作用更加巨大。

中国特色社会主义民族特色，是指中国特色社会主义具有鲜明的民族特征，是符合中国国情的一种道路、理论、制度、文化。中国特色社会主义是我们党在领导全国各族人民在进行改革开放中逐渐形成的，是我们党也是我们中国人民所独有的。一方面，虽然在中国特色社会主义实践中我们也曾学习借鉴外国的文化、技术、管理经验甚至是政治生活中的一些先进制度，但我们决不是生吞活剥、照搬照抄，而是取其精华、去其糟粕，经过消化吸收，使之适合中国国情，为之赋予中华民族的民族特色。另一方面，这种具有民族特色的中国特色社会主义，我们绝不会在世界上推而广之，更不会用来强加于人，我们希望各民族在自己的探索发展中走自己的路，突出自己的民族特色。

中国特色社会主义的时代特色，是指中国特色社会主义不论是在道路、理论、制度还是文化方面的每一步发展，都必然留下深刻的时代烙印，既是在特定时代条件下产生的，也是随着时代发展的脚步不断前进的。因此，中国特色社会主义实践创造无止境，中国特色社会主义道路拓展无边界，中国特色社会主义理论发展无穷期，中国特色社会主义制度完善无终点，中国特色社会主义文化不断走向兴盛和繁荣。中国特色社会主义将与时代前进的脚步同行，与时代发展的潮流共进。

（二）中国特色社会主义的基本特征

中国特色社会主义在经济、政治、文化、社会、外交以及最终目标等方面，有以下一些基本点。

1. 在经济方面，坚持生产资料公有制的主体地位和社会主义市场经济体制

社会主义与资本主义在基本经济制度上具有决定意义的差别就在于生产资料社会所有制结构。在我国社会主义条件下，必须毫不动摇地坚持以公有制为主体、多种所有制经济共同发展的基本经济制度，坚持社会主义市场经济体制，从而把社会主义市场经济体制和社会主义基本制度紧密结合起来。只有这样，才能坚持市场经济条件下公有制的主体地位，才能真正完善以按劳分配为主体的财富和收入分配制度，实现共同富裕和公平正义，才能真正落实习近平新时代中国特色社会主义思想，推动我国经济高质量发展，使中国特色社会主义道路越走越宽广。

2. 在政治方面，坚持中国共产党的领导和社会主义基本政治制度

中国特色社会主义最本质的特征是中国共产党领导，中国特色社会主义制度的最大优势是中国共产党领导。习近平总书记指出："党政军民学，东西南北中，党是领导一切的，是最高政治领导力量。"中国共产党是中国特色社会主义事业的领导核心。我国是工人阶级领导的、以工农联盟为基础的人民民主专政的国体，实行人民代表大会制度的政体，实行中国共产党领导的多党合作和政治协商制度，实行民族区域自治制度，实行基层群众自治制度。决不能在政治上搞西方的多党制和"三权分立"。

3. 在思想文化方面，坚持马克思主义的指导地位和先进文化的前进方向

马克思主义作为科学的世界观和方法论，是社会主义运动的理论基础，应该在中国特色社会主义实践中占指导地位。以马克思主义为指导，就是要把马克思主义基本原理同中国具体实际结合起来，指导中国特色社会主义实践，研究新情况，总结新经验，解决新问题。坚持和发展中国特色社会主义，必须坚持马克思主义的指导地位，用马克思主义观察时代、解读时代、引领时代，培育和践行社会主义核心价值观，不断增强意识形态领域主导权和话语权，坚持中国特色社会主义文化发展道路，推动中华优秀传统文化创造性转化、创新性发展，继承革命文化，发展社会主义先进文化，不忘本来、吸收外来、面向未来，不断铸就中华文化新辉煌。

4. 在社会方面，坚持把社会和谐作为社会主义的本质属性

中国特色社会主义必须是和谐的社会。因此，要努力建设民主法治、公平正义、诚信友爱、充满活力、安定有序、人与自然和谐相处的和谐社会。坚持在中国共产党的领导下，尊重人民群众的主体地位和首创精神，最大限度地激发广大人民群众的参与热情，最大限度地实现好、维护好、发展好广大人民群众的根本利益，着力发展社会事业、促进社会公平正义、建设和谐文化、完善社会管理、增强社会创造活力，把共同建设、共同享有贯穿于和谐社会建设的全过程，真正做到在共建中共享、在共享中共建。

5. 在对外关系方面，坚持和平发展道路，推动构建人类命运共同体

人类只有一个地球，各国共处一个世界。中国人民的梦想同各国人民的梦想息息相通，实现中国梦离不开和平的国际环境和稳定的国际秩序。中国共产党是为中国人民谋幸福的政党，也是为人类进步事业而奋斗的政党。中国将高举和平、发展、合作、共赢的旗帜，恪守维护世界和平、促进共同发展的外交政策宗旨，坚定不移在和平共处五项原则基础上发展同各国的友好合作，推动建设相互尊重、公平正义、合作共赢的新型国际关系。中国坚定奉行独立自主的和平外交政策，尊重各国人民自主选择发展道路的权利，维护国际公平正义，反对把自己的意志强加于人，反对干涉别国内政，反对以强凌弱。中国谋求开放创新、包容互惠的发展前景，促进和而不同、兼收并蓄的文明交流，构筑尊崇自然、绿色发展的生态体系，始终做世界和平的建设者、全球发展的贡献者、国际秩序的维护者。

中国人民愿同各国人民一道，推动构建人类命运共同体，建设持久和平、普遍安全、共同繁荣、开放包容、清洁美丽的世界。

6. 在最终目标方面，坚持实现共产主义最终奋斗目标

中国特色社会主义坚持解放生产力、发展生产力，消灭剥削，消除两极分化，实现共同富裕的社会主义本质和原则，并最终要在生产力极大发展的社会主义基础上，实现共产主义。这虽然是一个漫长的历史演变过程和制度创新历程，但是中国共产党坚信，只要当代中国共产党人坚定不移地坚持和发展中国特色社会主义，就一定能够为最终实现共产主义奠定坚实的基础，就会使实现共产主义的最终目标更近一步。党的十九大强调，从全面建成小康社会到基本实现现代化，再到全面建成社会主义现代化强国，是新时代中国特色社会主义发展的战略安排。

五、“基本路线要管一百年，动摇不得”

基本路线，指的是党在社会主义初级阶段的基本路线，即：领导和团结全国各族人民，以经济建设为中心，坚持四项基本原则，坚持改革开放，自力更生，艰苦创业，为把我国建设成为富强民主文明和谐美丽的社会主义现代化强国而奋斗。

（一）党在社会主义初级阶段的基本路线的提出和发展

党在社会主义初级阶段的基本路线的制定，经历了一个由酝酿、提出到不断完善和发展的过程。1956 年，随着对生产资料私有制的社会主义改造基本完成，我国进入社会主义建设时期。党的八大也制定了以经济建设为中心的国家发展战略，社会主义建设取得了重大成就。但是，由于我们对于社会主义建设缺乏经验，工作指导上发生了一些缺点和错误，也妨碍了党的工作中心转变的完成。1978 年党的十一届三中全会，在认真总结我国社会主义建设的基本经验的基础上，确定了党和国家的工作中心是经济建设，从而实现了由“以阶级斗争为纲”向“以经济建设为中心”的社会主义建设战略的根本性转移，把全党工作的重点和全国人民的注意力转移到社会主义现代化建设上来。

同时，在党的十一届三中全会上，还提出了要把改革开放作为经济建设的动力的问题。党的十一届三中全会公报指出：“实现四个现代化，要求大幅度地提高生产力，也就必然要求多方面地改变同生产力发展不适应的生产关系和上层建筑，改变一切不适应的管理方式、活动方式和思想方式，因而是一场广泛、深刻的革命。”“在自力更生的基础上积极发展同世界各国平等互利的经济合作，努力采用世界先进技术和先进设备。”

党的十一届三中全会所确定的“以经济建设为中心”取代“以阶级斗争为纲”，以及启动的改革开放进程，必然在人们的思想上引起巨大的震动，于是有的人借口坚持马克思列宁主义、毛泽东思想，对改革开放不理解，甚至认为改革开放就是搞“非毛化”，就是走资本主义道路，就会葬送社会主义，就会瓦解党的执政地位；也有的人借口改革开放，大搞资产阶级自由化，丑化共产党，攻击社会主义，美化资本主义。面对这些情况，1979 年 3 月，中央召开了理论工作务虚会。就是在这次会议上，邓小平同志作了题为《坚持四项基本原则》的报告。邓小平同志指出："过去搞民主革命，要适合中国情况，走毛泽东同志开辟的农村包围城市的道路。现在搞建设，也要适合中国情况，走出一条中国式的现代化道路。""我们要在中国实现四个现代化，就必须在思想政治上坚持四项基本原则，这是实现四个现代化的根本前提。"

至此，党的基本路线"一个中心"、"两个基本点"的核心以及实现四个现代化的目标，都已经十分明确。

随着中国共产党对社会主义和中国国情的认识不断深化，1981 年，党的十一届六中全会通过《关于建国以来党的若干历史问题的决议》，首次提出了"我国的社会主义制度还是处在初级的阶段"。1982 年，党的十二大报告进一步提出："我国的社会主义社会还处在初级发展阶段"，并指出这个阶段的根本特征是"物质文明还不发达"。1987 年，党的十三大第一次系统地展开论述了社会主义初级阶段理论，指出这是建设有中国特色的社会主义的首要问题，并以此为立论基础，论述了中国共产党在社会主义初级阶段的基本路线。党的十三大报告指出："在社会主义初级阶段，我们党的建设有中国特色的社会主义的基本路线是：领导和团结全国各族人民，以经济建设为中心，坚持四项基本原则，坚持改革开放，自力更生，艰苦创业，为把我国建设成为富强、民主、文明的社会主义现代化国家而奋斗。"

随着中国共产党对于共产党执政规律、社会主义建设规律以及人类社会发展规律的研究和认识不断发展，人民群众对社会主义现代化建设的要求日益扩展，对党的基本路线的内涵不断进行丰富和发展，其最突出的表现是，在党的十七大上，把党的基本路线的实现目标由经济、政治、文化"三位一体"发展成为经济、政治、文化、社会"四位一体”。党的十七大通过的党章中指出：“中国共产党在社会主义初级阶段的基本路线是：领导和团结全国各族人民，以经济建设为中心，坚持四项基本原则，坚持改革开放，自力更生，艰苦创业，为把我国建设成为富强民主文明和谐的社会主义现代化国家而奋斗。”在党的基本路线中加入“和谐”二字的意义在于，使我们努力和奋斗的目标更全面，强调“富强、民主、文明、和谐”相统一，这就是说，除了坚持以前提出的经济、政治、文化的现代化之外，还强调了社会的现代化，强调了民生的重要性，从而进一步丰富了党的基本路线的内涵。2012 年召开的党的十八大，继续沿用了十七大关于党的基本路线内涵的表述。2017 年召开的党的十九大修改的党章表述为，“领导和团结全国各族人民，以经济建设为中心，坚持四项基本原则，坚持改革开放，自力更生，艰苦创业，为把我国建设成为富强民主文明和谐美丽的社会主义现代化强国而奋斗”。

（二）党的基本路线的基本要点

把握党的基本路线的基本内涵，关键是应当牢牢把握住党的基本路线的核心——“一个中心、两个基本点”。“一个中心”，即以经济建设为中心；“两个基本点”，即坚持四项基本原则，坚持改革开放。我们之所以要牢牢把握“一个中心、两个基本点”，是因为这是党的基本路线的核心，也是我们的主要经验。把握住了这个核心，就把握住了党在社会主义初级阶段的基本路线的主要内容，就能实现党的基本路线确定的奋斗目标。我们要坚持党的基本路线，把以经济建设为中心同坚持四项基本原则、坚持改革开放这两个基本点统一于新时代中国特色社会主义伟大实践，长期坚持，决不动摇。

以经济建设为中心是兴国之要，是我们党、我们国家兴旺发达和长治久安的根本要求。马克思主义唯物史观早已昭示的一个真理就是：人类社会是一个自然历史过程，存在着决定其发展的不可违背的内在规律。其中，生产力是社会发展的最终决定力量，即人类社会发展的根本在于生产力的解放和提高。因此，一个具有优越性的社会应该是更有利于生产力解放与发展的社会；一个先进性的政党应当是能够解放和促进生产力发展的政党。因此，社会主义的根本任务就是解放和发展生产力，中国共产党的一切奋斗归根到底都是为了解放和发展生产力。中国共产党在领导中国特色社会主义事业中，必须坚持以经济建设为中心，其他各项工作都服从和服务于这个中心。正如习近平总书记在庆祝改革开放40周年大会上的讲话中所指出的："必须坚持以发展为第一要务，不断增强我国综合国力。改革开放40年的实践启示我们：解放和发展社会生产力，增强社会主义国家的综合国力，是社会主义的本质要求和根本任务。只有牢牢扭住经济建设这个中心，毫不动摇坚持发展是硬道理、发展应该是科学发展和高质量发展的战略思想，推动经济社会持续健康发展，才能全面增强我国经济实力、科技实力、国防实力、综合国力，才能为坚持和发展中国特色社会主义、实现中华民族伟大复兴奠定雄厚物质基础。"中国共产党坚守初心，就是为人民谋幸福，牢记人民对美好生活的向往就是我们的奋斗目标。前进道路上，我们必须围绕解决好人民日益增长的美好生活需要和不平衡不充分的发展之间的矛盾这个社会主要矛盾，坚决贯彻创新、协调、绿色、开放、共享的发展理念，统筹推进"五位一体"总体布局、协调推进"四个全面"战略布局，推动高质量发展，推动新型工业化、信息化、城镇化、农业现代化同步发展，加快建设现代化经济体系，努力实现更高质量、更有效率、更加公平、更可持续的发展。

坚持社会主义道路、坚持人民民主专政、坚持中国共产党的领导、坚持马克思列宁主义毛泽东思想这四项基本原则，是我们的立国之本。四项基本原则的每一项都有自身特定的内涵。坚持社会主义道路，实质上就是把马克思主义同中国具体实际相结合，坚定不移地走中国特色社会主义道路。坚持人民民主专政，实质上就是进一步发展社会主义民主政治，建设社会主义法治国家。坚持共产党的领导，实质就是坚持党在建设中国特色社会主义事业中的领导核心地位，发挥党总揽全局、协调各方的作用。马克思列宁主义揭示了人类社会历史发展的规律，它的基本原理是正确的，具有强大的生命力。坚持马克思列宁主义的基本原理，走中国人民自愿选择的适合中国国情的道路，中国的社会主义事业必将取得最终的胜利。毛泽东思想以独创性理论丰富和发展了马克思列宁主义。毛泽东思想是马克思列宁主义在中国的运用和发展，是被实践证明了的关于中国革命和建设的正确的理论原则和经验总结，是中国共产党集体智慧的结晶。邓小平同志说，毛泽东思想这个旗帜丢不得，丢掉了实际上就否定了我们党的光辉历史；任何时候都不能动摇高举毛泽东思想旗帜的原则，我们将永远高举毛泽东思想的旗帜前进。同时，四项基本原则在整个中国特色社会主义伟大事业中又是互相联系、不可分割的有机整体。这主要体现在：社会主义道路是我们事业发展的根本方向，人民民主专政是我们事业不断胜利的政治保证，共产党的领导是我们事业的核心力量，马克思主义是我们事业的根本指导思想。否定了其中任何一方面，就否定了其他方面，也否定了整个中国特色社会主义事业。

改革开放是强国之路，是我们党、我们国家发展进步的活力源泉。社会主义在中国的实践发展，推动中华民族实现了历史上最广泛、最深刻、最伟大的社会变革。科学社会主义在21世纪的中国焕发出强大生机活力。1992年，邓小平同志在南方谈话中说："不坚持社会主义，不改革开放，不发展经济，不改善人民生活，只能是死路一条。"正如习近平总书记在庆祝改革开放40周年大会上的讲话中指出："改革开放是我们党的一次伟大觉醒，正是这个伟大觉醒孕育了我们党从理论到实践的伟大创造。改革开放是中国人民和中华民族发展史上一次伟大革命，正是这个伟大革命推动了中国特色社会主义事业的伟大飞跃！""40年的实践充分证明，改革开放是党和人民大踏步赶上时代的重要法宝，是坚持和发展中国特色社会主义的必由之路，是决定当代中国命运的关键一招，也是决定实现'两个一百年'奋斗目标、实现中华民族伟大复兴的关键一招。"实践充分证明，党的十一届三中全会以来我们党团结带领全国各族人民开辟的中国特色社会主义道路、理论、制度、文化是完全正确的，形成的党的基本理论、基本路线、基本方略是完全正确的。社会主义制度还不够完善，需要不断的改革。改什么、怎么改必须以是否符合完善和发展中国特色社会主义制度、推进国家治理体系和治理能力现代化的总目标为根本尺度，该改的、能改的我们坚决改，不该改的、不能改的坚决不改。

社会主义国家革命和建设事业，主要依靠本国人民自力更生、艰苦奋斗。但是，自力更生并不是盲目排外，更不等于闭关自守。坚持自力更生，同时也主张对外开放，主张进一步扩大对外经济技术交流。关起门来搞建设是不能成功的。不采取对外开放的方针，就不能迅速改变我国经济技术落后的状况，把中国建设成为世界上先进的社会主义现代化国家。因此，对外开放是中国坚定不移的战略方针，是一项必须长期坚持的基本国策。

需要强调的是，我们要坚持党的基本路线，把以经济建设为中心同坚持四项基本原则、坚持改革开放这两个基本点统一于新时代中国特色社会主义伟大实践，长期坚持，决不动摇。形象地说，“经济建设”这“一个中心”和“坚持四项基本原则、坚持改革开放”这“两个基本点”，就如同一架战斗机的“一体”与“两翼”一样。没有“一体”，就无所谓战斗机，“两翼”自然也就没有任何作用；没有“两翼”，“一体”也就不能飞起来，战斗机自然也就不能战斗。还需要强调的是，坚持四项基本原则和坚持改革开放这两个基本点，也是相互贯通、相互依存的。不能以僵化的观点看待四项基本原则，否则就会怀疑以致否定改革开放的总方针；也不能以自由化的观点看待改革开放，否则就会离开社会主义轨道。总之，在整个社会主义初级阶段，我们必须坚持以经济建设为中心，坚持四项基本原则，坚持改革开放，才能使我们党团结和带领全国各族人民，把中国建设成为富强民主文明和谐美丽的社会主义现代化强国。

（三）党的基本路线是坚持和发展中国特色社会主义的正确路线

党的基本路线是中国特色社会主义理论和道路的高度概括和凝练。基本路线以“一个中心、两个基本点”和“富强、民主、文明、和谐、美丽”，规定了中国共产党和全国人民建设中国特色社会主义的道路、奋斗目标，从而以路线形态表达了什么是社会主义、怎样建设社会主义，新时代坚持和发展什么样的中国特色社会主义、怎样坚持和发展中国特色社会主义，集中体现了社会主义建设规律。党的基本路线是推进中国特色社会主义的事业能够经受风险、顺利达到目标的最可靠的保证。邓小平同志在 1992 年的南方谈话中就讲到，基本路线要管一百年，动摇不得。这一语重心长的嘱托，成为邓小平同志对处于社会主义初级阶段的中国共产党人的最重要的政治交代。毫不动摇地坚持和发展中国特色社会主义，就要毫不动摇地坚持党的基本路线。

改革开放这 40 多年，实质上是党的基本路线的探索、制定和贯彻落实的 40 多年。40 多年来，我国经济社会快速发展的事实，无可辩驳地证明了党的基本路线是建设中国特色社会主义的正确路线。同时，我们还要看到，今天我国的经济社会发展程度，不用说与富强、民主、文明、和谐、美丽的社会主义现代化强国相比，就是从全面小康社会的标准来看，也还有很大的差距。因此，继续推进中国特色社会主义事业，全面建成小康社会，加快推进社会主义现代化，仍然是当前和今后很长一段时期内全党和全国人民的共同任务和奋斗目标，继续毫不动摇地坚持党的基本路线仍然是我们义不容辞的责任。

中国正处于并将长期处于社会主义初级阶段，这是中国的基本国情，是党的基本路线的实践基础。全面贯彻落实党的基本路线，就要牢牢扭住发展是第一要义。发展是中国共产党执政兴国的第一要务。发展，对于把我国全面建成小康社会、建成富强民主文明和谐美丽的社会主义现代化强国，实现中华民族的伟大复兴，具有决定性意义。落后就会挨打，落后就会被开除球籍。邓小平同志则对发展讲得更多，他说，“发展才是硬道理”。江泽民同志则提出中国解决所有问题的关键是靠自己发展。胡锦涛同志提出了“以人为本、全面协调可持续”的科学发展观。习近平总书记也曾经提出，面对新形势新任务，我们必须通过全面深化改革，着力解决我国发展面临的一系列突出矛盾和问题，不断推进中国特色社会主义制度自我完善和发展。因此，可以用一句话来说，我们之所以全面贯彻落实党的基本路线，根本目的就是要促进我国的发展，就是要使我们党完成好发展这个执政兴国的第一要务。

全面贯彻党的基本路线，就要紧紧围绕以经济建设为中心，推动高质量发展，保持经济持续健康发展。经济建设是我们党、我们国家兴旺发达和长治久安的根本要求，物质资料的生产、经济建设的发展是一切发展的根本前提和重要基础。坚持以经济建设为中心，就是通过不断发展社会生产力，为人的全面发展、社会的全面进步提供物质基础。社会主义初级阶段，就是解放和发展生产力，增强综合国力，满足人民群众日益增长的美好生活需要。习近平总书记在党的十九大报告中指出：“中国特色社会主义进入新时代，我国社会主要矛盾已经转化为人民日益增长的美好生活需要和不平衡不充分的发展之间的矛盾。”只有坚持以经济建设为中心，发展比资本主义更具有优越性的社会主义，才能使社会主义立于不败之地。如果动摇或改变了这个中心，也就等于动摇或改变了党的基本路线。然而，发展又不只是经济发展，经济发展在一定程度上还要依赖于政治、文化、社会、生态环境以及人本身的发展。因此，在把经济建设作为中心的同时，还必须以新发展理念引领高质量发展，特别是在我国经历了改革开放 40 多年来经济方面的高速增长，我国社会生产力水平总体上显著提高，我国经济规模已稳居世界第二位，生产能力在很多方面进入世界前列。同时存在的更加突出的问题是发展不平衡不充分，这已经成为满足人民日益增长的美好生活需要的主要制约因素。要强调更高质量、更有效率、更加公平、更可持续发展，否则，党的基本路线所制定的“把我国建设成为富强民主文明和谐美丽的社会主义现代化强国”的奋斗目标也就不可能实现。

全面贯彻党的基本路线，就要毫不动摇地坚持改革开放。习近平总书记在党的十九大报告中指出：“实现中华民族伟大复兴，必须合乎时代潮流、顺应人民意愿，勇于改革开放，让党和人民事业始终充满奋勇前进的强大动力。我们党团结带领人民进行改革开放新的伟大革命，破除阻碍国家和民族发展的一切思想和体制障碍，开辟了中国特色社会主义道路，使中国大踏步赶上时代。”只有社会主义才能救中国，只有改革开放才能发展中国、发展社会主义、发展马克思主义。

中国进入社会主义建设时期以来的历史证明，改革开放是决定当代中国命运的关键一招，也是决定实现“两个一百年”奋斗目标、实现中华民族伟大复兴的关键一招，实践发展永无止境，解放思想永无止境，改革开放也永无止境，停顿和倒退没有出路，改革开放只有进行时、没有完成时。党的十九大提出了党的各项战略目标和工作部署，要完成党的各项战略目标和工作部署，必须抓紧推进全面改革。特别是从当前来看，国内外环境都在发生极为广泛而深刻的变化，我国发展面临一系列突出矛盾和挑战，前进道路上还有不少困难和问题。比如，发展不平衡不充分的一些突出问题尚未解决，发展质量和效益还不高，创新能力不够强，实体经济水平有待提高，生态环境保护任重道远；民生领域还有不少短板，脱贫攻坚任务艰巨，城乡区域发展和收入分配差距依然较大，群众在就业、教育、医疗、居住、养老等方面面临不少难题；社会文明水平尚需提高；社会矛盾和问题交织叠加，全面依法治国任务依然繁重，国家治理体系和治理能力有待加强；意识形态领域斗争依然复杂，国家安全面临新情况；一些改革部署和重大政策措施需要进一步落实；党的建设方面还存在不少薄弱环节。这些问题，必须着力加以解决。解决这些问题，关键在于全面深化改革。

六、历史新方位

一个国家、一个民族要振兴，就必须在历史前进的逻辑中前进、在时代发展的潮流中发展。习近平总书记指出：“中国特色社会主义进入了新时代，这是我国发展新的历史方位。”新时代标示我国发展的历史方位。中国特色社会主义进入新时代，具有着深厚的基本依据。在当代中国，坚持和发展中国特色社会主义，必须把握时代特点、直面时代课题，在体现时代性、把握规律性、富有创造性中不断展现蓬勃的生机活力。中国特色社会主义进入新时代这一重大政治判断，这是在把握我国发展所处新的历史方位的基础上作出的，有着充分的依据。

（一）中国特色社会主义进入了新的发展阶段

党的十八大以来面对世界经济复苏乏力、局部冲突和动荡频发、全球性问题加剧的外部环境，面对我国经济发展进入新常态等一系列深刻变化，我们坚持稳中求进工作总基调，迎难而上，开拓进取，取得了改革开放和社会主义现代化建设的历史性成就。我们党统筹推进“五位一体”总体布局、协调推进“四个全面”战略布局，“十二五”规划胜利完成，“十三五”规划顺利实施，党和国家事业全面开创新局面。经济建设取得重大成就，全面深化改革取得重大突破，民主法治建设迈出重大步伐，思想文化建设取得重大进展，人民生活不断改善，生态文明建设成效显著，强军兴军开创新局面，港澳台工作取得新进展，全方位外交布局深入展开，全面从严治党成效卓著。以习近平同志为核心的党中央以巨大的政治勇气和强烈的责任担当，提出一系列新理念新思想新战略，出台一系列重大方针政策，推出一系列重大举措，推进一系列重大工作，解决了许多长期想解决而没有解决的难题，办成了许多过去想办而没有办成的大事，推动党和国家事业发生历史性变革。这些变革力度之大、范围之广、效果之显著、影响之深远，在党的历史上、在新中国发展史上、在中华民族发展史上都具有开创新意义。这表明，在新中国成立以来特别是改革开放以来我国发展取得的重大成就的基础上，我国发展站到了新的历史起点上，中国特色社会主义进入新的发展阶段。科学认识和全面把握中国特色社会主义新的发展阶段，需要从新的历史方位、新的时代坐标来思考谋划。

（二）我国社会主要矛盾发生了新的变化

社会主要矛盾的变化是判断社会历史方位的重要标志，也是决定各项大政方针的基本依据。在毛泽东同志领导中国革命和建设的进程中，就是根据社会主要矛盾的变化来认识社会发展的阶段性特征，确定党的工作重点转移。毛泽东同志明确提出，在研究和解决问题的时候，“要用全力找出它的主要矛盾”，因为“捉住了这个主要矛盾，一切问题就迎刃而解了”。例如，长征取得胜利以后，根据日本帝国主义策动“华北事变”，妄图从东北入关占领全中国这样一个严酷的事实，毛泽东同志提出社会主要矛盾已经变了，民族矛盾已经上升为主要矛盾。根据这样的认识，提出同国民党合作建立抗日民族统一战线，共同抵御日本帝国主义的侵略。由此，中国革命进入了抗日战争阶段。但我们党对社会主要矛盾的判断曾经历过偏离和曲折。改革开放后，我们党纠正过去的错误，邓小平同志在改革开放之初指出：“我们的生产力发展水平很低，远远不能满足人民和国家的需要，这就是我们目前时期的主要矛盾，解决这个主要矛盾就是我们的中心任务。”再如，党的十一届六中全会正确指出，在完成生产资料社会主义改造后，我国社会主要矛盾已经不再是工人阶级和资产阶级的矛盾，而是人民日益增长的物质文化需要同落后的社会生产之间的矛盾。正是由于对社会主要矛盾变化的正确判断，我们党才作出党的工作重心转移的重大决策。在改革开放 40 多年后的今天，我国的国情有了很大的变化。经济的发展和社会生产力的巨大进步已经在很大程度上满足了广大人民群众的物质生活需要。吃饱穿暖已经不再是困扰广大人民群众的基本问题，也不再是大部分人的奋斗目标。然而，生产力的提高与财富的积累在给许多人带来舒适生活的同时也带来了更多的挑战。所以，党的十九大报告指出，我国社会主要矛盾已经由人民日益增长的物质文化需要同落后的社会生产之间的矛盾，转化为人民日益增长的美好生活需要和不平衡不充分的发展之间的矛盾。这个论断，反映了我国发展的实际状况，揭示了制约我国发展的症结所在，指明了解决当代中国发展问题的根本着力点。经过改革开放 40 多年努力，我国稳定解决了十几亿人的温饱问题，总体上实现了小康，不久将全面建成小康社会，人民美好生活需要日益广泛，不仅对物质文化生活提出了更高要求，而且在民主、法治、公平、正义、安全、环境等方面的要求日益增长。同时，我国社会生产力水平显著提高，社会生产能力在很多方面进入世界前列，当前和今后面临的突出问题是发展不平衡不充分。发展不平衡，主要指各区域各领域各方面发展不够平衡，存在“一条腿长、一条腿短”的失衡现象，制约了整体发展水平提升；发展不充分，主要指一些地区、一些领域、一些方面还存在发展不足的问题，发展的任务仍然很重。这已经成为满足人民日益增长的美好生活需要的主要制约因素。我国社会主要矛盾发生变化，对我国发展全局必将产生广泛而深刻的影响。科学认识和全面把握我国社会主要矛盾的变化，也需要从新的历史方位、新的时代坐标来思考来谋划。

（三）党的奋斗目标有了新的要求

党的奋斗目标，即政党为实现既定目的而确立要达到的境地和标准。从马克思主义政党的实践来看，一般分为最终奋斗目标和不同历史阶段的具体奋斗目标。党的奋斗目标可以引领前进方向，号令集合队伍，团结凝聚力量。因此，党必须从历史发展的客观实际和人民群众的根本利益出发，正确地提出具有感召力的奋斗目标，引导人民群众认清党的奋斗目标与自身根本利益的内在一致性，团结和带领人民群众为之奋斗。从党的十九大到党的二十大，是“两个一百年”奋斗目标的历史交汇期，我们既要全面建成小康社会、实现第一个百年奋斗目标，又要乘势而上开启全面建设社会主义现代化国家新征程，向第二个百年奋斗目标进军，使命光荣、责任重大，有必要进一步进行顶层设计和精心谋划。党的十九大强调，从全面建成小康社会到基本实现现代化，再到全面建成社会主义现代化强国，是新时代中国特色社会主义发展的战略安排。这个安排就是：“综合分析国际国内形势和我国发展条件，从二〇二〇年到本世纪中叶可以分两个阶段来安排。第一个阶段，从二〇二〇年到二〇三五年，在全面建成小康社会的基础上，再奋斗十五年，基本实现社会主义现代化。到那时，我国经济实力、科技实力将大幅跃升，跻身创新型国家前列；人民平等参与、平等发展权利得到充分保障，法治国家、法治政府、法治社会基本建成，各方面制度更加完善，国家治理体系和治理能力现代化基本实现；社会文明程度达到新的高度，国家文化软实力显著增强，中华文化影响更加广泛深入；人民生活更为宽裕，中等收入群体比例明显提高，城乡区域发展差距和居民生活水平差距显著缩小，基本公共服务均等化基本实现，全体人民共同富裕迈出坚实步伐；现代社会治理格局基本形成，社会充满活力又和谐有序；生态环境根本好转，美丽中国目标基本实现。第二个阶段，从二〇三五年到本世纪中叶，在基本实现现代化的基础上，再奋斗十五年，把我国建成富强民主文明和谐美丽的社会主义现代化强国。到那时，我国物质文明、政治文明、精神文明、社会文明、生态文明将全面提升，实现国家治理体系和治理能力现代化，成为综合国力和国际影响力领先的国家，全体人民共同富裕基本实现，我国人民将享有更加幸福安康的生活，中华民族将以更加昂扬的姿态屹立于世界民族之林。”这是新时代中国特色社会主义发展的战略安排，不仅使实现“两个一百年”奋斗目标的路线图、时间表更加清晰，而且意味着原定的我国基本实现现代化的目标将提前 15 年完成，第二个百年奋斗目标则充实提升为把我国建成富强民主文明和谐美丽的社会主义现代化强国。科学认识和把握这一既鼓舞人心又切实可行的奋斗目标、宏伟新蓝图，同样需要从新的历史方位、新的时代坐标来思考来谋划。

（四）这一重大政治论断是根据我国国际环境发生新变化作出的

世界正处于大发展大变革大调整时期，我国发展仍处于重要战略机遇期和历史机遇期。当代中国已不再是国际秩序的被动接受者，而是积极的参与者、建设者、引领者。中国日益走近世界舞台中央，世界对中国的关注，从未像今天这样广泛、深切、聚焦；中国对世界的影响，也从未像今天这样全面、深刻、长远。同时也要看到，前景十分光明，挑战也十分严峻，我国正处在从大国走向强国的关键时期，“树大招风”效应日益显现，外部环境更加复杂，一些势力对我的阻遏、忧惧、施压不断增大。需要从新的历史方位、新的时代坐标，科学认识和全面把握国际局势和周边环境的新变化。

总之，中国特色社会主义进入了新时代这一重大政治判断，是在科学把握时代趋势和国际局势重大变化，科学把握世情国情党情深刻变化，科学把握实现“两个一百年”奋斗目标历史交汇期已经遇到、将要遇到、可能遇到和难以预料的新情况新问题新矛盾基础上作出的。这一判断，符合中国特色社会主义实际。历史车轮滚滚向前，只有与历史同步伐、与时代共命运，才能赢得光明的未来。作出中国特色社会主义进入了新时代的重大政治论断，彰显了中国共产党与时代共同进步的先进性本色，以及把握历史规律和历史趋势的高度自觉和高度自信。作出这一重大政治论断，符合中国特色社会主义实际，是改革开放以来我国社会发展进步的必然结果，是我国社会主要矛盾运动的必然结果，也是我们党团结带领全国各族人民开创光明未来的必然要求。

七、“风景这边独好”

习近平总书记指出，科学社会主义在中国的成功，对马克思主义、科学社会主义的意义，对世界社会主义的意义，是十分重大的。社会主义在中国的实践发展，推动中华民族实现了历史上最广泛、最深刻、最伟大的社会变革。科学社会主义在21世纪的中国焕发出强大生机活力。中国特色社会主义正成为21世纪科学社会主义发展的旗帜，成为振兴世界社会主义的中流砥柱，我们党有责任、有信心、有能力为科学社会主义新发展作出更大历史贡献。党的十九大作出中国特色社会主义进入新时代的重要政治判断，中国特色社会主义“风景这边独好”，对我们展望世界社会主义的光明前景，坚定走中国特色社会主义道路，注入了强大的信心和力量。中国特色社会主义的巨大成功表明，社会主义没有灭亡，也不会灭亡，而且焕发出蓬勃生机活力。

中国特色社会主义进入了新时代这一重大政治判断，既不是凭空产生的，更不是一个简单的新概念表述，而是具有丰富深厚思想内涵的。

“时代”这个词含义很丰富，有广义和狭义之分，有长期和短期之别。有的从社会制度来划分，比如原始时代、奴隶时代、封建时代、资本主义时代、社会主义时代；有的从生产力发展水平来划分，比如石器时代、农耕时代、工业时代、信息化时代、全球化时代等；还有的从对一个时期社会运动主题的认识来划分，比如大革命时代、大建设时代、改革开放时代等。时代发展有一个从量变到质变的过程，在量变中蕴含和孕育着质变，质变是量变积累的结果，同时又开启新的量变。回顾中国共产党领导中国人民的奋斗历程，革命也好，建设也好，改革也好，都经历了从量的积累到质的飞跃的不同发展阶段。党的十九大报告作出“经过长期努力，中国特色社会主义进入了新时代，这是我国发展新的历史方位”这一重大政治判断，主要是从党和国家事业发展的角度来判断的，不是历史学上时代划分的概念。中国特色社会主义新时代，是承前启后、继往开来、在新的历史条件下继续夺取中国特色社会主义伟大胜利的时代

邓小平同志 20 世纪 80 年代曾经指出，“最终说服不相信社会主义的人要靠我们的发展。如果我们本世纪内达到了小康水平，那就可以使他们清醒一点；到下世纪中叶我们建成中等发达水平的社会主义国家时，就会大进一步地说服他们”。进入中国特色社会主义新时代，说明我们已经取得了中国特色社会主义建设的伟大成就，中国特色社会主义深深扎根于中国大地，中国特色社会主义的实践证明了中国特色社会主义的正确性。进入新时代，我们党治国理政第一位的任务，就是紧紧围绕坚持和发展中国特色社会主义这个主题，团结带领人民奋力实现“两个一百年”奋斗目标，谱写中国特色社会主义新的伟大篇章，让社会主义在中国展现出更加强大的生命力。

中国特色社会主义新时代，是决胜全面建成小康社会、进而全面建设社会主义现代化强国的时代。小康社会是中华民族自古以来追求的理

想社会状态。使用“小康”这个概念来确立中国的发展目标，既符合中国发展实际，也深得人民群众的认同和支持。“小康社会”是由邓小平同志在20世纪70年代末80年代初在规划中国经济社会发展蓝图时提出的战略构想，明确提出到20世纪末“在中国建立一个小康社会”的奋斗目标。在全党全国各族人民共同努力下，邓小平同志提出的目标在20世纪末如期实现，人民生活总体上达到小康水平。在这个基础上，党的十六大提出本世纪头20年全面建设惠及十几亿人口的更高水平的小康社会的目标；党的十七大提出了全面建设小康社会的新要求；党的十八大对全面建设小康社会目标进行了充实和完善，将“全面建设小康社会”调整为“全面建成小康社会”，顺应了人民的新要求。40多年来，我们党始终紧紧扭住这个奋斗目标，一茬接着一茬干，一棒接着一棒跑，推动小康社会建设取得了显著成绩。党的十八届五中全会顺应我国经济社会新发展和广大人民群众新期待，赋予“小康”更高的标准、更丰富的内涵。可以说，2020年如期全面建成小康社会，无论在中华民族发展史上，还是在世界发展史上、在社会主义发展史上，都具有极为重大的意义。全面建成小康社会是实现中华民族伟大复兴的重要基础、关键一步。全面小康和民族复兴是两个相互联系、相互交融的阶段。没有全面小康的实现，民族复兴就无从谈起。今天为全面建成小康社会而奋斗，就是在为实现民族复兴而奋斗。全面建成小康社会，标志着我们向着实现中华民族伟大复兴迈出了至关重要的一步。从现在到2020年，是全面建成小康社会决胜期，决胜就是冲锋号、就是总动员，必须举全党全国之力不懈奋斗。全面建成社会主义现代化强国，是第二个百年奋斗目标，更有不少难关要过。从世界发展史看，已经实现现代化的国家和地区，其现代化大多经历了产业革命以来近300年时间才逐步完成的，而我国要用100年时间走完发达国家几百年走过的现代化路程，这种转变不但速度、规模超乎寻常，变化的广度、深度和难度也超乎寻常。因此，坚忍不拔、锲而不舍地为全面建成小康社会、全面建设社会主义现代化强国而奋斗，是中国特色社会主义新时代的必然要求和历史任务。

中国特色社会主义新时代，是全国各族人民团结奋斗、不断创造美好生活、逐步实现全体人民共同富裕的时代。习近平总书记指出，人民对美好生活的向往，就是我们的奋斗目标。人世间的一切幸福都需要靠辛勤的劳动来创造。我们的责任，就是要团结带领全党全国各族人民，继续解放思想，坚持改革开放，不断解放和发展社会生产力，努力解决群众的生产生活困难，坚定不移走共同富裕的道路。社会主义的本质是解放生产力，发展生产力，消灭剥削，消除两极分化，最终达到共同富裕。党的十九大把不断创造美好生活、逐步实现全体人民共同富裕作为发展的目标和归宿，体现了以人民为中心的发展思想，体现了我们党全心全意为人民服务的根本宗旨，体现了中国特色社会主义的本质要求。在中国特色社会主义新时代，我们党的重大任务，就是更加关注人民对美好生活新的多样化需求，更加关注社会公平正义，更加注重多谋民生之利、多解民生之忧，着力使全体人民在共建共享发展中有更多获得感，着力使全体人民享有更加幸福安康的生活，着力在实现全体人民共同富裕上不断取得实实在在的新进展。

中国特色社会主义新时代，是全体中华儿女勠力同心、奋力实现中华民族伟大复兴中国梦的时代。实现中华民族伟大复兴是近代以来中华民族最伟大的梦想。新中国的成立，为民族复兴奠定了坚实基础。改革开放这场新的伟大革命，为民族复兴注入了强大生机活力。在中国共产党领导下，中国这个世界上最大的发展中国家创造了人类社会发展史上惊天动地的发展奇迹，中华民族焕发出新的蓬勃生机。经过党的十八大以来的历史性变革，今天，我们比历史上任何时期都更接近、更有信心和能力实现中华民族伟大复兴的目标。我们找到了一条实现民族复兴的正确道路，这条道路的大方向大原则完全正确、切合实际，在这条道路上我们取得了历史性的伟大成就。无论是横向对比，还是纵向对比，对中国特色社会主义我们都充满自信，伟大梦想的实现在一步步接近。当然，行百里者半九十，要想最终实现中华民族伟大复兴，全党必须准备付出更为艰巨、更为艰苦的努力。党的十九大报告指出，要实现伟大梦想，就必须进行具有许多新的历史特点的伟大斗争，就必须推进党的建设新的伟大工程，就必须推进中国特色社会主义伟大事业。伟大斗争，伟大工程，伟大事业，伟大梦想，紧密联系、相互贯通、相互作用，其中起决定性作用的是党的建设新的伟大工程。在中国特色社会主义新时代，凝聚起全体中华儿女同心共筑中国梦的磅礴力量，接续奋斗、砥砺前行，我们就一定能够到达民族复兴的光辉彼岸，中华民族必将以更加昂扬的姿态屹立于世界民族之林。

中国特色社会主义新时代，是我国日益走近世界舞台中央、不断为人类作出更大贡献的时代。当今世界，中国人民的梦想同各国人民的梦想息息相通，实现中国梦离不开和平的国际环境和稳定的国际秩序。在中国特色社会主义新时代，面对国际格局和国际关系的深度调整，面对局部冲突和动荡频发，人类需要应对许多共同挑战的外部环境，我们必须统筹国内国际两个大局，始终高举和平、发展、合作、共赢的旗帜，恪守维护世界和平、促进共同发展的外交政策宗旨，牢牢把握构建人类命运共同体的目标追求，始终不渝走和平发展道路、奉行互利共赢的开放战略，坚持正确义利观，树立共同、综合、合作、可持续的新安全观，谋求开放创新、包容互惠的发展前景，促进和而不同、兼收并蓄的文明交流，构筑尊崇自然、绿色发展的生态体系，始终做世界和平的建设者、全球发展的贡献者、国际秩序的维护者。历史上，中国曾为人类文明作出卓越贡献，在中国特色社会主义新时代，中国一定能为世界的和平与发展、人类的繁荣与进步作出新的更大贡献。

习近平总书记强调，新时代是中国特色社会主义新时代，而不是别的什么新时代。用新时代界定当前我国发展新的历史方位，有利于进一步统一思想、凝聚力量，在新的起点上把中国特色社会主义事业推向前进。

八、“三个意味着”

习近平总书记在党的十九大报告中指出：“中国特色社会主义进入新时代，在中华人民共和国发展史上、中华民族发展史上具有重大意义，在世界社会主义发展史上、人类社会发展史上也具有重大意义。”党的十九大用“三个意味着”，对中国特色社会主义进入新时代的重大意义作出高度概括。

中国特色社会主义进入新时代，意味着近代以来久经磨难的中华民族迎来了从站起来、富起来到强起来的伟大飞跃，迎来了实现中华民族伟大复兴的光明前景。实现中华民族伟大复兴是近代以来中华民族团结奋斗的最大公约数，是中国共产党与生俱来的历史使命。鸦片战争后，中国陷入黑暗境地，中国人民经历深重苦难。无数仁人志士不屈不挠、前仆后继，矢志不渝探索复兴之路。中国共产党在民族蒙受苦难、探求光明的逆境中应运而生，带领人民历经28年浴血奋战，建立新中国，使“占人类总数四分之一的中国人从此站立起来了”。新中国成立以来特别是改革开放40多年来，我们党团结带领人民成功走出一条中国特色社会主义道路，稳定解决了十几亿人的温饱问题，总体上实现小康，不久将全面建成小康社会，中国人民逐步富裕起来。历经苦难与辉煌、曲折与胜利、付出与收获，中国特色社会主义进入了新时代，中华民族正在实现从富起来到强起来的伟大飞跃。到本世纪中叶，我国将全面建成富强民主文明和谐美丽的社会主义现代化强国，物质文明、政治文明、精神文明、社会文明、生态文明将全面跃升，成为综合国力和国际影响力领先的国家，中华民族将以更加昂扬的姿态屹立于世界民族之林。

中国特色社会主义进入新时代，意味着科学社会主义在21世纪的中国焕发出强大生机活力，在世界上高高举起了中国特色社会主义伟大旗帜。习近平总书记指出：“科学社会主义在中国的成功，对马克思主义、科学社会主义的意义，对世界社会主义的意义，是十分重大的。”20世纪80年代末90年代初，苏联解体、苏共垮台、东欧剧变，世界社会主义遭受严重曲折。“社会主义失败论”、“历史终结论”一度甚嚣尘上，“中国崩溃论”在西方也不绝于耳。然而，中国顶住了巨大压力和挑战，坚守和捍卫了社会主义。中国特色社会主义取得了巨大成功，创造出令人惊叹的“中国奇迹”，谱写了社会主义发展的辉煌篇章，为历经磨难的社会主义注入强大生命力，在世界上重振了人们对社会主义的信心。进入新时代，中国特色社会主义这面旗帜在当今世界更加鲜艳夺目、更加令人神往，成为引领21世纪科学社会主义发展的伟大旗帜，成为振兴世界社会主义的中流砥柱。

中国特色社会主义进入新时代，意味着中国特色社会主义道路、理论、制度、文化不断发展，拓展了发展中国家走向现代化的途径，给世界上那些既希望加快发展又希望保持自身独立性的国家和民族提供了全新选择，为解决人类问题贡献了中国智慧和中国方案。目前世界上200多个国家和地区中，走资本主义道路的占绝大多数，但搞得比较像样的还是二三十个老牌资本主义国家。即使欧美几个主要资本主义国家，近年来也麻烦不断、衰象渐显。广大发展中国家追随欧美资本主义国家的发展理念和发展道路，到头来并没有解决发展问题，有的甚至战乱不断、民不聊生。原社会主义阵营中，不少国家选择了走西方道路，结果大多数发展缓慢、困难重重。与之形成鲜明对比的是，在中国共产党领导下，改革开放40多年来中国创造了世界历史上的发展奇迹，成功走出了一条独具特色的社会主义现代化道路，打破了发展中国家对西方国家现代化的“路径依赖”，为它们树立了发展榜样，提供了全新选择。我国的实践向世界说明了一个道理，世界上没有一种普遍适用的发展模式，推动一个国家实现现代化并不是只有西方制度模式这一条道，各国完全可以走出自己的路。

九、“四个自信”

中国特色社会主义包含道路、理论、制度、文化不可或缺的内容。改革开放以来，我们取得一切成绩和进步的根本原因，归结起来就是：

开辟了中国特色社会主义道路，形成了中国特色社会主义理论体系，确立了中国特色社会主义制度，发展了中国特色社会主义文化。全党要更加自觉地增强道路自信、理论自信、制度自信、文化自信，既不走封闭僵化的老路，也不走改旗易帜的邪路，保持政治定力，坚持实干兴邦，始终坚持和发展中国特色社会主义。

中国特色社会主义道路是实现社会主义现代化、创造人民美好生活的必由之路，是实现中华民族伟大复兴的必由之路。习近平总书记指出："当代中国的伟大社会变革，不是简单延续我国历史文化的母版，不是简单套用马克思主义经典作家设想的模板，不是其他国家社会主义实践的再版，也不是国外现代化发展的翻版。社会主义并没有定于一尊、一成不变的套路，只有把科学社会主义基本原则同本国具体实际、历史文化传统、时代要求紧密结合起来，在实践中不断探索总结，才能把蓝图变为美好现实。"中国共产党领导中国人民坚定走在这条道路上，沉着应对国际国内不断出现的新形势新情况新问题，抓住机遇，加快发展，有效化解各种风险挑战，特别是党的十八大以来，在进行具有许多新的历史特点的伟大斗争中取得了一个又一个新胜利。当代中国的历史性变革和历史性成就，都无可争辩地证明，中国特色社会主义这条道路走得通、走得对、走得好。我们走自己的路，具有无比广阔的舞台，具有无比深厚的历史底蕴，具有无比强大的前进定力。要始终保持头脑清醒，坚持战略定力，不为任何风险所惧，不为任何干扰所惑。中国特色社会主义道路是一条通往复兴梦想的康庄大道、人间正道，必须坚定不移沿着这条正确道路奋勇前进。

中国特色社会主义理论体系是指导党和人民实现中华民族伟大复兴

的正确理论，是立于时代前沿、与时俱进的科学理论。这一理论体系，写出了科学社会主义的新版本，凝结了几代中国共产党人团结带领人民不懈探索实践的智慧和心血，是改革开放以来我们党推进马克思主义中国化所取得的理论创新成果，是党最可宝贵的政治和精神财富，是全国各族人民团结奋斗的共同思想基础。这一理论体系，扎根于改革开放和社会主义现代化建设的伟大实践之中，符合全体中国人民根本利益，顺应当今世界和当代中国发展潮流，具有鲜明的科学性和真理性。

中国特色社会主义制度是当代中国发展进步的根本制度保障，是具有鲜明中国特色、明显制度优势、强大自我完善能力的先进制度。这一制度体现在经济、政治、文化、社会、生态文明各个方面。例如，人民代表大会制度的根本政治制度，中国共产党领导的多党合作和政治协商制度、民族区域自治制度以及基层群众自治制度等基本政治制度，中国特色社会主义法律体系；公有制为主体、多种所有制经济共同发展的基本经济制度；等等。这一制度符合我国国情，既坚持了社会主义的根本性质，又借鉴了古今中外制度建设的有益成果，集中体现了中国特色社会主义的特点和优势。同时应该看到，中国特色社会主义制度是特色鲜明、富有效率的，但还不是尽善尽美、成熟定型的。中国特色社会主义事业不断发展，中国特色社会主义制度也需要不断完善。要坚持以实践基础上的理论创新推动制度创新，坚持和完善现有制度，从实际出发，及时制定一些新的制度，构建系统完备、科学规范、运行有效的制度体系，使各方面制度更加成熟、更加定型，为夺取新时代中国特色社会主义伟大胜利提供更加有效的制度保障。

文化自信是更基础、更广泛、更深厚的自信，是一个国家、一个民族发展中更基本，更深沉、更持久的力量。没有高度的文化自信，没有文化的繁荣兴盛，就没有中华民族伟大复兴。坚定文化自信，就要以更加自信的心态、更加宽广的胸怀，广泛参与世界文明对话，大胆借鉴吸收人类文明成果，推进中华优秀传统文化的创造性转化、创新性发展，继承革命文化，发展社会主义先进文化，在为新时代鼓与呼中滋养社会、铸造国魂，更好构筑中国精神、中国价值、中国力量，为人民提供精神指引。

中国特色社会主义的道路自信、理论自信、制度自信、文化自信，来源于实践、来源于人民、来源于真理。习近平总书记指出：“当今世界，要说哪个政党、哪个国家、哪个民族能够自信的话，那中国共产党、中华人民共和国、中华民族是最有理由自信的。”坚定“四个自信”，我们就能毫无畏惧面对一切困难和挑战，就能坚定不移开辟新天地、创造新奇迹。

“千磨万击还坚劲，任尔东西南北风。”“四个自信”，充分体现了中国共产党作为一个愈加成熟的马克思主义执政党的最强底气，也让国人和世界看到了不断谱写壮丽篇章的中国共产党在新的历史起点上走向辉煌未来的巨大勇气。

第一，坚定对中国特色社会主义道路自信、理论自信、制度自信、文化自信的雄厚基础。我们党提出“四个自信”，既不是凭空无据、盲目自信，也不是自负自傲、虚张声势，而是建立在改革开放以来我们已经取得的巨大成就的深厚根基之上，建立在我们党应对复杂局面的丰富执政经验基础之上，建立在道路的可行性、理论的正确性、制度的优越性、文化的先性性基础之上。新中国成立以来，特别是改革开放以来，我们党领导的中国特色社会主义建设事业取得了巨大成就。当下，我国综合国力大幅提升。我国是世界第二大经济体、制造业第一大国、货物贸易第一大国、商品消费第二大国、外资流入第二大国，我国财政收入大幅增加，农业综合生产能力提高、粮食连年增产，产业结构调整取得新进展、基础设施全面加强，城镇化水平明显提高、城乡发展协调性增强，载人航天、探月工程、载人深潜、超级计算机、高速铁路等实现重大突破、创新型国家建设成效显著，生态文明建设扎实展开、资源节约和环境保护全面推进。人民生活水平显著提高，改善民生力度不断加大，城乡就业持续扩大，居民收入较快增长，家庭财产稳定增加，衣、食、住、行、用等方面的条件明显改善，城乡最低生活保障标准和农村扶贫标准大幅提升，企业退休人员基本养老金持续提高。政治建设、文化建设、社会建设等各方面取得重大进展。特别是党的建设全面加强，党的先进性和纯洁性得以保持和发展，党的执政能力不断提高。这些成就的取得为我们党坚定对中国特色社会主义道路自信、理论自信、制度自信、文化自信奠定了坚实基础。

第二，坚定对中国特色社会主义道路自信、理论自信、制度自信、文化自信尚需继续努力、艰苦奋斗。把“四个自信”变成现实，既不能靠天上掉馅饼，也不会轻而易举，而是要源于中国共产党人坚定不移的理想信念，源于科学发展的正确路径，源于全党全民的共同奋斗。正如十九大报告指出，必须清醒看到，我们的工作还存在许多不足，也面临不少困难和挑战。主要是发展不平衡不充分的一些突出问题尚未解决，发展质量和效益还不高，创新能力不够强，实体经济水平有待提高，生态环境保护任重道远；民生领域还有不少短板，脱贫攻坚任务艰巨，城乡区域发展和收入分配差距依然较大，群众在就业、教育、医疗、居住、养老等方面面临不少难题；社会文明水平尚需提高；社会矛盾和问题交织叠加，全面依法治国任务依然繁重，国家治理体系和治理能力有待加强；意识形态领域斗争依然复杂，国家安全面临新情况；一些改革部署和重大政策措施需要进一步落实；党的建设方面还存在不少薄弱环节。这些问题，必须着力加以解决。但是只要我们胸怀理想、坚定信念，不动摇、不懈怠、不折腾，顽强奋斗、艰苦奋斗、不懈奋斗，就一定能在2020年如期全面建成小康社会，就一定能在本世纪中叶建成富强民主文明和谐美丽的社会主义现代化强国。

第三，坚定对中国特色社会主义道路自信、理论自信、制度自信、文化自信，具体表现为中国共产党对中国特色社会主义的执着追求。中国特色社会主义，作为一个命题或概念，从1982年邓小平同志在党的十二大开幕词中第一次提出来，至今已经30多年了。在这30多年间，中国共产党先后召开了七次全国代表大会，每一次都是将中国特色社会主义作为大会的主题和大会报告的题目。例如：1987年党的十三大报告的题目是《沿着有中国特色的社会主义道路前进》，1992年党的十四大报告的题目是《加快改革开放和现代化建设步伐　夺取有中国特色社会主义事业的更大胜利》，1997年党的十五大报告的题目是《高举邓小平理论伟大旗帜　把建设有中国特色社会主义事业全面推向二十一世纪》，2002年党的十六大报告的题目是《全面建设小康社会　开创中国特色社会主义事业新局面》，2007年党的十七大报告的题目是《高举中国特色社会主义伟大旗帜　为夺取全面建设小康社会新胜利而奋斗》，2012年党的十八大报告的题目是《坚定不移沿着中国特色社会主义道路前进为全面建成小康社会而奋斗》。2017年党的十九大报告的题目是《决胜全面建成小康社会　夺取新时代中国特色社会主义伟大胜利》。对同一个命题从其产生后的30年间持续在党的全国代表大会上加以强调，这种坚持力和执着性，在世界各国执政党中非中国共产党莫属。从这个过程中，已经足以见得中国共产党对中国特色社会主义的道路自信、理论自信、制度自信、文化自信。2013年6月25日，中共中央政治局就中国特色社会主义理论和实践进行第七次集体学习，习近平总书记在主持学习时强调，我们要在深入把握中国特色社会主义的科学性和真理性的基础上增强自信，在领导人民推进改革开放和社会主义现代化建设的进程中继续开拓，按照党的十八大提出的坚持和发展中国特色社会主义的基本要求，不断开创中国特色社会主义事业新局面。党的十九大更是指出，经过长期努力，中国特色社会主义进入了新时代，这是我国发展新的历史方位。

总之，从党的历史看，我们党领导人民进行28年浴血奋战，完成了新民主主义革命；新中国成立后，我们党领导人民进行社会主义革命和社会主义探索，取得重要成就，也经历了严重曲折；在历史新时期，我们党领导人民进行改革开放这场伟大的社会革命，开辟了中国特色社会主义道路，使我国发展大踏步赶上时代。历史深刻表明，中国特色社会主义不是从天上掉下来的，而是党和人民历经千辛万苦取得的宝贵成果，我们得到这个成果极不容易，必须倍加珍惜。社会主义500年，经过了从空想走向科学、从理论到实践、从一国实践走向多国发展的历程，社会主义虽充满曲折，却以中国特色社会主义的巨大成功向世界宣告，社会主义没有灭亡，也不会灭亡，而且焕发出蓬勃生机活力。中国特色社会主义，是中国共产党和中国人民团结的旗帜、奋进的旗帜、胜利的旗帜，必须倍加珍惜、长期坚持、永不动摇。中国特色社会主义进入新时代，正成为21世纪科学社会主义发展的旗帜，成为振兴世界社会主义的中流砥柱。旗帜决定方向，道路决定命运，我们党要实现新时代的历史使命，最根本的就是高举中国特色社会主义伟大旗帜。面对世界社会主义发展大势，我们党有责任、有信心、有能力为科学社会主义新发展作出更大历史贡献。我们是马克思主义执政党，但同时是马克思主义革命党，要保持过去革命战争时期的那么一股劲、那么一股革命热情、那么一种拼命精神，把革命工作做到底。昨天的成功并不代表着今后能够永远成功，要实现党和国家兴旺发达、长治久安，全党同志必须保持革命精神、革命斗志，勇于把我们党领导人民进行的伟大社会革命继续推进下去，决不能因为胜利而骄傲，决不能因为成就而懈怠，决不能因为困难而退缩，努力使中国特色社会主义展现更加强大、更有说服力的真理力量。

十、“咬定青山不放松”

郑板桥（1693—1765），原名郑燮，字克柔，号理庵，又号板桥，江苏兴化人，乾隆元年（1736年）考中进士，是清代著名的画家、书法家、文学家，素有诗、书、画“三绝”之称，是著名的“扬州八怪”之一。郑板桥尤爱画竹，他画的竹兀傲清劲，别具一格，具有高度的艺术表现力和艺术感染力。在他笔下的竹子竹竿很细，竹叶着色不多，却青翠欲滴，并全用水墨，更显得高标挺立，特立独行。他曾经写了一首关于竹子的诗《竹石》:“咬定青山不放松，立根原在破岩中。千磨万击还坚劲，任尔东西南北风。”意思为竹子抓住青山一点也不放松，它的根牢牢地扎在岩石缝中。经历成千上万次的折磨和打击，它依然那么坚强，不管是酷暑的东南风，还是严冬的西北风，它都能经受得住，还会依然坚韧挺拔。党的十八大以来，习近平总书记多次引用郑板桥这首脍炙人口的诗词，激励我们必须增强道路自信、理论自信、制度自信、文化自信，“千磨万击还坚劲，任尔东南西北风”。

新时代，坚持和发展中国特色社会主义“千磨万击还坚劲”，就看是不是能“咬定青山”，一以贯之。新时代中国特色社会主义是我们党领导人民进行伟大社会革命的成果，也是我们党领导人民进行伟大社会革命的继续，必须一以贯之进行下去。中国特色社会主义是不断发展、不断前进的，需要一代又一代中国共产党人带领人民接续奋斗。习近平总书记强调，中国共产党的历史，就是一部党领导人民持续进行伟大社会革命的历史。初心和使命与我们党领导人民进行的伟大社会革命同生共长，我们这一代共产党人的任务，就是要把新时代坚持和发展中国特色社会主义这场伟大社会革命进行好。

中国特色社会主义事业作为前无古人的开创性事业，前进道路不可能一帆风顺。要看到，经过几十年的理论和实践探索，我们对社会主义的认识，对中国特色社会主义规律的把握，已经达到了一个前所未有的新高度，这一点不容置疑。同时要看到，我国社会主义还处在初级阶段，我们还面临很多没有弄清楚的问题和待解的难题，对许多重大问题的认识和处理都还处在不断深化的过程之中，这一点也不容置疑。对事物的认识需要一个过程，对社会主义这个在中国只实践了几十年的新事物，我们的认识和把握还非常有限。社会主义从来都是在奋勇开拓中前进的，社会革命从来都是在伟大斗争中推进的。事业越发展、改革越深入，新情况新问题就会越多，面临的风险和挑战就会越多，面对的不可预料的事情就会越多。要把新时代坚持和发展中国特色社会主义这场伟大社会革命进行好，我们必须在实践中大胆探索、深化发展，不断丰富中国特色社会主义的实践特色、理论特色、民族特色、时代特色，在新的历史条件下把党和国家各项事业继续推向前进。

全面把握中国特色社会主义进入新时代的新要求，不断提高党和国家事业发展水平。新时代意味着新起点新要求，新时代呼唤着新气象新作为。要适应新时代中国特色社会主义的发展要求，提高战略思维、创新思维、辩证思维、法治思维、底线思维能力，增强工作的原则性、系统性、预见性、创造性，更好把握国内外形势发展变化，更好贯彻党的理论和路线方针政策，更好推进中国特色社会主义伟大事业和党的建设新的伟大工程。

全面学习贯彻习近平新时代中国特色社会主义思想，不断提高全党马克思主义理论水平。习近平新时代中国特色社会主义思想，是 21 世纪马克思主义、当代中国马克思主义，是党和人民艰辛理论探索的成果、创新创造的智慧结晶。要弘扬理论联系实际的学风，紧密联系党和国家事业发生的历史性变革，紧密联系中国特色社会主义进入新时代的新实际，紧密联系我国社会主要矛盾的重大变化，紧密联系“两个一百年”奋斗目标和各项任务，自觉运用理论指导实践，使各方面工作更符合客观规律的要求，不断提高新时代坚持和发展中国特色社会主义的能力。

全面完成全面建成小康社会的各项任务，不断提高社会主义现代化建设水平。全面建成小康社会进入决胜阶段。全面建成小康社会要得到人民认可、经得起历史检验，必须做到实打实、不掺任何水分，必须坚决打好防范化解重大风险、精准脱贫、污染防治的攻坚战。要按照党中央对经济建设、政治建设、文化建设、社会建设、生态文明建设等作出的部署，全面完成各项任务，确保如期全面建成小康社会，并在此基础上乘势而上，开启全面建设社会主义现代化国家新征程。

全面推进各领域各方面改革，不断提高国家治理体系和治理能力现代化水平。改革只有进行时、没有完成时。新时代坚持和发展中国特色社会主义，根本动力仍然是全面深化改革。要适应新时代中国特色社会主义事业发展进程，牢牢把握全面深化改革总目标，统筹推进各领域各方面改革，不断推进理论创新、制度创新、科技创新、文化创新以及其他各方面创新，坚决破除一切不合时宜的思想观念和体制机制弊端，突破利益固化的藩篱，为决胜全面建成小康社会、开启全面建设社会主义现代化国家新征程提供强大动力。

全面落实以人民为中心的发展思想，不断提高保障和改善民生水平。为中国人民谋幸福，是中国共产党人的初心。我们要时刻不忘初心，永远把人民对美好生活的向往作为奋斗目标。要始终以实现好、维护好、发展好最广大人民根本利益为最高标准，抓住人民最关心最直接最现实的利益问题，坚持把人民群众的小事当作自己的大事，让改革发展成果更多更公平惠及全体人民，使人民获得感、幸福感、安全感更加充实、更有保障、更可持续，不断促进社会公平正义，不断促进人的全面发展、全体人民共同富裕。

全面推进党的建设新的伟大工程，不断提高全面从严治党水平。坚持党的领导，坚持党要管党、全面从严治党，是我们党紧跟时代前进步伐、保持先进性和纯洁性的必然要求。实践证明，什么时候我们党自身坚强有力，什么时候党和人民事业就能无往而不胜。要按照新时代党的建设总要求，着眼于我们党更好担当使命，始终保持同人民群众的血肉联系，总结运用成功经验，正视解决突出问题，拿出恒心和韧劲，继续在常和长、严和实、深和细上下功夫，管出习惯、抓出成效，一刻不停歇地推动全面从严治党向纵深发展。

历史和现实都告诉我们，一场社会革命要取得最终胜利，往往需要一个漫长的历史过程。昨天的成功并不代表着今后能够永远成功，过去的辉煌并不意味着未来可以永远辉煌。越是取得成绩的时候，越是要有如履薄冰的谨慎，越是要有居安思危的忧患。我们党是马克思主义执政党，但同时是马克思主义革命党，要实现党和国家事业兴旺发达、长治久安，必须永远保持过去革命战争时期的那么一股劲、那么一股革命热情、那么一种拼命精神，紧跟时代步伐，决不能因为胜利而骄傲，决不能因为成就而懈怠，决不能因为困难而退缩，勇于改革创新，勇于迎难而上，勇于担当尽责，把新时代中国特色社会主义一以贯之进行下去。

后记

马克思说过："理论在一个国家实现的程度，总是决定于理论满足这个国家的需要的程度。"1840年鸦片战争以后，中国陷入内忧外患的黑暗境地。为了实现中华民族伟大复兴，中国人民曾经在黑暗中求索，进行了各式各样的尝试，但都没能解决中国的前途和命运问题。直到中国共产党登上历史舞台，用马克思主义指引中国人民走出漫漫长夜，中华民族伟大复兴才开启了光明征程。新中国的成立，使亿万中国人民摆脱"三座大山"的压迫，站了起来。我们党带领人民创造性地进行社会主义改造，建立社会主义基本制度，并在艰辛探索中逐渐认识到，要实现国家富强、人民幸福，必须走出适合中国国情的社会主义建设道路。建设中国特色社会主义，是我们党在长期实践中经过艰辛探索而逐步开辟出来的，是一条实现中国繁荣富强和中国人民幸福安康的正确道路。只有坚持走中国特色社会主义道路，才能发展中国、振兴中国。只有坚持走中国特色社会主义道路，才能使我国全面建成小康社会，实现社会主义现代化，实现中华民族的伟大复兴。本书主要从大历史观的角度讲了马克思主义为什么"行"、中国共产党为什么"能"、中国特色社会主义为什么"好"，以期让这三个问题在正确的传播中焕发出更加强大的生命力和感召力。

作者

2019年6月